私道の相続・処分・管理をめぐる
困難要因と実務対応
― Q&Aとケース解説 ―

共編　藤井　篤　（弁護士）
　　　平野　正也（弁護士）

新日本法規

は　し　が　き

　私道は、私人が自己の所有する土地（又は借地）を提供して築造する道路であることから、本来、その設置、廃止、維持及び管理も私人が自由に行うものです。所有者が自ら通行するための私道であれば問題が生じることは少ないでしょうが、人が社会で生活するためには他人の土地（私道）を通行することが必要であったり便利であったりすることから第三者の通行という状態が生じ、その利害が通行権という形で民事的な紛争として生じます。もともと当事者間で通行使用にかかる明示の合意がされないことが多く、権利関係が曖昧なために問題の解決に困難が生じます。また、売買や相続により当事者が変更されることで、問題はより複雑化します。

　また、一団の住宅地内に生活道路として私道を築造しようとする際、一筆の土地を共有にしたり、相互に土地を出し合うことがよくあります。こういった私道の維持・管理に伴い、民法上の共有物の保存・管理等の解釈の問題や、所有者（共有者）の一部の所在が不明であるなどの支障が生じていることが、共有私道の保存・管理等に関する事例研究会「所有者不明私道への対応ガイドライン」にて公表されました。私道は、一般交通の用に供されたり、社会生活上必要不可欠な水道、下水道、電話を建物に導くための導管を設置されたりと公共的な性格を有していることからも前述した支障は重要な問題となっており、この解消に向けて、令和3年に「民法等の一部を改正する法律」が成立し、令和5年4月1日から施行されています。同改正の内容は、ライフラインの設備設置使用権、共有の法律関係のルールの明確化及び共有者が所在不明の場合の共有物の管理や処分を円滑に進めるための仕組み、所有者不明土地管理制度、相続登記の義務化（令和6年4月1日施行）等であり、私道に関わる問題の解消に向けて活用されていくものと思われます。

さらに、私道は、国民の生命、健康及び財産の保護を目的として建築物の敷地、構造、設備及び用途に関する最低の基準を定める建築基準法における道路規制（接道義務、道路内の建築禁止等、道路斜線制限）においても重要な役割を果たしています。それゆえ廃止変更の自由も制限されるなど、私権の行使が制限され、公法上の規制に服することになります。

　こうした私たちの社会生活において重要な機能を有する私道をめぐる権利関係の曖昧さ、複雑さ、公法私法にわたる法律の適用に起因する問題は、前記令和３年の民法等の一部改正による法整備、相続登記の義務化によって顕在化し、私道の問題を扱う実務家にとってますます重要性が増すと考え、出版社の企画をきっかけとして、弁護士の仲間に執筆を依頼し本書を出版することになりました。

　本書が活用され、実務家の皆様の一助となれば望外の喜びです。

　令和７年４月

藤井　　篤

平野　　正也

編集・執筆者一覧

＜編集者＞

藤 井　　篤（弁護士）

＜編集・執筆者＞

平 野　正 也（弁護士）

＜執筆者＞（五十音順）

有 年　麻 美（弁護士）

加 賀 山　瞭（弁護士）

加 藤　静 香（弁護士）

鐘 ヶ 江 仁 志（弁護士）

川 辺　雄 太（弁護士）

角 谷　史 織（弁護士）

鶴 田　雅 彦（弁護士）

橋 爪　愛 来（弁護士）

山 田　圭 太（弁護士）

米 元　　悠（弁護士）

若 野　滋 男（弁護士・土地家屋調査士）

略　語　表

＜法令等の表記＞

　根拠となる法令等の略記例及び略語は次のとおりです。〔　〕は本文中の略語を示します。

　　民法第252条第 2 項第 1 号＝民252②一

　　令和 5 年 3 月28日法務省民二第538号＝令 5 ・ 3 ・28民二538

民	民法	都計令	都市計画法施行令
会社	会社法	都計則	都市計画法施行規則
行審	行政不服審査法	土地基	土地基本法
行訴	行政事件訴訟法	非訟	非訟事件手続法
区分所有	建物の区分所有等に関する法律〔区分所有法〕	不登	不動産登記法
		不登令	不動産登記令
建基	建築基準法	不登則	不動産登記規則
建基令	建築基準法施行令	民保	民事保全法
建基則	建築基準法施行規則	評基通	財産評価基本通達
国財	国有財産法	記録例	不動産登記記録例（平28・ 6 ・ 8 民二386）
国財令	国有財産法施行令		
自治	地方自治法	所有者不明私道ガイドライン	複数の者が所有する私道の工事において必要な所有者の同意に関する研究報告書〜所有者不明私道への対応ガイドライン〜〔第 2 版〕（令和 4 年 6 月　共有私道の保存・管理等に関する事例研究会（法務省））
所有者不明土地	所有者不明土地の利用の円滑化等に関する特別措置法		
相税	相続税法		
租特	租税特別措置法		
宅建業	宅地建物取引業法〔宅建業法〕		
宅建業令	宅地建物取引業法施行令		
地税	地方税法		
道交	道路交通法		
道路	道路法		
都計	都市計画法		

＜判例の表記＞

　根拠となる判例の略記例及び出典の略称は次のとおりです。

　大阪地裁令和２年６月３日判決、判例地方自治479号99頁
　＝大阪地判令２・６・３判自479・99

判時	判例時報	訟月	訟務月報
判タ	判例タイムズ	新聞	法律新聞
家月	家庭裁判月報	東高時報	東京高等裁判所判決時報
下民	下級裁判所民事裁判例集	判自	判例地方自治
行集	行政事件裁判例集	民集	最高裁判所（大審院）民事判例集
金判	金融・商事判例		
高民	高等裁判所民事判例集	民録	大審院民事判決録
裁判集民	最高裁判所裁判集民事		

目　次

Q&A編

第1章　用益権等に起因する困難

第1　通行地役権

〔1〕　従前から使用している通路を所有者から閉鎖するといわれたら？ ……………………………………………………3

〔2〕　沿道所有者の通行方法を制限できるか？ ………………8

〔3〕　通行地役権の侵害となる行為は？ ………………………12

〔4〕　通行地役権の対抗要件とは？ ……………………………14

〔5〕　通行地役権の時効取得は？ ………………………………17

〔6〕　通行地役権の設定契約の内容は？ ………………………20

〔7〕　所有者が私道の補修をしないときは？ …………………24

第2　囲繞地通行権

〔8〕　袋地になり囲繞地通行権が発生するのはどういった場合か？ …………………………………………………………26

〔9〕　囲繞地の最適な土地はどのように選択するのか？ ……30

〔10〕　通行権のある土地上に工作物を設置することはできるのか？ ……………………………………………………32

〔11〕　袋地や囲繞地の所有者が交代した場合、囲繞地通行権はどうなるか？ …………………………………………38

〔12〕　土地の一部譲渡ではなく全部同時譲渡した場合の囲繞地通行権の主張は？ …………………………………42

2　　　目　　次

〔13〕　既存の通路の拡張はできるのか？ ……………………………44

〔14〕　既存の通路を減縮又は閉鎖することはできるか？ …………49

〔15〕　通行利用者が支払うべき償金はどのように考えればよ
　　　　いか？ ………………………………………………………………52

第3　その他の権利

〔16〕　地役権が認められないが隣地を無償で通行できるか？ ………54

〔17〕　賃貸借契約を締結して通行権を確保する方法はある
　　　　か？ …………………………………………………………………57

〔18〕　他人が所有する土地にライフラインを設置できるか？ ………60

〔19〕　私道が位置指定道路の場合に私道所有者の意思に反し
　　　　通行できるか？ …………………………………………………64

〔20〕　通行の自由権に基づき通行の妨害排除を求められる範
　　　　囲は？ ……………………………………………………………67

〔21〕　建物工事等のために車両が隣地の私道を通行・一時停
　　　　車できるか？ ………………………………………………………70

第2章　共有状態に起因する困難

〔22〕　複数人が所有する私道の形態は何か？ ……………………73

〔23〕　共同所有型私道における使用等の規律は？ ………………78

〔24〕　共有者の一部が不存在・所在不明な場合の対処法は？ ………83

〔25〕　賛否不明又は所在不明な共有者がいる私道を変更した
　　　　いときは？ ………………………………………………………88

〔26〕　所有者不明土地管理制度とは？ ………………………………95

〔27〕　共同所有型私道が団地に該当した場合の管理方法は？ ………98

〔28〕　共同所有型私道にライフライン設備を設置できるか？ ………103

目　　次　　3

〔29〕　共同所有型私道の共有物分割請求を制限できるか？………106

〔30〕　相互持合型私道における法的規律とは？……………………110

〔31〕　何らかの要因で私道の通行に支障を来していたら？………114

〔32〕　私道の一部が陥没し補修工事が必要となったら？…………119

〔33〕　私道の共有者が給水管の設置を承諾してくれないとき
　　　は？……………………………………………………………………123

〔34〕　私道の共有者に所在不明者がいても電柱等を新たに設
　　　置できるか？………………………………………………………126

〔35〕　私道の使用方法を共有者間で定められるか？………………130

〔36〕　マンション敷地内にある通路の通行を制限できるか？……134

〔37〕　相互持合型私道の土地の一部が譲渡された場合の通行
　　　権は？………………………………………………………………139

〔38〕　登記簿上単独名義になっている共同所有型私道が第三
　　　者に譲渡されたら？………………………………………………142

第3章　相続等に起因する困難

〔39〕　相続した土地と私道の権利関係の調査方法は？……………146

〔40〕　私道所有者の相続人はどう調査するのか？…………………150

〔41〕　私道を含む土地売買の際の境界確認の注意点は？…………153

〔42〕　相続による共有と地役権の取扱いは？………………………158

〔43〕　私道に関する第三者との取決めは相続又は売買で承継
　　　されるか？…………………………………………………………160

〔44〕　遺産分割で分筆した袋地から公道へ通行するには？………163

〔45〕　相続財産の土地が袋地である場合の遺産分割の注意点
　　　は？……………………………………………………………………168

〔46〕　通行権のある土地を遺産分割する場合の注意点は？………171

〔47〕 私道を含む土地を相続するときの所有権移転登記の注
意点は？……………………………………………………………176

第4章　建築基準法上の「接道」要件に起因する困難

〔48〕 接道義務とは？……………………………………………………180
〔49〕 ２項道路の判定とは？……………………………………………184
〔50〕 位置指定道路を設定・廃止するには？………………………188
〔51〕 接道する道路がない場合には建築できないのか？…………191
〔52〕 路地状敷地の規制とは？…………………………………………193

第5章　管理に起因する困難

〔53〕 私道の通行妨害を排除する方法は？…………………………195
〔54〕 赤道の払下げを受けたい場合は？……………………………199
〔55〕 「公共の用に供する道路」とは？………………………………206
〔56〕 私道に設置されたライフライン設備の維持・管理は？……209
〔57〕 通行地役権の設定登記の方法は？……………………………213
〔58〕 私道を登記する際の注意点は？………………………………217
〔59〕 私道の時効取得はできるか？…………………………………224
〔60〕 私道の管理に補助はあるのか？………………………………228
〔61〕 私道を公道に編入するには？…………………………………232

目　次　　5

ケース編

第1章　相続に関するケース

Case 1　広い土地の遺産分割において現物分割、例えば分
　　　　譲（一部の土地を相続人らが取得し残りを売却）する
　　　　際に「道路」配置をする場合①……………………………237

Case 2　広い土地の遺産分割において現物分割、例えば分
　　　　譲（一部の土地を相続人らが取得し残りを売却）する
　　　　際に「道路」配置をする場合②……………………………243

Case 3　遺産分割協議の結果、相続人の共有とされた旗竿
　　　　地について、共有者の一人から共有物分割請求され
　　　　た場合…………………………………………………………251

Case 4　所有する土地が路地状敷地であり、公道に接続し
　　　　ている部分が1mに満たないため、隣接する土地の
　　　　相続人に通路の確保を求める場合…………………………256

Case 5　被相続人の相続財産と思われた土地が里道の可能
　　　　性があるといわれている場合………………………………262

第2章　売買に関するケース

Case 6　通行のための管理費を支払っていたものの、持分
　　　　のない私道を含む土地の売却が検討されている場合………269

Case 7　宅地を売却しようとしたところ、私道部分のみ所
　　　　有権移転登記がされていないことが判明した場合…………276

Case 8　宅地の売却をしようとして宅地と接する私道部分
　　　　の境界確認をする際に一部の私道共有者が所在不明
　　　　の場合…………………………………………………………283

Case 9　三つに分筆した土地をそれぞれ譲渡し、それぞれ
　　　　の土地が公道に接続するよう 2 m幅で分筆した通路
　　　　上の土地について通行権等を付す場合………………290

Case10　購入した土地の接道状況についての仲介業者又は
　　　　売主の説明が不十分であった場合……………………294

第 3 章　利用・維持・管理に関するケース

Case11　昔、集落で作った農道を市に寄付したが、最近、地
　　　　主が農道の所有者と称し、道路横に杭を打ち、鉄鎖で
　　　　通行できないように妨害している場合………………302

Case12　隣接地の一部を通行使用して、その地下に排水管
　　　　を設置していたところ、隣接地を新たに取得した者
　　　　から排水管の撤去を求められた場合…………………308

Case13　道路位置指定の廃止（取消し）を求める場合…………313

Case14　里道の付替えを計画する場合………………………319

Case15　私道の所有者が私道上の土地利用に関して所有権
　　　　を行使する場合及び権利行使が制限される場合……………323

Case16　共同所有型私道の補修や売却を行いたいが、親族で
　　　　ない所有者が音信不通で所在不明になっている場合………329

Case17　私道の固定資産税が非課税となる場合………………335

Case18　私道の固定資産評価に不服がある場合………………342

2

Q&A編　第1章　用益権等に起因する困難　　3

第1章　用益権等に起因する困難

第1　通行地役権

〔1〕　従前から使用している通路を所有者から閉鎖するといわれたら？

Q　通行に関する契約などはなく、明確な約束もありませんが、通行地役権を主張できますか。水道管やガス管の引き込みにこの通路を利用しており、その修繕などについて承諾を得られませんがどうしたらよいですか。

A　明確な約束がなくても、私道の利用状況、長期間の通行の継続、所有者の黙認ないし通行認容の態度、対価の有無、私道開設の経緯、道路の位置関係、建築基準法上の扱いなども考慮し、黙示の通行地役権が認められる場合があります。

解　説

1　私道とは

道路とは、一般交通の用に供する道をいいます（道路2①参照）。

道路法上の道路として、高速自動車国道、一般国道、都道府県道、市町村道の4種類があり、それ以外の道路として、道路運送法による道路、土地改良法による農業用道路（農道）、森林法による道路（林道）、漁港法等に基づく道路、里道があります。道路は、公道と私道に区別されますが、その法律上の定義は明らかではありません。一般的には、公道は、国又は地方公共団体が開設し維持管理する道路とされ、私道は、私人が開設し維持管理する道路とされます。

2　私道の法律関係

　私道は、私人の所有する土地ですから、私道所有者は、自由に使用、収益、処分し得るということになります。

　第三者が何らの権利もないのに私道を通行している例を目にすることもありますが、あくまで私道所有者の好意により通行が認められているだけであって、私道所有者から通行を拒否されれば、通行することはできません。

　しかしながら、私道は、他者が生活する上で重要な役割を担うことがあるため、宅地などの土地とは異なった制約があり、一定の場合に、私道を通行できる権利が認められることがあります。

3　私道を通行できる権利

　私道を通行できる権利として、公道に至るための他の土地の通行権（民210①）、通行地役権（民280）、債権的通行権、通行の自由権などが挙げられます。

　なお、他人の土地に対し通行権を有する場合でも、必ずしも対価を支払わなくてはならないというわけではありません。

　（１）　公道に至るための他の土地の通行権（**本章第２**）

　他の土地に囲まれて公道に通じない土地（袋地）の所有者が、その袋地を囲んでいる土地（囲繞地）を、公道に至るまで通行できる権利です（民210①）。袋地通行権、囲繞地通行権、法定通行権、隣地通行権などと呼ばれることもあります。

　（２）　通行地役権（**本章第１**）

　他人の土地を自己の土地の便益に供することができる物権としての通行権です。他人の土地を「承役地」といい、自己の土地を「要役地」といいます。通行地役権は、当事者間による設定契約（民280）や時効（民283）などにより取得され、登記することにより第三者に対抗する

ことができます。明示の通行地役権設定契約のほか、黙示の通行地役権設定契約が認められることもあります。対価は無償とされますが（大判昭12・3・10民集16・255）、別途、対価の支払を合意することは可能です。

（3）　債権的通行権（〔16〕〔17〕参照）

賃貸借・使用貸借等の債権契約により、通行できる権利が設定されることがあります。原則として第三者に対抗することはできません。

（4）　通行の自由権（〔19〕〔20〕参照）

私道のうち、建築基準法に基づく道路位置の指定を受けたものや、2項道路については、所有者に対し道路を確保すべき義務が課せられており、反射的効果として通行できる権利が認められることがあります。

（5）　権利濫用

公道に至るための他の土地の通行権や通行地役権が認められない場合でも、例えば嫌がらせ目的で特定人にのみ通行を禁止するなど、所有者による妨害行為が権利濫用とされ、その反射的効果として通行できることがあります（東京地判昭45・1・20判時597・104）。

4　本設問の検討

（1）　問題の所在

公道に至るための他の土地の通行権については**本章第2**で、通行地役権の時効取得については〔5〕で解説しますが、これらが認められないとすれば、明確な約束がない以上、黙示の通行地役権が認められるのか問題となります。

（2）　黙示の通行地役権

この点、東京高裁昭和49年1月23日判決（東高時報25・1・7）は、黙示の通行地役権の成立要件について「通行の事実があり通行地の所有

者がこれを黙認しているだけでは足りず、さらに、右所有者が通行地役権または通行権を設定し法律上の義務を負担することが客観的にみても合理性があると考えられるような特別の事情があることが必要である」とし、具体例として「一筆の土地を分譲する際、道路を利用する譲受人に対しその通路敷所有権を分割帰属させるとか、通路敷所有権をもとの分譲者に留保した場合」を挙げています。

裁判例では、上記のほか、相互に土地を出し合って私道を開設し、分割所有した場合（東京地判平2・10・29判タ744・117）や遺産分割時に通路の利用を認めていた場合（横浜地判昭62・11・12判時1273・90）などに黙示の通行地役権を認めています。また、従前から自動車通行がなされており、建築基準法上の2項道路であり、自動車通行に苦情が出ていなかったことなどから黙示の通行地役権を認めた裁判例（東京地判平27・4・10判タ1421・229）もあります。

通行地役権は、物権としての通行権であり、承役地に永続的な負担を課すことになるので、当該負担について客観的にみても合理性があると考えられるような特別な事情が必要とされます。裁判例では、私道の利用状況、長期間の通行の継続、所有者の黙認ないし通行認容の態度、対価の有無といった事情のみならず、私道開設の経緯、道路の位置関係、建築基準法上の扱いなども考慮し、私道が開設され利用されるに至った経緯における当事者の合理的意思を推測し判断されています（東京地判平7・8・23判タ910・140）。

本設問においては、法務局から公図、14条地図、地積測量図を入手するなどして私道開設の経緯や要役地と承役地たる道路との位置関係を調べるとともに、役所に照会するなどして建築基準法上の扱いなどを調べ、上記特別な事情があるか検討していくことになります。

なお、黙示の通行地役権が認められない場合でも、長期間の通行の

継続、所有者の黙認ないし通行認容の態度を理由に、黙示の通行使用
貸借権が認められることがあります。また、登記の地目が公衆用道路
となっていたり、公共の用に供する道路であることから固定資産税が
免除されている場合は、所有者による道路の閉鎖時、権利濫用が認め
られる可能性も高くなります。

（3）　水道管やガス管の修繕

　私道を通行できる権利が認められない場合でも、水道管やガス管の
設置及び修繕のために他人の土地を利用できる場合があります。詳し
くは[18]を参照してください。

〔2〕 沿道所有者の通行方法を制限できるか？

従前、徒歩で通行利用していた沿道所有者が自動車通行を始めましたが、これを制限することはできますか。

通行権が承役地に及ぶ具体的な範囲や自動車通行の可否は、当事者の合理的意思を推測して判断されています。

解説

1 問題の所在

まず、従前、徒歩で通行利用していた沿道所有者について、何らの権利もなく、あくまで私道所有者の好意により通行が認められていたにすぎない場合は、当該沿道所有者について通行を制限することが可能です（〔1〕参照）。具体的には、通行権不存在確認や通行禁止の訴えなどの方法が考えられます（もっとも、権利の濫用となる場合は考えられます。）。

問題は、徒歩での通行利用について通行地役権が認められる場合に、自動車通行については制限することができるかです。

2 通行地役権の効力

通行地役権については、契約書によって詳細な約定がされることは少なく、黙示の通行権が認定されるなど、その権利内容が不明確な場合が珍しくありません。

通行地役権の内容について、東京地裁平成7年8月23日判決（判タ910・140）は、「通行地役権が明示的に設定された場合、その内容は設定契約によることになるが、本件のように、黙示的に通行地役権が設定

された場合、その内容は要役地と承役地たる道路との位置関係、当該道路の幅員その他の形状、利用者の利用態様、地域環境等の客観的な状況を基に、地役権を設定している当事者の合理的意思を推測して判断すべきである。」としています。

通行権が承役地に及ぶ具体的な範囲や自動車通行の可否は、当事者の合理的意思を推測して判断されています。

3　自動車通行の可否

（1）　まず、東京高裁昭和49年11月26日判決（判時768・32）は、「直接自動車を乗り入れることは不可能な場所的状況にあり、…現在でも本件道路から…普通乗用自動車を乗入れて駐車する場所的余裕はないこと」を理由に（自動車により通行するために、自動車による通行を妨害している）構築物の除去を求める権利を有するということはできないとしています。

以上によれば、自動車による通行が物理的に不可能であれば、当事者の合理的意思として自動車による通行までは認められないといえます。

（2）　次に、東京地裁平成2年10月29日判決（判タ744・117）は、「本件私道は…一般的な自動車通行の権利を認めることを可能とする客観的な道路設備が欠けており…その沿道住民が従前利用している限度での自動車通行が許されているにすぎないと見るのが相当」であるとし、「その許容限度は、沿道敷地内に2台程度の自動車を駐車させ、これをその沿道の住民のように本件私道の危険性を熟知した者が、頻繁とはいえない程度に運行させるという程度にとどまる」として、通行地役権の範囲を超える自動車の通行の停止請求が認められています。

また、東京地裁平成7年8月23日判決（判タ910・140）は、「本件私道を現実に自動車が通行すると…道の両側にはほとんど余裕がなくなり

…自転車や人とのすれ違いにも困難ないし不便をきたす場所が多く、人や自転車が自動車と接触する危険性も高いものと考えられる。また、本件私道上で自動車の回転はできず…東側への通り抜けが事実上困難であるから、進入して来た自動車は、西側にバックで戻らなければならず、自動車が2台以上出入りするとなると、これが競合したときには身動きが取れない状況に陥ることも予想される。そうすると、本件私道を現実に自動車が走行した場合には、他の通行利用者にかなりの危険ないし多大の不自由を強いる…ことが推測される」ことを理由に、通行地役権の内容に自動車の通行を含む旨の合意が形成されていたとは到底認めることができないとしています。

　以上によれば、自動車による通行が危険であれば、当事者の合理的意思として自動車による通行までは認められないといえます。

（3）　さらに、東京高裁平成3年11月26日決定（判タ792・163）は、「設置された時以来、…居住者の徒歩による公道への通行路としてのみ利用され、もとより自動車の出入りはなかった」幅員約3mの私道について、一般通行人として利用する以上に、自動車により通行する自由を有するということはできないとしました。

　また、東京地裁昭和61年8月26日判決（判時1224・26）は、「原告は原告通路を使用して十分にその生活を維持することができるうえ、本件工事によって撤去されたブロック塀の部分から…自由に被告土地に出入りすることができ、被告らも被告土地を原告が徒歩で通行することを認め、消防自動車等の緊急車両が被告土地を通って原告方に行くのも認めているのであり、しかも、原告が自動車によって被告土地を通行する必要性も、従来の原告の自動車の使用方法から考えて決して高いものとはいえない」とし、自動車による通行を認めませんでした。

　以上によれば、利用者の利用態様から当事者の合理的意思を解釈し、自動車による通行までは認められない場合があります。

なお、東京高裁平成 4 年11月25日判決（判タ863・199）は、「本件道路
は、戦前から…居住者や周辺土地の住民の日常の通行や居住する老人
の散歩に主として利用されている。自動車の通行は、道路の幅員が狭
く、道路の両側に塀の続く部分も多いため、通行者にとり危険である
とともに通行の著しい妨げになるものであるが、自動車の一般化に伴
い、本件接続土地の所有者等の中にも、自動車を所有して敷地内に駐
車させ、本件道路を自動車で通行する者もいる。居住者は、1 台を敷
地内に駐車させる者が 3 名いるが、家族を運ぶなど家庭生活の必要上
時折自動車を使用する程度である。自家営業者で営業用の自動車を本
件道路に面した敷地内に駐車させる者はなく、自車、他車を問わず、
営業者が営業のための自動車の通行に使用することは、重い荷物の場
合などごく例外的な場合に過ぎず、むしろ、本件道路に停車して荷物
の上げ下ろしをするのは通行妨害になるものとしてできるだけ避ける
ようにしているといってよい。…右のような本件道路の利用状況や道
路の構造を基礎に、自動車による利用を考えると、本件接続土地の所
有者等が、自動車をもって本件道路を使用する態様、方法としては、
せいぜい 1 住宅当たり 1 台の自動車を敷地内に駐車させて保有し、家
庭生活の用に供する程度の頻度で本件道路を通行することが、本件接
続土地の所有者等により承認され、その合理的意思に合致するものと
いえる。」とし，当事者の合理的意思を詳細に検討しており、参考にな
ります。

〔3〕 通行地役権の侵害となる行為は？

Q 私道所有者である通行地役権設定者が、当該地役権の対象地を通行目的以外に使用する場合に通行地役権の侵害となる行為はどの程度のものでしょうか。

A 社会通念上通行を妨げるような行為であるか否かによって、通行権の侵害について判断すべきでしょう。

解 説

1　通行地役権の侵害

　私道について、通行権を有する者がある場合、私道所有者といえども、当該通行権の行使を妨げることはできません。

　通行権を有する者は、他人（私道所有者を含みます。）が私道に建物や塀を設置したり、杭を打ち込んだり、又はその他の方法で社会通念上通行を妨げるような行為をすれば、それによって生じた損害の賠償を請求できるほか（民709）、その妨害の排除あるいは予防を請求できます。

　この点、最高裁平成17年3月29日判決（判時1895・56）は、「本件通路土地が、宅地の分譲が行われた際に分譲業者が公道から各分譲地に至る通路として開設したものであること、本件地役権が、本件通路土地の幅員全部につき、上記分譲業者と宅地の分譲を受けた者との間の合意に基づいて設定された通行地役権であることに加え、分譲完了後、本件通路土地の所有権が、同土地を利用する地域住民の自治会に移転されたという経緯や、同土地の現況が舗装された位置指定道路であり、通路以外の利用が考えられないこと等にもかんがみると、本件地役権

の内容は、通行の目的の限度において、本件通路土地全体を自由に使用できるというものであると解するのが相当である。そうすると、本件車両を本件通路土地に恒常的に駐車させることによって同土地の一部を独占的に使用することは、この部分を上告人が通行することを妨げ、本件地役権を侵害するものというべきであって、上告人は、地役権に基づく妨害排除ないし妨害予防請求権に基づき、被上告人に対し、このような行為の禁止を求めることができると解すべきである。本件車両を駐車させた状態での残余の幅員が３ｍ余りあり、本件通路土地には幅員がこれより狭い部分があるとしても、そのことにより本件係争地付近における本件通路土地の通行が制約される理由はないから、この結論は左右されない。そして、通行地役権は、承役地を通行の目的の範囲内において使用することのできる権利にすぎないから、通行地役権に基づき、通行妨害行為の禁止を超えて、承役地の目的外使用一般の禁止を求めることはできない。」として、土地所有者が車両を恒常的に駐車させることによって土地の一部を独占的に使用することは地役権の侵害であるとしています。

　ただし、通行地役権の行使は信義にのっとったものでなくてはならず、前掲最高裁平成17年３月29日判決は、通行妨害行為の禁止を超えて承役地の目的外使用一般の禁止を求めることはできないとしており、「本件係争地に車両を恒常的に駐車させて上告人による幅員2.8ｍ未満、積載量2.5ｔ以下の車両の通行を妨害してはならない旨を求める限度で認容すべきであり、その余は理由がないから棄却すべきである。」としています。

　そこで、私道所有者である通行地役権設定者が、当該地役権の対象地を通行目的以外に使用する場合には、社会通念上通行を妨げるような行為であるか否かによって、通行権の侵害について判断すべきでしょう。

14　Q&A編　第1章　用益権等に起因する困難

〔4〕　通行地役権の対抗要件とは？

Q　通行地役権の要役地を購入しましたが、承役地の所有者に通行地役権を主張できますか。承役地を買い受けた所有者には通行地役権を主張できますか（地役権の成立している道路敷地を譲り受けた第三者に対し通行地役権を主張できますか。）。主張できる場合に、通行地役権の登記請求は可能ですか。

A　要役地の購入者は、地役権の付従性（随伴性）に基づき、要役地の所有権の移転について対抗要件を満たせば、地役権登記に別段の定めがない限り、地役権についても登記なくして承役地の所有者に対抗することができます。他方、承役地を購入した者に対して、要役地の所有者は、地役権の登記をしなければ対抗することができないのが原則です。もっとも、判例上の一定の要件を満たす場合には、承役地の所有者は、地役権者に対して登記の欠缺を主張することはできないとされています。またそのような承役地の所有者に対し、要役地の譲受人は通行地役権の設定登記手続を求めることができます。

解　説

1　要役地を購入した場合

（1）　原則（地役権登記に、別段の定めがない場合）

　地役権には付従性（随伴性）があり、「要役地の所有権に従たるものとして、その所有権とともに移転」するとされます（民281①）。そのため、地役権の譲渡について、意思表示をする必要はありません。

　よって、要役地の購入者は、要役地の所有権の移転を承役地の所有者に対抗し得るとき（所有権移転登記がなされたとき）は、地役権の

登記に別段の定めがない限り、地役権の移転も登記（の移転）なくして承役地の所有者に対抗することができます。

要役地所有者により地役権が時効取得された後、要役地所有権が譲渡された場合には、地役権の登記がなくても所有権移転登記があれば、要役地の譲受人は承役地の所有者及びその包括承継人に対し地役権を対抗できるとする判例があります（大判大13・3・17民集3・169）。

（2）　例外（地役権登記に、別段の定めがある場合）

ただし、地役権の登記がある場合、その内容には注意が必要です。

地役権が要役地の所有権に従たるものとして移転し、又は要役地の上に存する他の権利の目的となる点につき、設定行為に別段の定めがあるときはその定めに従うとされています（民281①ただし書）。そして、その定めは登記ができ、対抗要件となります（不登80①三）。

そのため、例えば、現在の要役地の所有者のみが地役権を行使でき、第三者が要役地の所有権を取得したとき地役権は消滅するという合意があり、それが登記されている場合は、新たな要役地の所有者は、承役地の所有者に地役権を主張できないことになります。

2　承役地を購入した場合

（1）　原　則

地役権は、登記をしなければ、第三者に対抗することができません（民177参照）。

したがって、原則として、要役地の所有者（地役権者）は、承役地の譲受人に対し、地役権の登記があれば地役権の主張をすることができますし、地役権の登記がなければ地役権の主張をできないことになります。

（2）　例　外

しかし、現実には、通行地役権の登記が設定されているケースは多

くはなく、また、承役地を購入する者にとっても現地を確認すれば、通行地役権の存在を容易に推認できる場合が少なくないものと思われ、そのような場合は、要役地の地役権者の権利保護の必要性が高いといえます。

　そのため、通行地役権の承役地が譲渡された場合に、①承役地が要役地の所有者によって継続的に通路として使用されていることがその位置・形状・構造等の物理的状況から客観的に明らかであり、かつ②譲受人がそのことを認識していたか、認識することが可能であったときは、承役地の譲受人は、通行地役権が設定されていることを知らないで承役地を譲り受けた場合であっても、何らかの通行権の負担のあるものとしてこれを譲り受けたというべきであって、地役権者に対して地役権設定登記の欠缺を主張することは信義に反するとする判例があります（最判平10・2・13民集52・1・65）。また、承役地が担保不動産競売により売却されたケースで、最先順位の抵当権の設定時に、同判例の基準を満たしていた場合は、通行地役権者は、買受人に対し、当該通行地役権を主張できる旨の判例もあります（最判平25・2・26民集67・2・297）。

　そして、このようなケースでは、地役権者（要役地の所有者）は、承役地の譲受人（地役権設定登記の欠缺を主張するについて正当な利益を有しない第三者）に対し、地役権設定登記手続をするよう求めることができるとされています（最判平10・12・18民集52・9・1975）。

〔5〕 通行地役権の時効取得は？

Q 通行地役権を時効取得できるのはどのような場合ですか。反対に、通行地役権が時効により消滅することはありますか。

A 承役地となる他人所有の土地上に、要役地所有者が通路を開設している場合、時効取得できる場合があります。

解　説

1　通行地役権の時効取得
（1）　要役地を単独所有しているケース
　地役権は、「継続的に行使され、かつ、外形上認識することができるものに限り、時効によって取得することができる。」（民283）とされています。
　この「継続」とは、承役地となる他人所有の土地の上に通路を開設することを要し、その開設は要役地所有者によってされることを要すると解されています（最判昭30・12・26民集9・14・2097）。これは、承役地所有者が開設した通路の通行を承役地所有者が好意で許しているだけで取得時効が成立することを防ぐためとされています。この点、要役地の所有者が、道路の拡幅のために他人にも土地の提供を働きかけ、自らもその所有土地の一部を提供した場合、要役地の所有者によって通路が開設されたものというべきとする判例があります（最判平6・12・16判タ873・81）。
　なお、「外形上認識することができる」とは、通行地役権のように権利の実現が外部から認識することができることを要する趣旨であり、

不作為を目的とする地役権や、地下を引水する引水地役権を除外する要件となります。

（2）　要役地を共有しているケース

土地の共有者の一人が時効によって地役権を取得したときは、他の共有者も、これを取得します（民284①）。また、共有者に対する時効の更新は、地役権を行使する各共有者に対してしなければ、その効力を生じないとされ（民284②）、地役権を行使する共有者の一人について時効の完成猶予の事由があっても、時効は各共有者のために進行されるとされます（民284③）。

これらの規定は、地役権の不可分性（地役権は当該土地に関しては一体として考えられなければならない）に由来する規定です。

例えば、共有者の一人が成年被後見人であり、同人の時効が停止したとしても、残りの共有者の取得時効の完成には影響がなく、かつ残りの共有者の取得時効が完成したときには成年被後見人も地役権を取得することになります。

2　通行地役権の時効消滅

地役権の消滅時効については、民法166条2項が適用される（民291）ため、権利を行使することができる時から20年間行使しない時は、時効によって消滅します。

この起算点について、継続的でなく行使される地役権（例えば、通路を開設しない通行地役権）については最後の行使の時から起算し、継続的に行使される地役権（例えば、通路を開設する通行地役権）についてはその行使を妨げる事実が生じた時（例えば、通路の通行を妨げる建造物が建設された時）から起算します（民291）。

また、地役権者が権利の一部を行使しなかったとき（例えば、通行地役権の設定された道路の一部分を通行しなかったとき）には、その

部分のみの地役権が時効によって消滅します（民293）。

　なお、要役地が数人の共有に属する場合、その一人のために時効の完成猶予又は更新があるときは、その完成猶予又は更新は、他の共有者のためにもその効力を生ずるとされています（民292）。この規定も上述のように、地役権の不可分性に基づく規定です。

3　承役地の時効取得による地役権の消滅

　「承役地の占有者が取得時効に必要な要件を具備する占有をしたときは、地役権は、これによって消滅」します（民289）。

　続く民法290条に「前条の規定による地役権の消滅時効」との定めがあるため、民法289条の規定も地役権の消滅時効と呼ばれることもあります。しかし、民法289条の規定は、正確には、取得時効に相当する占有の効果としての地役権の消滅の規定であり、承役地の時効取得者は、承役地を原始的に取得するとの論理に基づく規定です。

　したがって、時効取得者による占有が地役権の負担を伴わないものとしての占有であれば、本条に従って地役権は消滅しますが、そうではなくて、地役権の負担を伴う占有であれば、地役権は消滅しないとされます（大判大9・7・16民録26・1108）。

　なお、地役権の消滅は、地役権者がその権利を行使することによって生じないことになります（民290）。

20　　Q & A編　第1章　用益権等に起因する困難

〔6〕　通行地役権の設定契約の内容は？

Q　　通行地役権の設定契約をしたいのですが、どのような内容について取り決めればよいですか。農地の場合の規制はありますか。

A　　設定契約においては、目的、要役地及び承役地の範囲を定めることが必要です。他にも、使用料や存続期間の定めも可能ですが、登記することができないため第三者に対抗することはできません。農地を承役地とする通行地役権の設定には、農地法の許可が必要です。

解　説

1　設定契約の内容

（1）　目　的

地役権は「設定行為で定めた目的に従」う（民280）ものですから、設定契約では「目的」を定める必要があります。「目的」は、登記事項です（不登80①二）。

目的は、民法第2編第3章第1節（所有権の限界）の規定（公の秩序に関するものに限ります。）に違反しないものであれば、特段の制限はありません（民280ただし書）。

通行地役権の場合は、「通行」目的であることを明示することになります。

単なる「通行」ではなく、「徒歩及び軽自動車による通行」を目的として定めることも可能です（昭59・10・15民三5157）。

他方、単に「通行」を目的とする通行地役権が設定されている場合に通路を自動車で通行できるか否かについては、通路の幅員、自動車通行の必要性、地役権設定にまつわる事情等を総合的に考慮して、認められた裁判例と、認められなかった裁判例が存在します（認められた裁判例：幅員が4mある土地について千葉簡裁昭和45年7月13日判決（判タ245・239）、分譲地について東京地裁八王子支部平成元年12月19日判決（判時1354・107）、共有地について東京高裁平成4年12月10日判決（判時1450・81）など。認められなかった裁判例：幅員最大2.61mの土地について東京地裁平成7年8月23日判決（判タ910・140）など）。

なお、地役権が時効によって取得される場合は、時効の基礎となっている利用の態様によって、その内容も決まります。したがって、通行に利用している場合は「通行」目的と解されることになります。

（2）　要役地及び承役地の範囲

要役地及び承役地の範囲も定める必要があります。目的と同じく、登記事項です（不登80①一・二）。

なお、承役地の一部分に地役権設定登記をすることはできますが、要役地の一部分のための設定登記はできません。

地役権の登記のためには、地役権図面の添付が必要です。地役権図面は、地役権設定の範囲を明確にし、方位、縮尺、地番及び隣地の地番並びに申請人の氏名又は名称を記録し、作成の年月日を記録し、書面である地役権図面には、地役権者が署名し、又は記名押印しなければならないとされています（不登則79）。したがって、設定契約書にも、同様の図面を添付するのが望ましいと思われます。

（3）　その他の定め（対抗要件を有する定め）

地役権設定契約においては、付従性・随伴性を排斥する定め（民法281条1項ただし書の定め）が可能です。例えば「特約　地役権は要役

地とともに移転しない」などと定めることができます。また、承役地の所有者が地役権行使のための工作物の設置義務を負う定め（民法286条の定め）も可能です。

これらの定めについては、登記事項とされる（不登80①三）ため、対抗力を有します。

（4）　通行料、存続期間等の定め（対抗要件を有しない定め）

　ア　通行料の定め

地役権は無償で承役地を要役地の便益に供する土地使用権であるため、原則として通行料は無料であり、通行料を支払う約束をしても地役権の内容とはならない旨の裁判例があります（大判昭12・3・10民集16・255）。また、時効取得者に対し、承役地の所有者が法律上当然に承諾料や使用料を請求し得るという根拠はないとの裁判例もあります（東京地判昭48・11・30判時743・67）。

他方で、通行料を支払う定めは、債権契約としての効力は有するとされています（前掲大判昭12・3・10）。

したがって、通行料を定めることで、当事者間において通行料の支払義務を発生させることは可能です。

しかし、登記事項ではないため（不登80）、第三者に対抗することはできません。

　イ　存続期間の定め

地役権設定契約において、存続期間を定めることも、定めないことも、「永久」と定めることもできます。期間を定めたときは、その期間の満了により地役権は消滅します。期間を定めなかったときは、他の原因によって地役権が消滅しない限り、要役地のある間存続します。

しかし、存続期間の合意があっても、それは登記事項ではない（不登80）ため、第三者に対抗することはできません。

2 農地の通行地役権

農地を承役地とする通行地役権も、設定は可能です。

ただし、農地法所定の許可を受けなければ効力を生じないため、農地について通行地役権設定登記を申請するには、農地法所定の許可書の添付が必要になります（不登令7①五ハ）。

当然ながら、通行地役権を設定する旨約束した者（通常は、承役地の所有者）は、農業委員会への届出手続に協力すべき義務を負います（大阪高判昭60・10・24判タ588・72）。

〔7〕 所有者が私道の補修をしないときは？

Q 通行地役権者は私道設置、補修について所有者に対しどのような協力を求めることができますか。

A 下級審裁判例からすれば、所有者が私道の補修をしない場合、設定行為又は特約で所有者が修繕義務を負担した場合は修繕義務を負うものの、当該負担をしていない場合は、所有者は通行地役権者に対し、通行地役権者の費用負担によって補修工事が行われることを認容する不作為義務のみを負い、それ以上の責任を負わないということになりますので、当該裁判例を踏まえ、工事の実施につき協力を求めていくことになります。

解　説

1　私道の設置・補修

　私道は、私人が所有する土地を道路として利用しているものですから、その設置、補修については私道所有者に責任があり、原則として私道所有者が費用を負担します。

　そのため、私道が共有であれば、共有持分の割合によって負担することになります。

2　裁判例

　それでは、所有者が私道の補修をしない場合、通行地役権者は所有者に対しどのような協力を求めることができるのでしょうか。

　この点、東京地裁昭和43年10月11日判決（判時546・78）は、「地役権の承役地に、その所有者の故意過失によらずして障害が発生し、これが

Q&A編　第1章　用益権等に起因する困難　　25

ため、地役権の円滑な行使ができなくなった場合には、要役地所有者は自己の費用をもって、右障害を除去し、あるいは補修をなしうるのである。この場合承役地所有者は、右障害の除去補修工事が通行地設権の円滑な行使に必要な最少限度を超えない限り、右工事を認容しなければならないのであって、かかる不作為義務を負うものというべきである。しかし、承役地所有者は障害が自己の責によって発生したものでない限り修繕の義務を負うものではなく、ただ設定行為または特約により、これを負担した場合にのみその責に任ずるものである。」としています。

　上記裁判例からすれば、所有者が私道の補修をしない場合、設定行為又は特約で所有者が修繕義務を負担した場合は修繕義務を負うものの、当該負担をしていない場合は、所有者は通行地役権者に対し、通行地役権者の費用負担によって補修工事が行われることを認容する不作為義務のみを負い、それ以上の責任を負わないということになります。

　上記裁判例を踏まえ、通行地役権者は、所有者に対し、上記工事の実施につき協力を求めていくことになります。

26　Q&A編　第1章　用益権等に起因する困難

第2　囲繞地通行権

〔8〕　袋地になり囲繞地通行権が発生するのはどういった場合か？

Q　公道に通じていない土地を所有していますが、この土地から公道に至るための権利があると聞きました。どういった権利なのでしょうか。

A　公道に通じていない土地のことを「袋地」といいます。この袋地を所有する者が、この土地を取り囲む土地を通行することができる権利のことを「囲繞地通行権」といいます。

解　説

1　袋地・準袋地とは

（1）　「袋地」とは、他の土地に囲まれて、公の道路（公道）に出られない土地のことをいいます。公道とは、公共の用に供されている道路のことをいい、道路法の道路（高速自動車国道、国道、都道府県道、市町村道）のほか、農道、林道なども含まれます。これに対して、私的に所有・利用される道路を「私道」といいます。なお、建築基準法においては、私道等が「道路」とされる場合があり（位置指定道路、2項道路）、このような道路も公道と呼ぶことがあります。

この点、民法210条・213条における「公道」というのは、平成16年に改正される前の民法210条で「或土地カ他ノ土地ニ囲繞セラレテ公路ニ通セサルトキハ其土地ノ所有者ハ公路ニ至ル為メ…」と規定され

ていた際の「公路」と同義のものであると解されています。そのため、上記のような私道に対する公道の概念と一致するものではありません。

（2）「準袋地」とは、池や沼、河川、海洋を利用しないと他の土地に通じないか、崖岸があって土地と公道との間に著しい高低差がある土地のことをいい、「無道路地」ともいいます。

2 囲繞地通行権とは

上記のような袋地の所有者は、他人が所有する隣接地を通らなければ公道に出ることができません。そのため、このような土地の所有者は、公道に至るために、その土地を囲んでいる他の土地（囲繞地）を通行することができます（民210①）。この権利のことを「公道に至るための他の土地の通行権」（いわゆる「囲繞地通行権」）と呼んでいます（【図1】）。

【図1】

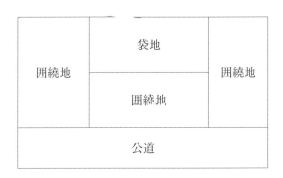

通行の場所及び方法は、囲繞地通行権を有する者のために必要であり、かつ、他の土地のために損害が最も少ないものを選ばなければなりません（民211①）。そして、囲繞地通行権を有する者は、囲繞地の所有者に対して、原則、償金（通行料等）を支払う義務があります。も

っとも、【図2-1】のように元々あった土地Aが【図2-2】のように分割や譲渡によって袋地となった場合、新しくできた袋地の所有者は袋地が分割や譲渡前に属していた土地Aしか通行することができません。その際は、土地Aに対する償金は支払う必要がありません（民213①）。

【図2-1】

【図2-2】

囲繞地通行権は、当事者の意思や権利関係は影響しない物権であり、袋地又は囲繞地の所有者が未登記であったとしても当然に認められます（最判昭47・4・14判時667・25）。一方で、囲繞地通行権は、所有者から袋地を借りるなどして占有している者に当然に認められる権利ではなく、対抗力（ただし、登記とは限りません。）を備えていることが要件

とされています（最判昭36・3・24民集15・3・542）。

袋地の所有者が、公道に出るために他の土地を取得したときは、囲繞地通行権は消滅します。

なお、袋地の賃借人は賃貸借契約に基づき、袋地所有者が持つ囲繞地通行権を行使することができ、囲繞地の賃借人は賃貸借契約に基づき、囲繞地所有者の通行権負担の範囲で使用・収益が認められるものと解されています（能見善久＝加藤新太郎編『論点体系　判例民法2〔第3版〕物権』260頁（第一法規、2019）参照）。

30　Q＆A編　第1章　用益権等に起因する困難

〔9〕　囲繞地の最適な土地はどのように選択するのか？

Q　所有している土地が複数の囲繞地に囲まれているため、通行権を行使したいと思うのですが、行使する土地はどの囲繞地でもよいのでしょうか。

A　民法211条1項は、「通行の場合及び方法は、同条の規定による通行権を有する者のために必要であり、かつ、他の土地のために損害が最も少ないものを選ばなければならない」と規定していますので、承役地負担者にとって最も損害の少ない場所にするべきです。

解　説

1　囲繞地通行権を行使する土地の選択

　明治民法219条では、「袋地ノ利用又ハ其住居人ノ需用ノ為メ定期又ハ不断ニ車両ヲ用ユルコトヲ要スルトキハ通路ノ幅ハ其用ニ相応スルコトヲ要ス」「通行ノ必要又ハ其方法及ヒ条件ニ付キ当事者ノ議協ハサルトキハ裁判所ハ成ル可ク袋地ノ需用及ヒ通行ノ便利ト承役地ノ損害トヲ斟酌スルコトヲ要ス」と規定されていました。この考え方は、今日でも合理性を有するものといえるでしょう。

　裁判例においても、通行の場所及び方法は「社会通常の観念に照らし、附近の地理状況、隣地利用者の利害得失、その他諸般の事情を斟酌した上、具体的事例に応じて」判断されるべきであるとしたものがあります（東京地判昭38・9・9判タ156・91）。

Q&A編 第1章 用益権等に起因する困難 31

　また、囲繞地通行権を認める場所は、必ずしも、公道への最短距離によるべきではなく、承役地と公道との接続の容易性、係争地の従前の利用等をも考慮して、承役地負担者にとって最も損害の少ない場所によるべきでしょう（高松高判平元・12・13判時1366・58、川島武宜＝川井健編『新版注釈民法（7）物権（2）』338頁（有斐閣、2007））。

32　Q＆A編　第1章　用益権等に起因する困難

〔10〕　通行権のある土地上に工作物を設置することはできる
　　　のか？

Q　　通行権を有する土地上に照明器具や看板を設置するこ
とはできますか。反対に、通行地の所有者は設置された
工作物を排除することはできるのでしょうか。

A　　通行権を有する土地上に、必要かつ適切な照明設備を
設置することは可能です。しかし、それにより、土地所
有者は一定の制限を受けますので、その設置、表示方法が通行権
に基づいて認め得る手段の限界を逸脱している場合は、土地所有
者から当該工作物の排除を求めることができます。

解　説

1　囲繞地通行権の効力が及ぶ範囲

　前述のとおり（〔8〕2参照）、囲繞地通行権は、囲繞地の所有者に一
定の制約をもたらすものですから、必要最小限のものでなければなり
ませんが（民211①）、社会生活上相当と認められる範囲で、通路の上空・
地中・その他の範囲に及び、その内容も通行のみに限られるものでは
ないと考えられています。そのため、工作物を設置することもできる
と考えられます。

2　照明器具や看板を設置することは可能か

（1）　東京地方裁判所の裁判例

　囲繞地通行権の事例ではありませんが、東京地裁昭和60年6月24日
判決（判タ614・76）において、裁判所は次のように判示しました。

「一般に、土地について通行権を有する者が、必要に応じて右土地上に安全に通行するために必要な設備を設けること及び右通行権の存在を対外的に表示することは、右通行権の範囲に含まれるものと考えることができるが、他方通行権を有する者は、それにより土地所有権に一定の制限を受ける土地所有者との権衡上、その設置、表示方法に一定の制約を受けるものと考えるのが相当である。」

本裁判例の事案は、次のとおりです。

【図】

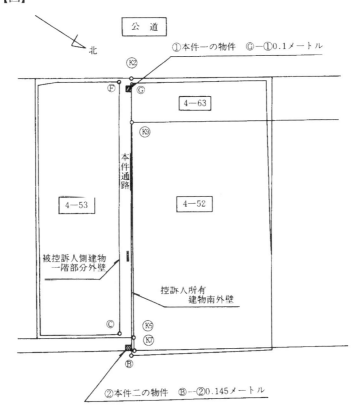

34　　Q＆A編　第1章　用益権等に起因する困難

　控訴人Ⅹは、被控訴人Ｙが有する土地（【図】4－53）に隣接する土地（【図】4－63及び4－52）を賃借し、その上に自らが経営する店舗「あらし」を所有していました。本件通路は、Ｙ所有の土地の一部です。Ⅹは、本件通路の【図】①の場所に「あらし占有通路」という文字が表示された電気看板を、【図】②の場所に「あらし占有通路」「お茶漬けおにぎり」という文字が表示された電気看板を、地表から約2ｍ上空に設置していました。これらの電気看板について、Ｙが所有権侵害に基づく妨害排除請求権に基づき、①及び②の看板の収去を求めました。

　これについて、裁判所は、上記のような原則論を述べた上で、本件については次のように判示しました。

「3　必要な設備について

　（一）　…本件通路は、その両側を前記各建物に挟まれ、しかもその上部には被控訴人側建物の二階部分が覆いかぶさっているために、暗くなっていることが認められるから、本件通路は、人が安全に通行するためには照明設備を要するものであると認められ、控訴人は、その通行権に基づいて、必要かつ適切な照明設備を、本件通路に設置することができるものというべきである。

　（二）　そこで、本件各物件が右の照明設備にあたるかどうかについて検討すると、…次の事実が認められる。

　（1）　本件各物件は、①及び②ともに幅0.54ｍ、高さ0.3ｍ、奥行0.2ｍの大きさの箱形の物件であって、照明の用をも果しているものの、①には「あらし占有通路」、②には「あらし占有通路」及び「お茶漬おにぎり」という各文字が表示されており、しかも、いずれも「あらし」という文字は目立って大きく描かれており、その他の文字は朱書されている。

Q & A編 第1章 用益権等に起因する困難　　35

　（2）　「あらし」という名称は、控訴人の店舗の名称である。

　（3）　本件①の物件は、本件通路と西側公道との接点に、公道から直接見える位置、本件②の物件は、本件通路と東側私道との接点に、私道から直接見える位置に、それぞれ設置されている。

　（三）　右事実によれば、本件各物件は、その形状、大きさ、それらに表示されている各文字の意味内容からみて、本件通路部分通行のための照明設備というよりは、むしろ、控訴人の営業をも表示する一種の看板であるということができる。

４　表示方法について

　（一）　…

　（二）　控訴人が、その後右電気表示板を「あらし占有通路」という文字入りのものに替えたこと、昭和56年10月ころ本件各物件を設置したことは当事者間に争いがない。

　（三）　…、被控訴人による前記貼り紙が、控訴人による当初の電気表示板設置のきっかけとなっていることが認められ、本件各物件についても、控訴人が被控訴人との長年にわたる紛争の過程で、本件通路について通行権を有することを表示するため設置したものと認められる。

　（四）　右事実によれば、控訴人が本件各物件を設置したことにも一理あると言い得るのであるが、他方、前記のとおり、当初の電気表示板には「専用通路」という表示がなされていたこと、本件各物件は照明設備というよりは控訴人の営業を表示する看板であると認められることに照らせば、通行権の存在を表示するための物件としては過大であり、大きさ、設置位置、表示方法、外観等、土地所有者である被控訴人の負担がより少なくて済む方法によるべきであったということができる。本件各物件は、通行権に基づき認め得る表示手段の限界を逸脱しているものと言うべきである。

5　控訴人は、通行権の根拠として本件通路部分について控訴人が通行地役権を有している旨主張しているが、仮に控訴人が通行地役権を有しているとしても、以上の点については、理を同じくするものと解すべきである。」

（2）　東京地方裁判所の考え方

　裁判所は、通行権を有する者がその通路に必要な設備又は通行権を表示する設備を設置することができるのか、という点について、次のような考えを示しました。すなわち、通行権のある者が、自分で費用を負担して通行に必要な設備、例えば本件のようにトンネル状の通路や暗い夜道に照明を付けたり、坂状の通路に階段又はスロープ・手すりを付けたり、危険な場所にはその旨の表示をしたりすることは、法定・約定いずれの通行権であっても認められてよいということです。本件においては、本件通路が暗くなっていることから、人が安全に通行するためには照明設備が必要であることを認めています。

　その上で、裁判所は、通行権に基づいて設置することができる照明設備は必要かつ適切なものでなければならないとしました。本件で設置された電気看板は、確かに照明の用は果たしているものの、Ｘの経営する店舗名や商品が表示されており、特に店舗名は大きく目立つように描かれていることやその他の文字が朱書きになっているといった事実から、安全な通行のための照明設備というよりは、Ｘの営業を宣伝するための看板であると結論付けました。

　そうすると、本件の看板は照明設備というよりは、営業を表示する看板であると解され、加えて、近隣居住者の通行もあるにもかかわらず「専用通路」という表示がなされていたことも考慮すると、通行権の存在を対外的に表示する方法としては過大であり、土地所有者であるＹの負担がより少なくて済む方法があるとして、通行権に基づいて認められる手段の限界を逸脱しているとしました。

3 結 論

　したがって、通行権を有する土地上に、必要かつ適切な照明設備を設置することは可能です。しかし、その範囲を超えて、営業の宣伝をするような看板を設置することはできません。もし、そのような看板が設置された場合、土地所有者は当該工作物の収去を求めることができます。

＜関連するケース＞

　Case15

〔11〕 袋地や囲繞地の所有者が交代した場合、囲繞地通行権
　　　はどうなるか？

Q　　　袋地や囲繞地が売却され、所有者の交代があった場合
　　　に既存の囲繞地通行権は存続するのでしょうか。一体の
土地が分筆譲渡された場合、譲渡人の土地（残余地）について囲
繞地通行権を主張できるのでしょうか。

A　　　袋地や囲繞地が売却され、所有者の交代があった場合
　　　でも既存の囲繞地通行権は存続します。また、元々一体
であった土地の一部譲渡によって袋地が発生した場合には、当該
袋地を取得した第三者は元々一体であった別の土地（残余地）に
限り、囲繞地通行権を主張することができます。

解　説

1　有償の囲繞地通行権と無償の囲繞地通行権

　袋地と認定された場合は、囲繞地通行権が成立します。この囲繞地
通行権は、他人の土地を利用することになりますし、法律上当然に成
立するという性質もありますので、原則的には、これに対する補償が
必要であると考えられています。そこで、原則、有償の囲繞地通行権
が成立します（民212）。

　これに対して、例外的に無償の囲繞地通行権が成立するのは、次の
場合です。

①　共有地を分割したことによって袋地が発生した場合（民213①）

②　土地の一部譲渡によって袋地が発生した場合（民213②）

　このような例外が認められる根拠は、土地の分割や譲渡の際に、実

Q&A編　第1章　用益権等に起因する困難　　39

質的には一括払いの形で償金が支払われるからという説明がなされて
います(川島武宜＝川井健編『新版注釈民法(7)物権(2)』340頁(有斐閣、2007))。
仮に譲渡代金等に通行権の存在が斟酌されていないことが明らかであ
る場合には、民法213条1項後段の適用を認めず、有償とする考えもあ
り得ますが、そのような場合でもあくまで譲渡当事者間内部の問題で
あるとして民法213条2項の適用があるとする裁判例も存在していま
す（東京高判昭53・11・29判タ380・88)。

2　囲繞地通行権と当事者の交代

（1）　袋地又は囲繞地が売却や贈与などにより所有者が交代した場
合に、囲繞地通行権が問題となるのは、主に、囲繞地の所有者が交代
し、無償の囲繞地通行権（民213）が成立するケースであると考えられ
ます。袋地の所有者が交代した場合は、囲繞地の所有者には特段の不
利益があるわけではないため、問題にはなりにくいです。

（2）　囲繞地の新所有者にも、無償の囲繞地通行権が成立するとい
うことになれば、通行権も無償で、通行の場所も従前どおりとなりま
す。これに対し、無償の囲繞地通行権は成立しないということになる
のであれば、民法210条又は212条の原則論に戻って、有償の囲繞地通
行権が認められることになり、当然に従前の通行場所を通行できると
いう帰結にならない可能性も出てきます。

この問題について、最高裁判所は、次のような事例で、民法213条に
よる囲繞地通行権は囲繞地に特定承継（売買や贈与）が生じても消滅
しないという立場をとっています（最判平5・12・17判時1480・69。ただし、
反対意見あり。)。

同判例では、同一人の所有に属する数筆の土地の一部が担保権の実
行としての競売により袋地となったので、競落人が民法213条2項に
よる囲繞地通行権を主張した事案につき、「右譲渡が担保権の実行と

しての競売によるものであっても異なるところはない。そして、右囲
繞地通行権は、残余地について特定承継が生じた場合にも消滅するも
のではなく、その場合、袋地所有者は、同法210条に基づき残余地以外
の囲繞地を通行することができるものではないと解するのが相当であ
る（最高裁昭和61年（オ）第181号平成2年11月20日第三小法廷判決・民
集44巻8号1037頁参照）。」と判示しました。

（3）　したがって、最高裁判所の判断に従えば、囲繞地が売却され、
所有者の交代があった場合でも既存の囲繞地通行権は存続します。し
かし、同判例の反対意見も指摘しているとおり、囲繞地通行権におい
て人的要素も考慮されていることや、民法213条はあくまで民法210条
の例外規定であること等も考慮すれば、このような帰結とすることで
利益衡量がうまくいっているといえるのかについては明確ではありま
せん。そのため、この最高裁判所の判断については議論もあるところ
です。

3　土地の一部譲渡と囲繞地通行権

（1）　土地の一部が譲渡された場合、それによって袋地が発生した
ときは、その袋地所有者は残余地のみを通行できる囲繞地通行権を取
得しますが、一方で、それ以外の第三者の土地を通行することはでき
ません（民213②）。これは、自分たちの都合で土地の一部を譲渡したと
きは、袋地が発生することは当然予期するべきであるということと、
譲渡と関係のない第三者に迷惑をかけずに、関係者のみで処理するこ
とが当然であるという考えに依拠しています（このような考え方に従
って、民法213条2項の適用を厳格に解した裁判例として、東京高裁昭
和43年9月20日判決（判タ232・184）を参照）。

　また、このような考え方は、譲渡人の残部所有地が袋地になったと
いう場合にも適用されると考えられています（東京地判昭39・6・30判時

388・39、高松高判平26・4・23判時2251・60)。

（2）　もっとも、いかなる場合でも譲渡人所有の残余地に限られるということではありません。数人に対する土地の一部譲渡により譲受人の一人の土地が袋地になった場合に通行できる場所は譲渡人所有の残余地には限られないとした事例（広島高判平3・5・29判時1410・80）や、土地を分筆譲渡した結果二つの囲繞地が生じた場合であって、袋地所有者が袋地を使用せず、通行もしていなかったときには、どちらの囲繞地を通行することができるかが当然に特定されるものではないとした事例（大阪高判平10・6・30判タ999・255）もあります。

（3）　したがって、元々一体であった土地の一部譲渡によって袋地が発生した場合には、当該袋地を取得した第三者は元々一体であった別の土地（残余地）に限り、囲繞地通行権を主張することができますが、具体的な事例によっては判断が異なることもあるということになります。

＜関連するケース＞
　Case 1 、Case 2

42 　Q&A編　第1章　用益権等に起因する困難

〔12〕　土地の一部譲渡ではなく全部同時譲渡した場合の囲繞
　　　地通行権の主張は？

Q 　　　土地所有者が、一筆の土地を数筆に分筆し、同時にそ
　　　の全部を譲渡して袋地が生じた場合、その袋地譲受人は、
袋地の利用を可能にするため、元の残余地しか通行できないので
しょうか。

A 　　　一筆の土地を数筆に分筆して全部を譲渡した場合、袋
　　　地となった一部の土地の譲受人は、元の残余地の囲繞地
通行権を有するにすぎません。

解　説

1　民法213条2項の「土地の一部」の解釈
　民法213条2項は、一筆の土地の「一部」を譲渡して袋地が生じた場
合、その袋地譲受人は、袋地の利用を可能にするため、譲渡人の残余
地のみを通行して公道に出られるという内容の公道に至るための他の
土地の通行権を取得すると規定していますが、一筆の土地の「全部」
の場合には同様にいえるかというのが問題となります。
　昭和37年の最高裁判決では、分割・一部譲渡をする当事者は、袋地
が生じないように分割・一部譲渡をすることができるにもかかわらず
それをしなかった以上、分割・一部譲渡に関与していない他の土地に
迷惑をかけるべきではない、という同項の趣旨に照らし、「民法213条
2項は、土地の所有者がその土地の一部を譲渡し残存部分をなお保留
する場合に生ずる袋地についてのみ適用ありと解すべきではなく、本
件の如く、土地の所有者が一筆の土地を分筆のうえ、そのそれぞれを

全部同時に数人に譲渡して袋地を生じた場合においても、同条項の趣旨に徴し、袋地の取得者は、右分筆前一筆であった残余の土地についてのみ囲繞地通行権を有するに過ぎないと解すべきであるとした原審の判断は首肯できる」とされました（最判昭37・10・30民集16・10・2182）。

　これに対しては、同時全部譲渡の場合には、一部譲渡の場合と異なり、通行地譲受人に対して一括払の償金額を加味して価額を決定することを要求するのは酷であり、内部だけで処理させることは不合理であるとして、本項の適用を否定すべきであるとする見解もあります（川島武宜＝川井健編『新版注釈民法（7）物権（2）』340頁（有斐閣、2007））。

〔13〕 既存の通路の拡張はできるのか？

Q 囲繞地通行権者は次のような場合に既存の通路の拡張を求めることはできますか。
① 自動車による通行を求める場合
② 建築基準法上の接道要件を満たすことが目的である場合

A 道路の幅員決定の一般原則によれば、諸般の事情を考慮して、既存の通路の拡張を求めることはできます。もっとも、既存の通路の拡張が認められるかどうかは、事例判断となります。②については、建築基準法上の接道要件を満たすことのみを目的として通路の拡張を求めることには消極的な判断がされますが、①については、諸般の事情を考慮して、拡張が認められる場合もあります。

解 説

1 道路の幅員決定の一般原則

設定契約に基づく通行地役権や賃貸借等債権契約に基づく通行権は、その契約内容によって、通路の幅員が決定されます。また、時効によって取得する通行地役権は、過去の事実から通路の幅員が決定されます。これに対して、囲繞地通行権は、袋地の所有者に公道に出るまでの隣地を法律上当然に通行することを認める権利ですから、その幅員決定の基準をどこに求めるかが問題となります。

この点についても、囲繞地通行権は、囲繞地の所有者に一定の制約をもたらすものですから、必要最小限のものでなければなりません（民211①）。それ以上の幅員を認めることは、囲繞地所有者の利用をそれ

だけ制限することになりますから、慎重に決する必要があります。

そこで、通路の幅員は、単に袋地所有者の主観的必要性のみから判断されるべきではなく、従来の袋地及び囲繞地双方の利用目的及び利用状況、社会経済的必要性の有無、関係者の利害得失・合意の有無、場所的慣行などを考慮して信義則に従い、客観的に判断されなければなりません（東京高判平7・3・14東高時報46・1〜12・7、東京地判昭37・10・3判時316・19、東京地判昭38・9・9判タ156・91、山口地徳山支判昭52・12・13判時894・103）。

2　既存の通路の拡張について

では、既存の通路があった場合に、幅員の拡張を認めることはできるのでしょうか。

これについて、東京高裁昭和34年8月7日判決（高民12・7・289）は、事案の結論としては拡張を認めなかったものの、一般原則として「すでに公路に通ずる通路がある場合であって、人の通行することそれ自体には妨げのない場合であっても、その通路が土地の用法に従った利用を図るためにはなお狭隘であってそのために土地の利用をすることができないときは、隣地の利用関係その他相隣関係における諸般の事情を考慮してその必要が認められる限り右通路を拡張開設して通行権を認めるべきものと解するのを相当とする。」と判示しました。

囲繞地通行権は、囲繞地の所有者の犠牲の上に成立している権利であることから、土地が「公道に通じない」ことがその発生要件とされています（民210①）。そのため、既存の通路がある場合は、それ以上に通路の拡張をすることはできないのが原則です。裁判例においても、従来の通路の幅員や通行の方法を尊重する傾向が強いと考えられています。上記裁判例のとおり、既存の通路だけでは袋地の利用に支障が生じるという場合であれば、必要な限度で既存の通路の拡張を認める

場合もあるといえるものの、単に通路の幅員の拡張を求める場合や、歩行で利用していた通路について新たに自動車通行を求める場合などは、拡張が認められる可能性は高くないことには注意が必要です。

3　自動車による通行を求める場合

（1）　囲繞地通行権者が歩行して通れる程度の幅員が確保されることは当然であるとしても、それ以上に自動車で通行できる幅員まで保障されるのでしょうか。

（2）　京都地裁昭和58年7月7日判決（判タ517・188）は、自動車の場合と同様に農業用機械にも袋地の利用に必要かつ不可欠な場合においてのみ囲繞地通行権が発生することを確かめた上で、従来及び現在の農地の利用状況、里道を拡張することにより受ける袋地所有者の利益及び囲繞地所有者の不利益の程度を比較検討したときには、囲繞地所有者の土地の一部を犠牲にしてまで、里道の幅員を拡張して、コンバイン等の農業機械の通行の利便までを確保しなければならない必要性に乏しいと判示し、囲繞地通行権を理由とする通路の拡張を認めませんでした。

（3）　また、東京地裁昭和58年4月25日判決（判時1097・55）は、通勤のために自動車を使用する必要性があることから既存の通路の拡張を求めた事案ですが、これについて、自動車で通行する喫緊の必要性は認められない上、原告が袋地を取得した際に自動車による乗り入れが不可能であることを知っていたこと、袋地上に車庫を設置する余裕があったとしても、袋地の所在地の地域性（新宿副都心付近）からして、他所に車庫を借りる等しなければならない例も少なくないこと等を指摘して、既存通路の拡張を認めませんでした。

　この裁判例においても、「一般に、囲繞地通行権は袋地の効用を全うさせるために認められているのであるから、たとえ一応通行可能な経

路が公路に通じている場合であっても、その経路によっては当該土地
の用法に従った利用を充たすに足りないときは、なおその土地を袋地
と解すべきである。」と判示して、既存通路があったとしても原告の土
地をなお袋地と解することができるかという視点で判断がなされてい
ます。

4　建築基準法上の接道要件を満たすことが目的である場合

　囲繞地通行権に基づいて通行権が認められる通路につき、建築基準
法43条１項に規定される接道義務が、通路の幅員を決定するに際して
考慮されるべき事情の一つになるとして、既存の通路の拡張を求める
ことはできるのでしょうか。

　最高裁平成11年７月13日判決（判時1687・75）は、まず、民法210条の
定める囲繞地通行権は「特定の土地がその利用に関する往来通行につ
き必要不可欠な公路に至る通路を欠き袋地に当たる場合に、囲繞地の
所有者に対して袋地所有者が囲繞地を通行することを一定の範囲で受
忍すべき義務を課し、これによって、袋地の効用を全うさせようとす
るものである。」と判示し、一方で、建築基準法上の接道義務について
は「主として避難又は通行の安全を期して、接道要件を定め、建築物
の敷地につき公法上の規制を課している。」としました。その上で「各
規定は、その趣旨、目的等を異にしており、単に特定の土地が接道要
件を満たさないとの一事をもって、同土地の所有者のために隣接する
他の土地につき接道要件を満たすべき内容の囲繞地通行権が当然に認
められると解することはできない。」と判示しています。

　さらに、同判例は、「特定の土地を一の建築物又は用途上不可分の関
係にある二以上の建築物についてのみその敷地とし得るものとする建
築基準法の原則（同法施行令１条１号参照）」を取り上げて、法令全体
の整合性を考慮するならば、接道要件を満たすことを目的として通路

の拡張を認めるという帰結は、法の予定しないものであることが明らかであり、単に接道要件を満たすことができないことを理由として通路の拡張を求めることは認められないとしました。

　このような判断については、学説上の賛否はあるものの、現在の最高裁判例の立場としては、建築基準法上の接道要件を満たすことのみを目的として通路の拡張を求めることには消極的な判断がされていることが分かります。

〔14〕 既存の通路を減縮又は閉鎖することはできるか？

Q 囲繞地所有者は、次のような場合に既存の通路の減縮又は閉鎖を求めることはできますか。
① 物置を設置する場合
② 建物を建築する場合

A 一旦、既存の通路に囲繞地通行権が成立した後は、それは袋地所有権の一内容となるため、特段の事情がない限り、既存の通路の減縮又は閉鎖を求めることはできません。もっとも、①及び②は、いずれも囲繞地通行権の原則論に立ち返り、袋地の利用に必要かつ囲繞地のために最も損害の少ない方法であるとして、既存通路の減縮又は閉鎖を認めています。

解 説

1 既存の通路の減縮について

既存の通路の幅員を減縮することはできるのでしょうか。これについて、東京地裁平成2年2月27日判決（判時1366・65）は以下のとおり判示しました。

「いったん既存の通路に囲繞地通行権が成立した以上、それは袋地所有権の一内容をなし、その後はたとえ通路敷の所有者といえども排他的な使用収益を制限され、当該通路の幅員の縮小を求めることは、袋地の利用目的等に変更が生じたことにより袋地所有者のために従来どおりの幅員を維持すべき必要性がなくなったというような特段の事情が存在しない限り、許されないものと解すべきである。」

すなわち、囲繞地通行権の幅員は原則として減縮することはできず、

袋地所有者（囲繞地通行権者）のために従来どおりの幅員を維持すべき必要性がなくなったというような特段の事情がなければ、囲繞地所有者が、囲繞地通行権者に対して、通路の幅員減縮を求めることはできないことになります。

2　物置が設置された場合

既存の通路上に、囲繞地所有者が物置を設置したために、通路の幅員が減縮した場合、囲繞地通行権者は、当該物置の撤去を求めることができるのでしょうか。

東京地裁昭和57年4月28日判決（判時1057・77）は、「被告らが本件物置を設置したことにより、原告らが従前通行していた部分が本件物置付近の所で狭くなったことは認められるが、前記一で認定したとおり、未だ人の通常の通行に支障あるものとまではいえず、従前の本件通路部分の使用状況、原告が被告らに対して何らの対価を支払っていないこと、被告らの本件物置設置の必要性及び前記認定の諸事情を勘案すれば、現状の通路の幅員であっても、本件借地のための通路として現在のところ不十分であるとはいい難く、被告らの本件物置の設置が原告の有する囲繞地通行権を侵害するものとはいえない。」と判示して、通路の縮小を認め、囲繞地通行権者の請求を退けました。

本件は、原告（囲繞地通行権者）が以前から通行してきた既存の通路上に物置が二つ設置されており、その部分における通路の幅員は一番狭いところで1.06m、一番広いところで1.45mとなっています。この幅員について、同判決では「大人が普通に通行するのに差し支えがあるとはいえない。原告らにとっては、本件物置の設置により同物置部分の通路の幅員が従前より狭くなり不便になったとはいえるが、旧物置しかなかった場合の通路の幅員と比べ、全体的にみて大差があるとまではいえない。」と認定しました。この裁判例は、囲繞地通行権の

原則論である「もともと囲繞地通行権は袋地の利用のため、囲繞地の利用を制限するものであるから、その範囲は袋地利用に必要でかつ囲繞地のため最も損害の少ない限度で認められるに過ぎ」ない（東京地判昭38・9・9判タ156・91）という民法211条1項の趣旨が尊重された判断であるといえます。

3　建物が建築された場合

　では、既存の通路上に建物が建築され、通行できなくなってしまった場合はどうなるのでしょうか。

　福岡高裁昭和50年5月12日判決（判タ328・269）は、「袋地所有者は公道に出るため囲にょう地を通行する権利を有することは所論のとおりであるけれども、右通行の場所及び方法は囲にょう地のため損害の最も少ないものを選ばなければならないのであるから（民法第211条第1項）、通行地役権の場合と異り、囲にょう地通行権による通行の場所は特定の囲にょう地の特定の場所に不変のまま存続するものではなく、囲にょう地所有者がその用法にしたがい右土地の使用方法を変えるときには、囲にょう地のため、より損害の少ない他の場所に移動することを余儀なくされることもあり得るものであって、結局囲にょう地通行権確認訴訟は口頭弁論終結時における民法第211条第1項の要件を充足する道路は何れかを確定するものであると解するのが相当である。」と判示し、元々の通路の閉鎖を認めました。

　この裁判例は、通行権者が、他の囲繞地についてその所有者の承諾を得て通行を開始しており、閉鎖された通路以外に新しい通路が開設されていた事案です。裁判所は、この新しい通路を通行する方が最も損害が少ない方法であるとして、囲繞地所有者の通路の使用状況の変化により、通行できる場所が移動したものであると考えました。この判断は、通行権における事情変更による通行場所の可変性を認めたものとして有意義なものであると考えられます。

52　　Q&A編　第1章　用益権等に起因する困難

〔15〕　通行利用者が支払うべき償金はどのように考えればよいか？

Ｑ　　囲繞地通行権者は通行する土地について償金を払わなければならないのですか。償金の額や支払の時期はどうなりますか。

Ａ　　一筆の土地を分割した結果、袋地が生じた場合などを除き、囲繞地通行権者は通行する土地の所有者に償金を支払わなければなりません。償金の額などの合意が成立しない場合、通行地所有者は裁判所に申立てをする必要があります。

解　説

1　償金の支払義務及びその額

　通行権を有する者は、通行地の損害に対して償金を支払わなければならないと規定されています（民212）。

　この償金の性質については、通行のための囲繞地通行権者の行為によって現実に発生した損害に対する賠償の性質を持つもののほかに、通行によって何ら積極的な損害は生じなかったとしても、他人の土地を無償で通行することによってその他人が受ける損失をも含み、いわゆる不当利得の性質を持つものも含まれるとされています。

　前者の性質を持つ償金については、その実損額となりますが、後者の性質を持つ償金については、特に定めはありません。実際には、その土地の固定資産税の額や、賃料相当額を考慮して、1年あるいは1か月ごとの支払額が定められることになるでしょう。

2 償金請求権行使の方法

　この償金請求権の行使の方法ですが、償金請求権者（通行地所有者）において一定額の償金の支払を命ずべき旨を裁判所に対して申し立て、かつ通行地の通行による損害額すなわち償金の適正額がいくらであるかについて主張立証しなければならないとされています（東京高判昭56・8・27高民34・3・271）。

　なお、囲繞地通行権者が、その支払うべき償金の支払を怠った場合、囲繞地の所有者はそれを理由として、通行権の消滅を主張し、通行を拒否することができるかという問題があります。この点、宇都宮地裁栃木支部昭和55年4月10日判決（判時1016・64）は、「囲繞地通行権は、袋地の有効な利用という公益上の必要に基づいて法律上認められたものであることに照らすと、償金不払いという事実のみによって通行権は消滅せず、通行地所有者たるYおよび選定者は通行を拒否できないと解すべきである。」と判示しています。隣地通行権は袋地の有効利用という公益上の配慮に基づいて法律上当然に認められる権利であり、償金の支払を対価として認められているわけではないので、相当であると考えます。

第3 その他の権利

〔16〕 地役権が認められないが隣地を無償で通行できるか？

Q 　私の土地は袋地ではないのですが、長年通路として無償で使用してきた隣地について通行地役権が認められない場合に通行使用が認められることはないのでしょうか。

A 　隣地の無償での通行使用は、原則として土地所有者の好意により黙認されているという好意通行であると解されます。また、要件は厳しいですが、隣地の通行の使用貸借契約が認められる場合があります。

解　説

1　隣地を通行使用する関係

　隣地を通行使用する関係は、権利による通行と権利とはいえない通行に大別されます。隣地通行に関して、通行地役権など何らかの約定通行権の明示の合意があれば問題になりません。明示の合意がない場合、無償での通行は権利関係ではない好意通行とされる傾向が強いです。

2　好意通行

　所有者が隣人に土地の通行を無償で許容していた場合、所有者はその通行によって格別に損害を被ることがないので、単に好意で黙認しているだけというのが普通だと解されます。そこで、土地所有者が隣人による通行を許容していても無償であるときは、原則として所有者

に権利関係を設定する意思はなく、単に好意で隣地の通行を黙認・容認しているにすぎない好意通行であると解されています。

好意通行が長期間継続する場合でも、裁判例は容易には権利による通行だと認めない傾向にあります。例えば、付近住民が通路を公道への近道として50年以上利用していた事案で、通路の所有者がこれに異議を述べないで黙認しているだけである場合は好意通行とした例（東京高判昭49・1・23東高時報25・1・7）、隣接地と自己所有地を半分ずつ約40年近く通行していた事案で、設定契約及び時効取得による通行地役権に基づく妨害予防請求を否定し、また、通行の自由権及び権利濫用に基づく妨害排除請求も否定した例（浦和地判昭63・9・9判タ695・211）などがあります。

約定通行権の成立が認められるためには、土地所有者の通行権設定意思がなければなりませんが、裁判例でもこの意思の認定は厳格になされており、通行利用者に単に異議を述べない、若しくは通行を黙認しているだけでは、通行権の成立は認められにくいです。例えば、通行地の所有者が建築基準法以前の市街地建築物法による建築線の指定を受ける承諾書を作成していたため地役権を主張した事案で、対価を不要とする特段の事情がないことなどから、一般的に通行を情誼上容認する旨の合意をしたものにすぎないとして通行地役権の設定を否定した例（東京地判昭55・2・18判時977・80）があります。

3　権利濫用

単なる無償通行は好意通行として保護されず、私道所有者は好意通行を自由に撤回することができます。もっとも、通行権が認められないとしても、私道所有者が通行を妨害する行為が権利濫用（民1③）に該当すれば妨害排除請求が認められます。裁判例として、土地建物の賃借人が、建物明渡しの調停で当該土地建物を買い受けた後に、当該

土地建物の元賃貸人である私道所有者が境界線に沿って塀を設置した
ため玄関から私道への出入りができなくなった事案で、「玄関の効用
を全く失わしめるがごときことは、それ自体権利の濫用として許され
ず」私道所有者は、「建物所有者が玄関から道路へ出るため必要な限度
で隣地を通行することを拒否できない」とした例（仙台高判昭49・12・25
判時776・59）があります。

4 使用貸借による通行権

　無償の通行権としては、地役権のほか、使用貸借（民593）による債権
的な無償利用権が考えられます。使用貸借による通行権が認められた
場合には、好意通行の場合と異なり、所有者は通行使用を認容する義
務という法的拘束力が課され、自由に撤回することができません。た
だし、所有者に通路廃止について相当の理由があれば解約できる場合
もあります（大阪高判昭55・3・19判タ421・86）。

　使用貸借による通行権が認められるためには、好意通行を許容する
という消極的な意思では不十分であり、所有者が通行使用のために通
路を提供するという積極的な貸与の意思が必要です。

　使用貸借による通行権は、裁判例では、通常は借地契約又は売買契
約の当事者間で成立するとされています。例えば、土地賃借人が借地
上に家屋（社宅）を建て、賃貸借当初より賃貸人所有の土地を通路と
して使用し、通路に合わせて家屋の玄関、門を設けていた事案で、賃
貸人は賃借人との賃貸借契約当初より通行を容認する黙示の契約をし
たと判示した例（東京地判昭45・1・20判時597・104）、土地・建物の買主
が、売主が所有する通路を通行することが他の土地を通行するよりも
距離や位置関係からはるかに便利であったという事案で、買主は売主
から通路を無償で期限の定めなく通行の用に供する目的で借り受け、
建物の買受時に通行目的の使用貸借契約が締結されたと判示した例
（札幌地判昭44・8・28判時582・88）などがあります。

Q&A編 第1章 用益権等に起因する困難 57

〔17〕 賃貸借契約を締結して通行権を確保する方法はあるか？

Q 賃貸借契約を締結して通行権を取得し確保する方法はありますか。通行地役権設定契約とはどう違うのでしょうか。

A 賃貸借契約を締結して通行権を確保する方法はあります。また、賃貸借による通行権の場合は、原則として目的地を排他的に利用できますが、通行地役権の場合は排他的に利用することはできません。

解　説

1 賃貸借による通行権

　他人の土地を通行することができるようにするために、囲繞地通行権や通行地役権のほか、その土地の所有者との間で賃貸借契約を締結し、賃借することによって他人の土地を通行することができます。この場合の賃貸借契約は、借主が目的物である土地を通行のために使用し、この通行使用に対して賃料を支払い、契約が終了したときに当該土地を返還することを約することによって成立します（民601）。賃料のような対価の支払がない場合は、使用貸借（民593）です。また、目的物の使用と対価関係といえないほど少額の場合も使用貸借であると解されます。

　賃貸借による通行権は、債権関係によるものであるため、物権的効力はなく、登記請求権はありません。したがって、私道所有権を取得した新所有者等の第三者との関係で、賃借人は賃借権の登記（民605）

がない限り、第三者に対抗できなくなる場合が生じます（名古屋高判平13・12・14（平11（ネ）210））。また、建物利用に必要不可欠な賃貸借契約であれば、借地借家法が適用され得ます。

通路の賃借権の解約については、旧市街地建築物法による建築線の指定を受けた通路の賃貸借は、一般の土地賃貸借とは異なって、当事者を規律する法律関係は有償の通行地役権設定と同一の効果を有するので、特別の事情がない限り賃貸借を解約できないとした裁判例があります（足立簡判昭47・12・11判時706・77）。

2　通行地役権

通行地役権は、他人の土地（承役地）を自己の土地（要役地）の便益のために通行できる物権です（民280本文）。

地役権は、要役地の所有権とは別個の権利ですが、要役地の所有権に従属し、要役地から分離して譲渡することはできず、要役地の所有権とともに当然に移転します（民281）。

通行地役権は、遺言、譲渡、相続などの承継取得、明示・黙示の設定契約のほか、継続的に行使され、かつ外形上認識することができるものに限り時効により取得できます（民283）。判例は、時効取得の「継続」の要件について、通路の開設は要役地所有者がしなければならないとしています（最判昭30・12・26民集9・14・2097）。

明示の設定契約の具体的内容は、承役地・要役地の特定、承役地を通行の用に供するという目的の明確化、存続期間、対価等です。設定契約の当事者は、まず承役地・要役地の所有者です。また、地上権者、永小作権者は認められると解されます。土地賃借人については、判例は、宅地の賃借人による通行地役権の時効取得を否定しています（大判昭2・4・22民集6・198）。また、黙示の通行地役権が認められるためには、通行の事実を通行地の所有者が黙認しているだけでは足りず、

通行地の所有者が通行権を設定し、法律上の義務を負担することが客観的にみても合理性があると考えられるような特別の事情が必要であるとした裁判例があります（東京高判昭49・1・23東高時法25・1・7）。

通行地役権も物権であるので、登記をしなければ第三者に対抗することはできません（民177）。そこで未登記通行地役権の保護が問題となりますが、最高裁は、「通行地役権の承役地が譲渡された場合において、譲渡の時に、右承役地が要役地の所有者によって継続的に通路として使用されていることがその位置、形状、構造等の物理的状況から客観的に明らかであり、かつ、譲受人がそのことを認識していたか又は認識することが可能であったときは、譲受人は、通行地役権が設定されていることを知らなかったとしても、特段の事情がない限り、地役権設定登記の欠映を主張するについて正当な利益を有する第三者に当たらない」と判断しました（最判平10・2・13民集52・1・65）。また、最高裁は、通行地役権の承役地の譲受人が地役権設定登記の欠缺を主張するについて正当な利益を有する第三者に当たらない場合に、未登記通行地役権の登記手続請求を認めました（最判平10・12・18民集52・9・1975）。

3 賃貸借による通行権と通行地役権との違い

賃貸借による通行権は、債権関係であるため、取得者に通行地役権のような当事者の制限はなく、土地賃借人等も取得できます。

また、賃貸借による通行権は、その土地について賃借人の独占的利用を認めることになるのに対し、通行地役権の場合は、承役地に排他的支配を及ぼすものではなく、承役地の所有者も通行でき、第三者との間で重複して通行地役権を設定することもできます（東京地判昭62・1・12判時1264・70）。

60 　Q&A編　第1章　用益権等に起因する困難

〔18〕　他人が所有する土地にライフラインを設置できるか？

Q　　　他人が所有する土地に上下水道管などのライフライン
を設置できるのでしょうか。また、その権利はどのよう
なものでしょうか。

A　　　裁判例では、民法の相隣関係の規定（209条、210条、
220条等）、下水道法11条の類推適用によるものなどがあ
りました。もっとも、令和3年の民法改正により民法213条の2
（継続的給付を受けるための設備の設置権等）が新設され、設備
設置権と設備使用権が明文化されました。

解　説

1　相隣関係の規定、下水道法11条の類推適用

　民法は、電気・ガス・水道等のライフラインが未発達の時代に制定
されたため、従来、民法の相隣関係には上下水道管などの各種ライフ
ラインの設置に関する他の土地の使用や、他人が所有する設備の使用
に関する直接の規定がありませんでした。

　そこで、多くの裁判例では、民法の相隣関係についての規定である
209条、210条、220条の規定や、民法220条及び221条の特則である下水
道法11条の規定の類推適用により、他の土地について上下水道管など
の各種ライフラインの設置を認めていました（大阪地判昭60・4・22判タ
560・169、大阪地判昭60・11・11判タ605・60、東京地判昭61・8・27判タ640・
157）。

　もっとも、この場合においても、上記各裁判例は、無条件の設置を

認めておらず、その土地のために損害が最も少ない場所や方法によらなければならないとされます。例えば、上記大阪地裁昭和60年4月22日判決では、損害の大小について、工事を要する区間の長短、隣近の土地の利用状況、従前の通水経過等を総合的に考察し、通水権者の負担する工事費用の点も斟酌した上で判断するものとされました。

2 民法213条の2の設備設置権・設備使用権

（1） 概 要

以上のような裁判例において、民法の相隣関係の規定や下水道法11条の規定の類推適用を根拠としていましたが、どの規定が類推適用されるかは、裁判例によって異なり、解釈は定まっていませんでした。そこで、令和3年の民法改正により、他人が所有する土地への上下水道管などの各種ライフラインの設置について、民法213条の2（継続的給付を受けるための設備の設置権等）が新設されました。

（2） 発生要件

土地所有者は、他の土地に設備を設置し、又は他人が所有する設備を使用しなければ電気、ガス又は水道水の供給その他これらに類する継続的給付を受けることができないときは、継続的給付を受けるため必要な範囲内で、他の土地に設備を設置し（設備設置権）、又は他人が所有する設備を使用することができます（設備使用権）（民213の2①）。

設備設置権・設備使用権は、土地の所有者が生活に不可欠な継続的給付を受けることができるようにするものです。そのため、電気、ガス又は水道水の供給のほかの「その他これらに類する継続的給付」には、電話やインターネット等の電気通信や下水の排水などが含まれます。

（3） 設備設置・設備使用の場所・方法

設備の設置又は使用の場所及び方法は、他の土地又は他人が所有する設備のために損害が最も少ないものでなければなりません（民213の

2②)。損害の大小の判断基準は、改正民法においても前述の裁判例と同様であると考えられます。

　また、設備の設置又は使用の具体的な場所・方法は、設備の設置又は使用の必要性と他の土地又は他人が所有する設備が被る損害とを総合考慮し、地理的状況や他の土地の使用状況等を踏まえて判断されます。例えば、土地所有者が他の土地に何か設備を設置しようとする場合に、その土地を使用しなくても公道に通ずる私道や公道に至るための通行権の対象部分があるのであれば、その部分を使用することになると考えられます。

（4）　通　知

　設備の設置等に当たっては、あらかじめ、その目的、場所及び方法を他の土地等の所有者及び使用者に通知しなければなりません（民213の2③）。この規定の趣旨は、他の土地等の所有者等に対し、設備の設置・使用が同条1項及び2項の要件を充足するかを判断し、また、別の場所・方法をとるように提案する機会を与えるとともに、設備の設置・使用を受け入れる準備をする機会を与えることにあります。そこで、「あらかじめ」といえるためには、上記のような判断と準備をすることができるだけの合理的な期間を置く必要があると考えられます。また、土地の所有者は、他の土地等の所有者等に別の提案や準備をする機会を与える程度に、目的や場所及び方法を特定して通知する必要があります。

（5）　土地使用権

　設備設置・使用の権利を有する者は、設備の設置・使用をするために当該他の土地又は当該他人が所有する設備がある土地を使用することができます（民213の2④前段）。この場合において、隣地使用に関する民法209条1項ただし書及び2項から4項までを準用します（民213の2④後段）。

Q&A編　第1章　用益権等に起因する困難　　63

（6）　償金の支払

ア　設備設置権

他の土地に設備を設置する場合、その土地の損害に対して償金を支払わなければなりませんが、1年ごとの定期払いにすることができます（民213の2⑤）。この場合の損害は、土地の設備設置部分の使用料相当額です。設備を地下に埋設して地上の利用を制限しない場合には、損害がないと認められる場合があると考えられます。

イ　設備使用権

他人が所有する設備を使用する場合には、その設備の使用を開始するために生じた損害に対して償金を支払わなければなりません（民213の2⑥）。また、設備使用権者は、その利益を受ける割合に応じて、その設備の設置、改築、修繕及び維持に要する費用を負担しなければなりません（民213の2⑦）。

64 　Q & A編　第1章　用益権等に起因する困難

〔19〕　私道が位置指定道路の場合に私道所有者の意思に反し
　　　通行できるか？

Q　　　沿道の所有者が開設した私道を通行していたところ、
　　　所有者から通行しないようにと言われました。そこは位
置指定道路（又は2項道路）とされている私道ですが、通行する
ことはできないのでしょうか。また、私道の所有者は自動車通行
を制限することができるのでしょうか。

A　　　位置指定道路（又は2項道路）とされている私道では、
　　　建築基準法上の建築制限などの規制による反射的利益と
して、一般公衆は通行の自由権を有します。そのため私道の所有
者が通行しないように言っても通行することができます。もっと
も、自動車については別途に考慮する必要があり、一定の利益衡
量の下に私道の所有者は自動車の通行を制限することができる場
合があります。

解　説

1　位置指定道路・2項道路

　位置指定道路及び2項道路は、建築基準法上の道路です。

　位置指定道路は、建築物の敷地の接道要件（原則として建築物の敷
地は幅員4m以上の道路に2m以上接しなければならない（建基43））
を満たすために、利害関係者の申請に基づいて特定行政庁（建築主事
等を置く市区町村長又は都道府県知事（建基2三十五））からその位置の
指定を受けた道路です（建基42①五）。

　また、2項道路は、従前から建築物の立ち並んでいる幅員4m未満

の道であって、特定行政庁が建築基準法上の道路とみなして指定した道路です（建基42②）。みなし道路ともいいます。

なお、道路位置指定処分がされても、その指定による道が実際に築造されない場合には、位置指定道路について私権を制限する効果は発生しないとした裁判例があります（東京地判平13・1・31判自227・108）。

2　建築基準法上の私道と通行権

私道が道路位置指定を受けたり、2項道路と指定されることなどによって建築基準法上の道路とされると、私道内での建築は制限され（建基44）、また、私道の変更・廃止も制限され（建基45）、道路としての機能維持が図られます。その結果、第三者も当該私道を自由に通行することができることになります。

この通行は一般的には建築基準法の規制による公法上の義務の反射的利益によるものとされています。また、第三者の当該私道に対する通行が日常生活上必要不可欠のものとなっている場合には、その通行は、民法上の保護に値する通行の自由権として、保護されなければならないとした判例があります（最判昭39・1・16民集18・1・1）。

3　建築基準法上の私道と自動車通行

建築基準法上の私道に通行の自由権が認められるとしても、その内容に必ずしも自動車による通行までも含まれるわけではありません。

通行の自由権は第三者の当該私道の通行が日常生活上必要不可欠である場合に認められるものですが、私道所有者にも私道管理権があるため、両者の兼ね合いの問題となり、建築基準法上の私道の種類、その私道の従前の使用状況や使用形態、制限行為の目的や態様、自動車が通行することによって生じる交通上の危険、沿道地所有者の生活に与える影響、通行利用者の通行の目的や必要性と他の交通手段の有無、

その地域の地理的環境等を総合的に検討して個別的に判断する必要があるとされています。

したがって、道路位置指定がなされている幅員が4m以上ある私道であれば、通常は自動車が通行できますが、従前自動車が通行していたことがないといった事情がある場合やその自動車が通行することによって交通上の危険が生じたり、付近住民の生活に影響がある場合などの具体的事情を総合的に判断し、私道の管理上合理的な必要性が認められれば、自動車による通行を合理的な範囲に制限できるということになります。

自動車通行を認めた判例として、「被上告人らは、道路位置指定を受けて現実に道路として開設されている本件土地を長年にわたり自動車で通行してきたもので、自動車の通行が可能な公道に通じる道路は外に存在しないというのであるから、本件土地を自動車で通行することについて日常生活上不可欠の利益を有しているものということができる。また、本件土地の所有者である上告人らは、被上告人らが本件土地を通行することを妨害し、かつ、将来もこれを妨害するおそれがあるものと解される。他方、右事実関係によっても、上告人らが被上告人らの右通行利益を上回る著しい損害を被るなどの特段の事情があるということはでき」ないと判示したものがあります（最判平9・12・18民集51・10・4241）。

Q & A編　第1章　用益権等に起因する困難　　67

〔20〕　通行の自由権に基づき通行の妨害排除を求められる範囲は？

Q　通行の自由権に基づき妨害排除を求められるのはどの範囲でしょうか。また、一旦通行に供していた後に私道が閉鎖された場合はどうでしょうか。

A　建築基準法上の道路で、実際に道路として開設されていた場合、日常生活上不可欠の利益が侵害される者について妨害排除を求めることができる場合があります。また、一旦通行に供していた私道が閉鎖された場合には、通行について日常生活上不可欠の利益が侵害されたとはいえないものとして妨害排除が認められない可能性があります。

解　説

1　通行の自由権

　道路の通行を妨害する行為がある場合、例えば、私道の所有者が道路に塀を設置するなどして通行の妨害をする場合に、通行地役権や契約による通行権がある場合には、それらの権利に基づき妨害排除請求をすることができます。しかし、道路上自体にそうした私法上の通行権がない場合に、何を根拠に通行妨害の排除を求めることができるのかが問題となります。判例には、村道の使用を妨害した者に対する妨害排除請求という公道の通行妨害の事案について、「この通行の自由権は公法関係から由来するものであるけれども、各自が日常生活上諸般の権利を行使するについて欠くことのできない要具であるから、これに対しては民法上の保護を与うべきは当然の筋合である。故に一村

民がこの権利を妨害されたときは民法上不法行為の問題の生ずるのは当然であり、この妨害が継続するときは、これが排除を求める権利を有することは当然のことである。」（最判昭39・1・16民集18・1・1）として通行の自由権に基づき妨害排除を認めているものがあります。この判例は、通行の自由権を認めたリーディングケースとされ、その後は、私道で、建築基準法上の道路（位置指定道路（建基42①五）、2項道路（みなし道路）（建基42②）など）についても通行の自由権に基づく妨害排除請求が認められています。

　私道が建築基準法上の道路となると、道路内の建築制限（建基44）や私道の変更・廃止についての制限を受けることになり（建基45）、これにより道路としての機能維持が図られます。その結果、一般公衆も当該私道を自由に通行することができるとされています。そのため、通行の自由権が成立するためには、建築基準法上の道路であり、かつ、それが現実に通路として開設されていることが必要です。これまで一度も道路として開設されたことがないときは通行の自由権は成立しないと解され、同趣旨の判例があります（最判平3・4・19金判872・42）。また別の判例では、私道が2項道路（建基42②）に指定されていた道路中心線の位置に設置されたブロック塀の収去を請求した事案について、「上告人が従前設置していた塀の内側の部分は、現実に道路として開設されておらず、被上告人が通行していたわけではないから、右部分については、自由に通行し得るという反射的利益自体が生じていないというべきである。」としたものがあります（最判平5・11・26判タ857・100）。

2　通行の自由権による妨害排除

　通行の自由権による妨害の排除を認めるための要件は、後述の最高裁判決によれば、①建築基準法上の道路であり、現実に道路として開

設されていること、②日常生活上不可欠の利益が侵害され、日常生活の支障が著しいこと、③敷地所有者が通行を受忍することによって通行者の通行利益を上回る著しい損害を被るなどの特段の事情がないことです。具体的には、最高裁は、「建築基準法42条１項５号の規定による位置の指定（以下「位置指定道路」という。）を受け、現実に開設されている道路を通行することについて日常不可欠の利益を有する者は、右道路の通行をその敷地の所有者によって妨害され、又は妨害されるおそれがあるときは、敷地所有者が右通行を受忍することによって通行者の通行利益を上回る著しい損害を被るなどの特段の事情のない限り、敷地所有者に対して右妨害行為の排除及び将来の妨害行為の禁止を求める権利（人格権的権利）を有する」として通行妨害の排除及び将来の妨害行為の禁止を求めることができることを判示しました（最判平９・12・18判時1625・41）。

　一方、この平成９年最高裁判決の判例法理を引用して、結論として妨害排除請求が認められなかった判例があります（最判平12・１・27判時1703・131）。

３　一旦開設された通路が閉鎖された場合

　一旦開設された道路（その一部）がその後に閉鎖されたにもかかわらず，その当時の沿道地所有者がこれを黙認して、相当な期間が経過したような場合には、過去に自由通行の事実があったので、閉鎖された土地部分をも含めて、通行利用者の通行に対して日常生活上支障が生じているかどうかの判断が必要となる、と考えられます。事情によっては、現状の通行について新たに日常生活上不可欠の利益が侵害されたとはいえないものとして妨害排除が認められない可能性があると考えられます。

〔21〕 建物工事等のために車両が隣地の私道を通行・一時停
車できるか？

Q 建物の増改築工事などにより私道上に大型トラックを
一定期間通行させ、一時停車させることが必要な場合に、
私道を隣地として使用することができるのでしょうか。

A 大型トラックが隣地の私道を通行や一時停車する日
時、場所及び方法をあらかじめ隣地の所有者等に通知し、
隣地所有者等のために損害が最も少ない方法である場合には、隣
地の私道を通行や一時停車することができます。

解　説

1　私道の工事車両の通行

建築基準法上の私道について自動車の通行が認められるかどうか
は、人格的権利としての通行の自由権の問題として、自動車通行に「日
常生活上不可欠」という要件が充足されるか否かを具体的、個別的に
検討して判断する必要があるとされています。

もっとも、工事車両については原則として通行が認められるとされ
ています。工事車両の通行については、私道の通行の自由権の問題と
いうよりも隣地使用権（民209）の問題として、工事車両が隣地を使用
する必要性に重点を置いて判断されることになると考えられるからで
す。また、工事車両の一時停車についても、同様に隣地使用権の要件
を満たすか否かで判断されることになると考えられます。

2　隣地使用権

令和３年の一部改正前の民法は、隣地使用について「土地所有者は、

境界又はその付近において障壁又は建物を築造し又は修繕するため必要な範囲内で、隣地の使用を請求することができる。ただし、隣人の承諾がなければその住家に立ち入ることはできない。」と規定していました（改正前の民209①）。この規定については、条文に挙げられていない工事等でも隣地の使用を請求することはできるのか等について明確ではありませんでした。そのため、隣地所有者及び隣地使用者（以下、「隣地所有者等」といいます。）が設備の設置・使用を拒む場合や所在等が不明である場合に、設備の設置・使用が困難となっていました。また、改正前の民法では、障壁・建物を築造・修繕する場合のみが隣地使用の目的と挙げられていましたが、土地の円滑な利用という点からは、これ以外の工作物を設置する場合や、障壁・建物やそれ以外の工作物を収去する場合にも隣地使用を認めることが合理的です。

　そこで、令和3年改正により隣地使用が認められる目的について、境界又はその付近における障壁、建物その他の工作物の築造、収去又は修繕（民209①一）などが明記されました。障壁及び建物以外の工作物を境界線付近に設置する場合等についても隣地の使用を認めることが合理的であると考えられます。このことから、土地所有者が、境界又はその付近における工作物（障壁又は建物）の築造又は修繕の工事のために隣地所有者等の承諾がなくても隣地を使用することができるとされています。本設問では建物の増改築工事のためということですから、目的の要件は満たされます。

　もっとも、隣地の使用については、隣地所有者等の権利に配慮し、「使用の日時、場所及び方法は、隣地の所有者及び隣地を現に使用している者…のために損害が最も少ないものを選ばなければならない」と規定されています（民209②）。この範囲を超えれば不適法になると考えられています。本設問では、大型トラックということですが、隣地所有者等に配慮した日程や時間帯等での通行や一時停車であることが求められることになります。大型トラックが非常に大きく隣地所有

者等の負担になる場合や、一時停車の時間も荷物の搬入などのためやむを得ないという時間を超えた場合には不適法になる場合もあると考えられます。

　また、隣地所有者等の権利に配慮する観点から、隣地使用権を行使するためには「隣地を使用する者は、あらかじめ、その目的、日時、場所及び方法を隣地の所有者及び隣地使用者に通知しなければならない。ただし、あらかじめ通知することが困難なときは、使用を開始した後、遅滞なく、通知をすることをもって足りる」と定められています（民209③）。ここでいう「目的」とは、民法209条1項の目的です。これにより、隣地所有者等は隣地使用の内容が同条2項の要件を充足するかどうかを判断し、隣地使用に対する準備の機会を確保されます。そこで、「あらかじめ」といえるためには、準備をすることができる合理的期間を置く必要があり、また、「日時、場所及び方法」とは同条2項の要件を満たすかどうかの判断を可能とする程度の具体性を有する必要があります。合理的な期間の長さについて、隣地所有者等の負担が比較的小さい場合には、基本的には2週間程度の期間を置けば足りるとする見解があります（村松秀樹＝大谷太編『Q＆A令和3年改正民法・改正不登法・相続土地国庫帰属法』30頁（金融財政事情研究会、2022））。なお、民法209条の要件を満たしているにもかかわらず、隣地所有者等が使用を不当に拒否したり妨害したりする場合には、自己の隣地使用権に対する現在又は将来における違法な侵害を停止するように求める権利を物権的請求権に準じて行使することになります。こういった法律上の手順を踏まずに隣地に立ち入った場合には違法な自力救済とされる可能性があります。本設問では、隣地の所有者に大型トラックが通行や一時停車する日時等を事前に連絡することによって、増改築工事のために大型トラックが隣地を通行したり一時停車したりすることができます。

第2章　共有状態に起因する困難

〔22〕　複数人が所有する私道の形態は何か？

Q　複数人で私道を所有、利用している場合、その私道の所有関係には、どのような形態があり、法律上の規律はどのようなものですか。

A　いわゆる、共同所有型私道と、相互持合型私道の2種類があります。

共同所有型私道は、私道全体を複数人が所有する形態で、主に民法の共有の規定（民249以下）の規律に従います。

相互持合型私道は、所有者の異なる数筆の土地で私道を形成する形態で、主に地役権（民280以下）の規律に従います。

解　説

1　共同所有型私道

（1）　具体例

私道全体を複数人が共有するケースです。

例えば、次のようなケースです。

例　私道の沿道の宅地の所有者（①～④）が通路として利用するために私道を共同所有する場合（※沿道の宅地所有者以外の者が私道の共有者となっている場合もある）

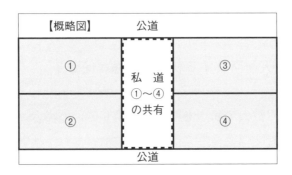

（共同私道の保存・管理等に関する事例研究会（法務省）「所有者不明私道ガイドライン」16頁を加工して作成）

（２） 法的規律

原則として、共有者間の自由な取決めによって、決定されます。

取決めがない場合は、民法上の共有の規定（民249以下）に従うことになります。

令和３年改正民法では、共有物の円滑な利用・管理を促進するために、共有物の使用・変更・管理等の各場面において、同意が必要とされる共有者の要件が緩和されています。詳しくは、〔23〕を参照してください。

（３） 遺産共有のケース

共同所有型私道が生じる典型例の一つが相続に基づく遺産共有です。「相続人が数人あるときは、相続財産は、その共有に属する」（民898①）とされ、この共有は、民法249条以下に規定される共有とその性質を異にするものではないと解されています（最判昭30・5・31民集9・6・793）。

したがって、このような遺産共有のケースでも、共同所有型私道の規律が当てはまります。

なお、改正民法では、「相続財産について共有に関する規定を適用するときは、第900条から第902条までの規定により算定した相続分をも

って各相続人の共有持分とする。」(民898②)とされました。したがって、共有持分割合は、特別受益や寄与分を考慮した具体的相続分ではなく、法定相続分又は指定相続分を基準とすることとなりました。

2　相互持合型私道
(1)　具体例
　所有者の異なる数筆の土地により形成された私道です。例えば、私道付近の宅地を所有する複数人が、それぞれ（原則として単独）所有する土地を通路として提供し、複数人が利用している私道です。

　典型的には、以下のいくつかのケースがあります。

　例①は、通路敷地を、一応全ての土地が公道に接道するように、細く切り分け、周囲の宅地所有者が一筆ずつを所有して、私道を形成するケースです。

例①　通路敷を縦に切り分ける場合

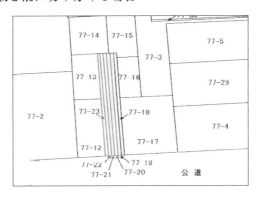

（共有私道の保存・管理等に関する事例研究会（法務省）「所有者不明私道ガイドライン」26頁）

　例②は、通路敷地を正方形に近い形のブロックで切り分ける形です。近接する宅地所有者が近接する私道を所有するケースもありますし、逆にあえて近接する宅地所有者が所有しないように振り分けているケースもあるようです。

例②　通路敷を横に切り分ける場合

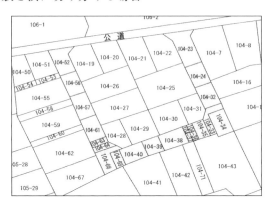

（共有私道の保存・管理等に関する事例研究会（法務省）「所有者不明私道ガイドライン」27頁）

（2）　法的規律

　一般的に、相互持合型私道における法的規律は、地役権規定（民280以下）に基づくことになります。

　すなわち、私道を構成する各土地の所有者は、明示又は黙示に、それぞれが所有する宅地を要役地とし、他の者が所有する私道部分を通行のための承役地として、私道全体を通行のために使用できる通行地役権（民280本文）を設定していると考えられています。詳しくは、〔30〕を参照してください。

3　その他の規律
（1）　建築基準法上の建築協定による規制

　条例の存在（建基69）及び特定行政庁の許可（建基70）を前提に、一定区域において、その区域内における建築物の敷地、位置、構造、用途、形態、意匠又は建築設備に関する基準についての協定を締結することができます（建基69）。

　この協定の効力は、協定者のみならず、それ以降に区域内の土地の所有者等になった者にも及ぶことになります（建基75）。

（2） 道路位置指定による規制

　共同所有型私道、相互持合型私道のいずれにおいても、道路位置指定を受けている場合は、建築基準法による規制がかかります。

　すなわち、建築物の敷地は原則として道路に２ｍ以上接しなければならないところ（建基43①）、その私道が右義務を果たすための道路となっている場合には、その私道の変更又は廃止が特定行政庁によって制限されることとなります（建基45①）。

〔23〕 共同所有型私道における使用等の規律は？

Q 共同所有型私道における、使用、変更、管理についての法的規律を教えてください。令和5年4月1日施行の民法改正による変更点も教えてください。

A 原則として、共有者間の自由な取決めによって、決定されます。

取決めがない場合は、民法上の共有の規定に従うことになります。

令和5年4月1日から、共有物の使用・変更・管理等の各場面において、同意が必要とされる共有者の要件が緩和されるなど、共有物の円滑な利用・管理を促進する改正民法が施行されています。

解説

1 共有者間の取決めが優先される

共同所有型私道における使用・変更・管理は、共有者間の取決め（合意）があれば、民法等の法律の規定にかかわらず、その取決めに従って行われることが原則です。

取決めが存在する例として、いわゆる分譲地として同一の開発業者により開発が進められ、同時期に建設された建物所有者が共同所有型私道を有するに至ったケースがあり、建物取得時に、あらかじめ私道についての合意を定めているケースが見られます。

なお、建築基準法上の道路に該当する場合、建築基準法45条に基づく私道の変更又は廃止の制限がかかることがあります。

2 共有者間の取決めがない場合の規律

　共有者間に取決めがない場合は、民法上の共有の規定（民249以下）に従うことになります。以下、場面ごとに説明します。

＜共有物の変更・管理・保存について＞

管理の種類	変更(軽微以外)	管 理		保 存
		変更（軽微）	管理（狭義）	
根拠となる条文	民法251条1項	民法251条1項 民法252条1項	民法252条1項	民法252条5項
同意要件	共有者全員	持分の価格の過半数		共有者単独

（1）　使　用

　「各共有者は、共有物の全部について、その持分に応じた使用をすることができ」ます（民249①）。私道の共有者は、共有私道の一部分ではなく、全体について、通行する、地下を利用する、などして使用することができます。他の共有者の同意を取り付ける必要はありません。

　例えば、私道の通行はもちろん、地下への給水管等のライフラインの設置、埋設された給水管の設置・補修のための掘削・埋戻工事も、使用に該当します。

　ただし、共有者は、自己の持分を超える部分について無償で使用する権利を有さず、「別段の合意がある場合を除き、他の共有者に対し、自己の持分を超える使用の対価を償還する義務を負」うことが改正民法で明文化されました（民249②）。なお、共有者がそれぞれ私道を使用している場合に「自己の持分を超える使用」をしていると評価される

ケースは多くないと考えられる、とされています（共有私道の保存・管理等に関する事例研究会『所有者不明私道への対応ガイドライン〔第2版〕』16頁（金融財政事情研究会、2023））。例えば、私道地下の共有給水管に私有給水管を接続し、私有排水管を新設し、共有排水管に私有排水管を接続したとしても、原則として、自己の持分を超えて共有私道を使用するものとは解されないとされています。

また、「共有者は、善良な管理者の注意をもって、共有物の使用をしなければな」らないことも、改正民法で明文化されました（民249③）。

（2）　変　更

　ア　原則：共有者全員の同意が必要

原則、「各共有者は、他の共有者の同意を得なければ、共有物に変更…を加えることができ」ません（民251①）。つまり、原則、共有者全員の同意が必要です。

例えば、スロープ状の私道を階段状にするケースです（イの軽微変更にも該当しません。）。

　イ　例外：軽微変更の場合は、持分の価格の過半数の同意で変更可能

例外的に、「その形状又は効用の著しい変更を伴わないもの」（以下、「軽微変更」といいます。）は、持分の価格の過半数で決定できるとされます（民251①括弧書・252①前段）。これは、共有地の円滑な利用・管理を促進するための民法改正による新規定です。

軽微変更は、目的や費用の多寡を問わず、客観的にみて、その変更が共有者に与える影響が軽微である場合を指し、個別の事案ごとに、変更を加える箇所及び範囲、変更行為の態様及び程度等を総合して判断されます。

例えば、砂利道のアスファルト舗装や、共有土地の分筆等の登記等が軽微変更に該当するとされ（法務省「令和3年民法・不動産登記法改正、

相続土地国庫帰属法のポイント」31頁）、事案にもよりますが私道上の樹木の伐採も軽微変更に当たり得るとされています。

（3）管　理

共有物の管理とは、共有物の利用・改良であって、変更に当たらないものをいいます。

例えば、私道の改良工事（軽微変更。（2）イ参照）や、私道の利用方法の協議が該当するとされます。現時点で通行に支障がなく、道路としての機能に問題がない部分を、近い将来に生じ得る支障を予防するために全面的に再舗装工事を行うことなども、管理行為とされます。

共有物の管理に関する事項は、各共有者の持分の価格に従い、その過半数で決します（民252①前段）。

改正民法では「共有物を使用する共有者があるときも、同様とする」（民252①後段）とされました。これにより、既に事実上独占的に共有物を使用している共有者に対しても、その共有者の同意がなくとも、持分の価格の過半数でそれ以外の共有者に使用させる旨を決定することなども可能となりました。

また、改正民法では、管理に関する決定が「共有者間の決定に基づいて共有物を使用する共有者に特別の影響を及ぼすべきときは、その承諾を得なければならない。」（民252③）とされました。この「特別の影響」とは、対象となる共有物の性質に応じて、決定の変更等をする必要性と、その変更等によって共有物を使用する共有者に生ずる不利益とを比較して、共有物を使用する共有者に受忍すべき程度を超えて不利益を生じさせることをいい、その有無は、具体的事案に応じて判断される、とされます（法務省「令和3年民法・不動産登記法改正、相続土地国庫帰属法のポイント」32頁）。例えば、共有者間の決定に基づいて特定の共有者が共同所有型私道の特定の場所に給水管を設置して水道水の供給を受けている場合において、他の共有者により、持分の価格の過

半数の決定でその給水管の設置場所を変更することとされ、相当期間水道水の供給が止められることとなってしまうケースでは、「特別の影響を及ぼすべきとき」に当たり得ると考えられています（共有私道の保存・管理等に関する事例研究会・前掲20頁）。

（4）　保　存

共有物の保存行為とは、単に現状を維持する行為です。

例えば、不法占有者に対する妨害排除請求行為や、損傷した私道の補修工事（舗装されたアスファルト道の一部に段差が生じた場合の該当箇所のみの舗装工事、側溝の舗装工事等）等を指します。

「各共有者は…、保存行為をすることができる」（民252⑤）とされています。

（5）　共有物の管理者

共有者は、持分の価格の過半数の決議で、共有物の管理者を選任することができます（民252①括弧書）。そして、共有物の管理者は、共有物の管理に関する行為（軽微変更を含みます。）をすることができます（民252の2①）。これにより、具体的使用・管理の場面で、いちいち共有者の多数決（持分の価格の過半数による決定）をする必要がなくなる、というメリットがあります。ただし、軽微変更を除く変更行為には、共有者全員の同意が必要です（民252の2①ただし書）。

管理者は、共有者が共有物の管理に関する事項を決定した場合には、これに従って、その職務を行わなければなりません（民252の2③）。

（6）　費用負担

「各共有者は、その持分に応じ、管理の費用を支払い、その他共有物に関する負担を負う。」とされます（民253①）。

Q&A編　第2章　共有状態に起因する困難　　83

〔24〕　共有者の一部が不存在・所在不明な場合の対処法は？

Ｑ　　　共有者の一部が不存在、又は所在不明な場合に、共有
物の変更、管理等が必要になったときの対処法として、
どのような方法があるのか、メニューのようなものがあれば参照
したいです。

Ａ　　　原則としての民法の共有規定によるほか、例外として
の本項で解説するような規定を用いて対処することが考
えられます。

解　説

1　共有者の一部が行方不明な場合の不都合性

　共同所有型私道については、共有者間の自由な取決めが優先され、
取決めがない場合は、原則として、民法の共有の規定に従って決める
こととなります。〔23〕もご参照ください。

　共有物の変更（軽微変更を除きます。）に関する事項の決定・実施に
は、共有者全員の同意が必要です（民251①）。

　共有物の管理（軽微変更を含みます。）に関する事項は、共有者の持
分の価格の過半数で決定することとされ（民252①）、その実施を共有者
間の協議・決定に委ねられています。

　しかし、現実には、共有者の一部が不存在のケースや、必要な調査
を尽くしても氏名等や所在が不明な共有者(以下、「所在等不明共有者」
といいます。) がいるケースがあります。

　その場合に、原則を貫くと、所在等不明共有者の同意がないために、
共有物の変更や管理ができないケースが生じ得ます。

2 所在等不明共有者がいる場合の対応一覧

所在等不明共有者がいる場合の対応策の一覧は次のとおりです。次項以下で、具体的に解説していきます。

① 改正民法で新設された例外規定（民251②・252②）（〔23〕参照）

② 財産管理人制度

　㋐ 不在者財産管理人（民25）

　㋑ 相続財産清算人（民952）

　㋒ 所有者不明土地管理人（民264の2）（〔26〕参照）

　㋓ 管理不全土地管理人（民264の9）

③ 会社法等に基づく清算制度（会社475以下）

④ 区分所有法の2章「団地」の制度（〔27〕参照）

⑤ 所在等不明共有者の不動産の持分の取得（民262の2）、譲渡（民262の3）

⑥ ライフラインの設備の設置権等の例外規定（民213の2）（〔28〕参照）

3 各制度の概観

（1） 改正民法で新設された例外規定（民251②・252②）

改正民法は、変更、管理それぞれについて、裁判所の許可を条件に、所在等不明共有者がいる場合の共有物の「変更」「管理」要件を緩和しました。

「変更」について、「共有者が他の共有者を知ることができず、又はその所在を知ることができないときは、裁判所は、共有者の請求により、当該他の共有者以外の他の共有者の同意を得て共有物に変更を加えることができる旨の裁判をすることができる。」（民251②）とされ、所在等不明共有者以外の共有者全員の同意により共有物に変更を加えることができることとされました。

「管理」については、「共有者の請求により、当該他の共有者以外の

共有者の持分の価格に従い、その過半数で共有物の管理に関する事項を決することができる旨の裁判をすることができる。」（民252②）とされ、所在等不明共有者以外の共有者の持分の価格の過半数により管理に関する事項を決することができることとされました。

なお、「管理」についてのみ、賛否を明らかにしない共有者がいる場合も、同様に要件が緩和されています（民252②二）。詳細は、〔25〕を参照してください。

（2）　財産管理人制度

ア　不在者財産管理人（民25）

民法の規定（民25）に従って裁判所が選任した不在者財産管理人を共有者の一人として、共有持分の譲渡を受け、又は民法の共有の規定に従って、共同所有型私道の変更、管理等を行うことになります。

法改正により、所有者不明土地の適切な管理のため特に必要があると認められる場合に、国の行政機関の長又は地方公共団体の長にも、不在者財産管理人の選任請求権が付与されています（所有者不明土地42①）。

イ　相続財産清算人（民952以下）

民法の規定（民952以下）に従って裁判所が選任した相続財産清算人を共有者の一人として、共有持分の譲渡を受け、又は民法の共有の規定に従って、共同所有型私道の変更、管理などを行うことになります。

法改正により、国の行政機関の長又は地方公共団体の長にも選任請求権が付与されています（所有者不明土地42①）。

ウ　所有者不明土地管理人（民264の2）

改正民法では、「人単位」ではない「物単位」の管理人として、所有者不明土地管理制度が創設されました（民264の2）。これにより、必要最小限の予納金で、より効率的に管理人を選任することができるようになり、また、所有者を全く特定できないケースでも、管理人を選任

できることになりました。

また、国の行政機関の長及び地方公共団体の長にも、所有者不明土地管理人の選任請求権が付与されました（所有者不明土地42②）。

　エ　管理不全土地管理人（民264の9）

改正民法では、「所有者による土地の管理が不適当であることによって他人の権利又は法律上保護される利益が侵害され、又は侵害されるおそれがある場合において、必要があると認めるとき」に、裁判所は管理不全土地管理人による管理を命ずる処分をすることができるようになりました（民264の9）。

これも、所有者不明土地管理制度と同様に、「物単位」の管理人になります。

市町村長にも選任請求権が付与されています（所有者不明土地42③）。

（3）　会社法等に基づく清算制度（会社475以下）

共有者の一部が解散した法人であり、清算人となる者がいない場合は、利害関係人の申立てに基づいて裁判所が選任した清算人から、共有持分の譲渡を受け、又は民法の共有の規定に従って、共同所有型私道の変更、管理などを行うことになります（会社478②～④）。

また、清算結了の登記がされた法人であっても、当該法人名義の土地が存在するなど残余財産があることが判明した場合には、残余財産の分配等の清算手続を行うため、裁判所に清算人の選任の申立てを行うことが可能であると解されています。

（4）　区分所有法の2章「団地」の制度

共同所有型私道が、各宅地と併せて一団の土地を形成していると見ることが可能な場合に、民法の特別法である、区分所有法の2章「団地」の規定を適用することが考えられます。なお、宅地上の建物は、区分所有建物であっても、戸建てでも構いません。

区分所有法上の「団地」であれば、区分所有法に基づき、土地の形

状又は効用の著しい変更を伴う変更行為であっても、団地建物所有者及び議決権の各4分の3以上の多数による集会の決議で決することができます（区分所有66・17・18）。詳細は、〔27〕を参照してください。

（5）　所在等不明共有者の不動産の持分の取得（民262の2）、譲渡（民262の3）

改正民法において、裁判所の決定によって、申立てをした共有者に、所在等不明共有者の不動産の持分を取得又は譲渡する権限を付与する制度が創設されました。

なお、譲渡は、所在等不明共有者以外の共有者全員が持分の全部を譲渡することを停止条件とするものであり、不動産全体を特定の第三者に譲渡するケースでのみ行使可能である点に注意が必要です。

（6）　ライフラインの設備の設置権等の例外規定（民213の2）

ライフラインの設備の設置等については、共有物の管理に関する行為に該当し得る行為であっても、他の共有者の同意なく設置等できることが明文化されました（民213の2）。詳細は、〔28〕を参照してください。

88 Q&A編 第2章 共有状態に起因する困難

〔25〕 賛否不明又は所在不明な共有者がいる私道を変更した
　いときは？

Q ① 砂利道の私道をアスファルトで舗装したいのです
　が、共有持分の価格の過半数を有する共有者にいくら
連絡をしても、賛否を明らかにしません。どうしたらよいので
しょうか。
② ①の場合で、共有者の中に所在不明の者がいる場合は、どう
　したらよいでしょうか。
③ スロープ状の私道を階段にしたいのですが、共有者の中に所
　在不明の者がいます。どうしたらよいでしょうか。

A ①については、共有私道の軽微変更行為に該当します
　ので、改正民法の規定に従い、裁判所の決定を受けて、
賛否を明らかにしない共有者以外の共有者の持分の価格の過半数
によって、舗装の可否を決定することができます。②についても、
改正民法の規定に従い、裁判所の決定を受けて、所在不明者以外
の共有者の持分の価格の過半数によって決定することができま
す。③については、軽微変更に該当しない共有物の変更に該当し
ますが、改正民法の規定に従い、裁判所の決定を受けて、所在不
明者以外の他の共有者の同意を得て、変更を加えることができま
す。

解　説

1　賛否不明の共有者がいる場合の「管理」行為
（1）原　則
共同所有型私道については、共有者間の自由な取決めが優先され、

取決めがない場合は、民法上の共有の規定に従って決めることとなります。

民法上の共有の規定としては、共有物の管理(軽微変更を含みます。)に関する事項は、共有者の持分の価格の過半数で決定することとされ(民252)、その実施は共有者間の協議・決定に委ねられています(〔23〕参照)。

（2）　原則の不都合性

しかし、現実には、共有者間の人的関係が希薄な場合（遠方に居住している場合、相続が発生している場合など）も多く、共有物に関心を持たず、連絡を取っても明確な回答をしないこともあります。

そのため、（1）の原則を貫くと、持分の価格の過半数の同意を得られないことにより、共有物の管理（軽微変更を含みます。）について、決定・実施することができない状態が生じ得ます。

例えば、私道の改良工事（アスファルト舗装等の軽微変更を含みます。）や、私道の利用方法の協議ができない事態が想定されます。

（3）　改正民法における制度変更

この不都合を回避すべく、改正民法では、相当の期間を定めて共有物の管理に関する事項を決することについて賛否を明らかにすべき旨を催告しても、相当の期間内に賛否を明らかにしない共有者がある場合には、裁判所の決定を得て、賛否不明共有者以外の共有者の持分の価格の過半数の決定により管理に関する事項を決することができることとされました（民252②二）。

なお、次の2で述べる所在等不明共有者がいる事案と異なり、変更行為はできません。また、所在等不明共有者がいる事案と同様に、共有者が共有持分を失うことになる行為（抵当権の設定など）には、利用できません。

他方、賛否を明らかにしない共有者の持分が、他の共有者の持分を

超えている場合や、複数の共有者が賛否を明らかにしない場合であっても、利用することができます。

（4）要　件

① 共有者が、他の共有者に対し、相当の期間（通常は2週間程度）を定めて、共有者の管理に関する事項を決することについて賛否を明らかにすべき旨を催告したこと（催告の方法に法律上制限はありませんが、後の裁判で証明する観点から、書面等で行って証拠化しておくことが重要と指摘されています。）。

② 催告を受けた他の共有者がその期間内に賛否を明らかにしないこと。

（5）手続の流れ

（4）の要件を充足した場合、共有物の所在地の地方裁判所に申立てを行います。その際に、対象行為として、決定しようとする管理事項、例えばそれが工事にわたる場合は、該当する工事の概要を特定して申し立てる必要があります。

裁判所が要件の充足を確認すると、裁判所から賛否不明共有者に対して、賛否を明らかにすべき旨の通知が送られ、1か月以上の賛否明示期間が定められます。

1か月以上の賛否明示期間を経てもなお賛否が明らかにされないときは、賛否不明共有者以外の共有者の持分の価格の過半数の決定により管理に関する事項を決することができる旨の裁判がされ、賛否不明共有者に告知がされます（非訟85②③）。

なお、賛否明示期間内に賛否を明らかにした共有者がいる場合には、裁判所は、その共有者については上記の裁判をすることができません。この共有者については、その後の共有者間での決定において、排除することができず、決定権を有する共有者に含まれることになります。

賛否不明共有者が告知を受けた日から2週間の不変期間内に即時抗

告をしないことなどにより裁判は確定します（非訟67②）。

裁判の効力は、賛否不明共有者以外の共有者の持分の価格の過半数により管理に関する事項に当たる工事の実施を決定することができるようになる（非訟85⑤）にとどまります。

したがって、実際に工事を実施するには、別途、賛否不明共有者以外の共有者の持分の価格の過半数により決定する必要があります。

（6）　所在等不明共有者事案との併用

賛否を明らかにしない共有者に加えて所在等不明共有者がいるときは、この手続と併せて所在等不明共有者の手続も取ることで、それ以外の共有者の決定で管理をすることが可能になります。

2　所在不明の共有者がいる場合の「変更」「管理」行為

（1）　原　則

ア　変　更

共同所有型私道については、共有者間の自由な取決めが優先され、取決めがない場合は、民法上の共有の規定に従って決めることとなります。

民法上の共有の規定としては、共有物の変更（軽微変更を除きます。）に関する事項の決定・実施には、共有者全員の同意が必要です（民251①）（〔23〕参照）。

イ　管　理

民法上の共有の規定としては、共有物の管理（軽微変更を含みます。）に関する事項は、共有者の持分の価格の過半数で決定することとされ（民252①）、その実施を共有者間の協議・決定に委ねられています（〔23〕参照）。

（2）　不都合性

しかし、現実には、必要な調査を尽くしても氏名等や所在が不明な

共有者が存在します。

　その場合にも、（1）の原則を貫くと、所在等不明共有者の同意を得ることができず、共有物の変更や管理について、決定できないケースが生じ得ます。

（3）　改正民法における制度変更

　そこで、改正民法では、共有者が他の共有者を知ることができず、又はその所在を知ることができないときは、「変更」については所在等不明共有者以外の共有者全員の同意により裁判所の裁判により、共有物に変更を加えることができることとされ（民251②）、「管理」については所在等不明共有者以外の共有者の持分の価格の過半数により管理に関する事項を決することができることとされました（民252②一）。

　なお、1で述べた賛否不明共有者事案と同様に、共有者が共有持分を失うことになる行為（抵当権の設定など）には、利用できません。

　他方、所在等不明共有者の持分が、他の共有者の持分を超えている場合や、複数の共有者が所在等不明の場合であっても、利用することができます。

（4）　要　件

　要件は、端的には、「共有者が他の共有者を知ることができず、又はその所在を知ることができないとき」とされています。

　このうち、「共有者を知ることができ」ないときとは、共有者において、他の共有者の氏名・名称などが不明で、特定することができないことを意味します。

　「共有者の所在を知ることができないとき」とは、その共有者の属性によって異なります。「自然人」である場合には、共有者において、他の共有者の住所・居所を知ることができないときを意味します。なお、自然人である共有者が死亡しているが、その相続人の存在が不明であるケースでは、相続財産清算人等がいない限り、「共有者を知るこ

とができず、又はその所在を知ることができない」に該当するとされています。他の共有者が「法人」である場合には、共有者において、他の共有者の事務所の所在地を知ることができず、かつ、他の共有者の代表者の氏名等を知ることができないとき（他の共有者の代表者がいない場合を含みます。）又はその代表者の所在を知ることができないことを意味します。法人事務所の所在地を知ることができないとしても、代表者がおり、その所在を知ることができるのであれば、代表者との間で協議等をすることができるため、要件に該当しません。「権利能力なき社団」についても、基本的には法人と同じ基準により判断されるとされています。

要件の充足が認められるためには、私道の不動産登記簿や住民票、商業登記簿謄本等の公的記録の調査に加え、事案にもよりますが、当該私道の利用状況を確認したり、他に連絡等をとることができる共有者がいればその者に確認したりするなどの調査が必要となると解されています（公示送達の際の相手方の調査方法が参考となる、との指摘があります。）。

（5）　手続の流れ

（4）の要件を充足した場合、共有物の所在地の地方裁判所に申立てを行います。その際に、対象行為として、加えようとしている変更や、決定しようとする管理事項、例えばそれが工事にわたる場合は、該当する工事の概要を特定して申し立てる必要があります。

要件の充足が認められると、裁判所は、1か月以上の異議届出期間を定め、公告します。

1か月以上の異議届出期間を経てもなお所在等不明共有者とされている者から異議の届出がされないときは、所在等不明共有者以外の共有者による変更・管理の裁判がされ、申立人に告知されます（非訟85⑥）。

なお、所在等不明共有者以外の共有者による変更・管理の裁判をす

る前に所在等不明共有者とされている者から異議の届出がされた場合には、その共有者は特定され、その所在も明らかとなるため、実体法上の要件を欠き、その裁判をすることはできなくなります。

なお、裁判は、申立人が告知を受けた日から2週間の不変期間内に即時抗告をしないことなどにより確定します（非訟67③）。

この裁判の効力は、「変更」についての裁判であれば、所在等不明共有者以外の共有者全員の同意により共有物に変更を加えることができるようになり、「管理」についての裁判であれば、所在等不明共有者以外の共有者の持分の価格の過半数により管理に関する事項を決することができるようになるにとどまります。

したがって、実際に変更行為や管理行為を実施するには、別途、所在等不明共有者以外の共有者の全員又は持分の価格の過半数により決定する必要があります。

（6）　賛否不明共有者事案との併用

所在等不明共有者に加えて賛否を明らかにしない共有者がいるときは、この手続と併せて賛否不明共有者の手続もとることで、それ以外の共有者の決定で変更・管理をすることが可能になります。

Q＆A編　第2章　共有状態に起因する困難　　95

〔26〕　所有者不明土地管理制度とは？

Q　　改正民法により、不在者財産管理制度や相続財産管理制度とは異なる、所有者不明土地管理制度が創設されたと聞きましたが、どのような制度ですか。

A　　改正民法により、不在者の全ての財産の管理ではなく、不在者の有する財産のうち、特定の土地のみに特化してその管理を行う所有者不明土地管理制度が創設されました。これにより、不在者財産管理や相続財産管理に比べ、より少ない予納金で管理人を選任することが可能になり、また所有者（共有者）を全く特定できない（名前すら分からない）場合にも、管理人を選任できることになりました。

解　説

1　制度創設の趣旨

　改正前民法の下では、所有者不明土地を管理するために、不在者財産管理制度や相続財産管理制度が利用されてきましたが、この制度は、問題となっている土地だけでなく、不在者等が有する全ての財産が対象となり、いわゆる「人単位」の財産を管理するため、より高額な予納金が必要になるなど、非効率な制度になっていました。また、「人単位」であるがゆえに、所有者を全く特定できない土地については、利用することができませんでした。

　そこで、改正民法において、特定の土地（及び建物）についてのみの管理人を選任する、いわゆる「物単位」の財産管理制度として所有者不明土地管理制度が創設されました。その結果、必要最小限の予納

金で、より効率的に管理人を選任することができるようになり、また、所有者を全く特定できないケースでも、管理人を選任できることになりました。

2 要件、申立権者

相互持合型私道については「所有者を知ることができず、又はその所在を知ることができない土地」について、共同所有型私道については「共有者を知ることができず、又はその所在を知ることができない土地の共有持分」について、それぞれ管理人に管理させる必要があることが必要です（民264の2①）。

これらの要件を満たすには、登記名義人の登記簿、住民票上の住所、戸籍、法人登記簿上の主たる事務所の存否、代表者の法人登記簿上・住民票上の住所等に加え、事案に応じて現地調査が求められるとされています。

申立人は、対象とされている土地の管理についての利害関係を有する者です（民264の2①）。より具体的には、共同所有型私道の工事を行う際に管理に関する事項を定めたり変更行為を行ったりする場合、相互持合型私道について工事を行う場合の、他の共有者・所有者が該当し得ます。

なお、所有者不明土地の利用の円滑化等に関する特別措置法42条2項により、国の行政機関の長又は地方公共団体の長にも、「特に必要があると認めるとき」の申立権が規定されました。

また、区分所有建物については、対象外とされています（区分所有6④）。

3 管理人の権限

管理対象は、土地のほか、土地にある所有者の動産、管理人が得た

金銭等の財産（売却代金）に及びますが、その他の財産には及びません（民264の2②）。

　対象財産の管理処分権は、裁判所により選任された所有者不明土地管理人に専属します（民264の3①）。

　管理人は、保存行為及び土地の性質を変えない範囲内においてその利用又は改良を目的とする行為を行います（民264の3②）。また、その権限を超えて、対象財産の処分（売却、建物の取壊しなど）をするには、裁判所の許可が必要になります（民264の3②）。

　管理人は、善管注意義務及び誠実公平義務を負います（民264の5）。

　管理人は、所有者不明土地等から、裁判所が定める額の費用の前払、報酬を受けることができます（民264の7①）。

　土地、建物の売却等により金銭が生じたときは、管理人は、供託をし、その旨を公告します（非訟90⑧）。

4　手　続

　所有者不明土地管理命令の請求は、私道の所在地を管轄する地方裁判所に行います（非訟90①）。その際には、対象とする土地の所有者（共有者）が所在等不明であることを証するための資料が必要になります。また、裁判所の判断により、管理人の報酬を含む管理に要する費用の確保のために、管理費用の予納が命じられます。

　管理命令の嘱託登記により、選任の事実が公示されます。

　裁判所は、管理すべき財産がなくなったとき等は、所有者不明土地管理人等の申立てにより又は職権で、所有者不明土地管理命令を取り消さなければならないこととされています（非訟90⑩）。

〔27〕 共同所有型私道が団地に該当した場合の管理方法は？

Q 　　　共同所有型私道を有している場合に、区分所有法の団地に該当するとき、土地の形状又は効用の著しい変更を伴う変更行為をするための要件はどのようなものになりますか。

A 　　　共同所有型私道は、数棟の建物の所有者がそれらが立っている土地の区画内において土地を共有するとして区分所有法の「団地」に該当する場合があり、その場合は、土地の形状又は効用の著しい変更を伴う変更行為であっても、団地建物所有者（頭数）及び議決権（私道の持分割合）の各４分の３以上の多数による集会の決議で決することができます。

解　説

1　共同所有型私道の「団地」に該当する可能性

　分譲等の際に、私道が設けられ、これに接する各宅地所有者が私道について共有持分を取得することがあり、共同所有型私道と呼ばれています（詳細は、〔22〕を参照してください。）。

　このような共同所有型私道は、各宅地と併せて、一団の土地を形成していると見ることが可能です。このような場合、民法の特別法である、区分所有法の２章「団地」の規定が適用されることが考えられます。

2　区分所有法の「団地」とは

　区分所有法の２章「団地」の規定が適用されるのは、「一団地内に数

棟の建物があって、その団地内の土地又は附属施設（これらに関する権利を含む。）がそれらの建物の所有者の共有に属する場合」（区分所有65）です。

「（一）団地」とは、立法関係者の解説などでは、数棟の建物がその土地内に通常は計画的設計に基づいて建設されているような、客観的に一区画をなしていると見られる土地の区域であると定義されています（濱崎恭生『建物区分所有法の改正』418頁（法曹会、1989））。その概念は、必ずしも明確ではありませんが、数棟の建物の所有者がそれらが建っている土地の区画内において土地を共有することによって関係付けられています。

この要件を満たすケースとして、共同私道の保存・管理等に関する事例研究会（法務省）から公表されている「所有者不明私道ガイドライン」では、次のようなものが挙げられています。

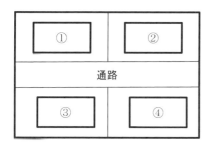

各棟の敷地の所有関係は各棟ごとに区分されている（各棟が区分所有建物であれば、それぞれ各棟の区分所有者のみの共有になっている）が、通路部分の土地が全棟の所有者の共有に属する場合

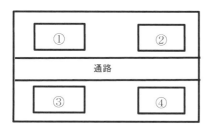

①、②の建物の敷地はその建物の所有者全員が共有し、③、④の建物の敷地はその建物の所有者全員が共有し、かつ、通路部分の土地は①～④の建物の所有者全員が共有している場合

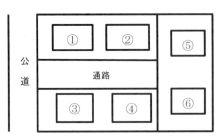

各棟の敷地の所有関係は①・②、③・④、⑤・⑥の建物所有者ごとに区分されており、①～⑥の建物の所有者が通路部分の土地を共有している場合

（共有私道の保存・管理等に関する事例研究会（法務省）「所有者不明私道ガイドライン」29・30頁）

なお、「建物」は、区分所有建物のみならず、それ以外のいわゆる戸建て建物であってもよいとされ、区分所有建物と戸建てが混在していても構わないとされています。

3　区分所有法の団地における、私道の変更行為

区分所有法上の団地に該当する場合、団地内建物の所有者（以下、「団地建物所有者」といいます。）は、法律上当然に、全員で、その団地内の共有土地の管理を行うための団体（いわゆる団地管理組合）を構成し、区分所有法の定めるところにより、集会を開き、規約を定め、及び管理者を置くことができます（区分所有65）。

その趣旨は、同法1章が定めるマンション管理組合と同様、団地建物所有者は、団地内の土地等を共有し、共同使用するものであるから、共有する土地等を管理するに当たっては、団体的拘束に服させることが相当と考えられることにあるとされます。

例えば、私道の工事について、民法の規律によらず、集会を開いて決議をする区分所有法上の制度を利用することで、円滑な工事の実施につなげることができます。

より具体的には、民法の共有の規定によれば、共有物の形状又は効用の著しい変更を伴う変更行為は、共有者の全員の同意によることが必要とされます（民251①）。

Q&A編 第2章 共有状態に起因する困難 101

　しかし、区分所有法に基づけば、土地の形状又は効用の著しい変更を伴う変更行為であっても、団地建物所有者及び議決権の各4分の3以上の多数による集会の決議で決することができます（区分所有66・17・18）。

　このように、私道共有者の一部が所在等不明であるケースや工事に賛成しないケースでも、区分所有法を用いることで、より少数者の合意により私道の管理をできる場合があることになります。

4　民法の適用は排除されない

　なお、建物の区分所有関係と異なり、特に戸建て建物が介在する団地関係においては、関係者が団地関係にあることを認識していないケースも少なからずあると考えられます。団地内で規約を定めるなどの特段の措置を講じていない限りは、民法の共有に関する規律の適用が排除されるものではないと考えられています。

5　具体的な集会の手続

　共同所有型私道を含む団地で、現実に、団地管理組合が構成され、規約や管理者が存在することは稀であると考えられます。

　規約も管理者も存在しない場合に、区分所有法に基づき、集会を実施する手続の流れを、以下、概観します。

　（1）　招集通知の発出

　団地建物所有者の5分の1以上（人数）で、かつ、議決権（私道の持分割合（区分所有38・14））の5分の1以上を有するものが発出します（区分所有66・34⑤）。

　会日よりも少なくとも1週間前に、発出します（区分所有66・35①）。

　招集通知には会議の目的たる事項（区分所有66・35①）、共有部分の形状又は効用の著しい変更を伴う場合はその議案の要領を示します（区

分所有66・35⑤・17①）。

団地建物所有者の所有する建物が所在する場所に宛てて発出すれば足り、通常それが到達すべき時に到達したものとされています（区分所有66・35③）。

（2）　団地の集会

共有物の形状又は効用の著しい変更を伴うものに係る議事は、原則として、団地建物所有者（頭数）及び議決権（私道の持分割合）の各4分の3以上の多数で決します（区分所有66・39①・17）。

議決権の行使は、書面で、又は代理人によって行使することができます（区分所有66・39②）。

集会の決議は、区分所有者の特定承継人に対しても、その効力を生じます（区分所有66・46①）。

議事録を保管すべき団地建物所有者を決定しなければなりません（区分所有66・42⑤・33①）。

（3）　議事録の作成、保管、閲覧

議長は、議事録（書面又は電磁的記録）を作成しなければなりません（区分所有66・42①）。

議事録は、集会で決定した団地建物所有者が保管し（区分所有66・42⑤・33①）、利害関係人からの請求があったときは、正当な理由がない限り、議事録の閲覧を拒むことはできません（区分所有33②）。

Q＆A編　第2章　共有状態に起因する困難　　103

〔28〕　共同所有型私道にライフライン設備を設置できるか？

Q　　　共同所有型私道の隣地を所有しており、同土地上に建物を建てる予定です。私道上に、ライフラインの継続的給付を受けるための設備を設置し、また既に設置されていて私道の共有者が共有している設備を使用したいのですが、共有者の一部が所在不明です。どのようにしたらよいですか。

A　　　ライフライン設備の設置や使用は、共有物の管理に関する事項に該当するため、共同所有型私道の共有者の持分の価格の過半数の同意を得られれば、設置及び使用が可能です。また、改正民法で創設されたライフラインの設備設置権・設備使用権を行使して、所在不明共有者の同意を得られなくても、設備の設置及び使用が可能です。

　解　説

1　改正前民法の不都合性

　共同所有型私道の隣地の所有者は、共同所有型私道そのものや、私道上の設備を使用しなければ電気、ガス、水道等の各種ライフラインを引き込むことができないことがあります。

　このような場合、改正前民法上でも、相隣関係規定や下水道法11条等の類推適用により、共同所有型私道への設備の設置や私道上の設備の使用が可能と解されています。

　ただ、明文の規定がないために共有者に応じてもらえないケースや、共有者が不在の場合に対応が困難になるケースがありました。また、事前の通知の要否、償金の支払の要否が不明確でした。

2 改正民法における設備設置権、設備使用権の創設

（1） ライフラインの設備の設置・使用権に関する規律の整備

　他人の土地に設備を設置しなければ電気、ガス又は水道水の供給その他これらに類する継続的給付（電話、インターネットなどの電気通信を含みます。以下、単に「継続的給付」といいます。）を受けることができない土地の所有者は、必要な範囲内で、他人の土地上に設備を設置する権利を有します（民213の2①）。

　また、他人の土地に設置された設備を使用しなければ、継続的給付設備を引き込むことができない場合は、必要な範囲内で、他人の土地に設置された設備を使用する権利を有します（民213の2①）。

　ただし、設備の設置・使用の、場所・方法は、他人の土地及び他人の設備のために損害が最も少ないものに限定されています（民213の2②）。

　なお、上記法文が存在するにもかかわらず、設備の設置・使用を拒否されたときは、自力執行を禁止されているため、妨害禁止の判決を求めることとされています。また、設備の設置工事のために、一時的に他の土地を使用する場合には、隣地使用権の規律が準用されます（民213の2④⑤）。

（2） 事前通知の規律の整備

　他人の土地に設備を設置し又は設置済みの設備を使用する土地の所有者は、あらかじめ、その目的、場所及び方法を、その土地所有者に通知しなければなりません（民213の2③）。

　通知は、通知の相手方がその目的・場所・方法に鑑みて設備の設置・使用に対する準備をするに足りる合理的な期間（事案によるものの、2週間から1か月程度）を置く必要があります。

　通知の相手方が不特定又は所在不明である場合にも、例外なく通知が必要とされ、その場合は簡易裁判所の公示による意思表示（民98）を

活用することになります。

（3）　償金・費用負担の規律の整備

設備設置工事のために一時的に他人の土地を使用する際に、その所有者・使用者に生じた損害は、一括払いにより支払う必要があります（民213の2④・209）。

また、他人の土地の設備の使用開始の際に損害が生じた場合（例えば、設備の接続工事の際に一時的に設備を使用停止したことに伴って生じた損害）は、一括で支払う必要があります（民213の2⑥）。また、その利益を受ける割合に応じて、設備の修繕・維持等の費用を負担することになります（民213の2⑦）。

3　共同所有型私道について

（1）　共有の規律

共同所有型私道において、隣地の所有者に継続的給付のための共同所有型私道における設備の設置や使用を認めることは、共有物の管理に関する事項（民252①）に該当します。

したがって、当該私道の共有者の持分の価格の過半数の同意が得られれば、設備の設置又は使用が可能です（〔23〕参照）。

（2）　設備設置権・設備使用権

仮に、私道の共有者が所在不明、反対者がいるなどのケースでも、上記2で述べた継続的給付を受けるために必要な範囲の設備設置権や設備使用権を行使して、設備を設置し、又は利用することができます。

なお、上述のとおり、共有者の一部が不明である場合も、例外なくあらかじめの通知が必要とされますので、その場合は簡易裁判所の公示による意思表示（民98）を活用することになります。

また、共有者の一部が反対している場合に、自力執行は許されないため、妨害禁止の判決を得る必要があることも、上述のとおりです。

106　　Q&A編　第2章　共有状態に起因する困難

〔29〕　共同所有型私道の共有物分割請求を制限できるか？

Q　　共同所有型私道において、折り合いが悪くなった共有
者から、共有持分の買取りの請求がありました。応じな
い場合は、裁判をすると言ってきているのですが、実際に裁判で
共有物の分割請求は認められてしまうのでしょうか。共有者の1
名が資金不足で第三者に共有私道の持分を売却してしまった場合
の、購入者からの請求についてはどうなりますか。

A　　共同所有型私道については、分割による支障が大きい
ことから、共有物分割を制限する解釈論が存在し、裁判
例においても、分割が認められなかったケースが存在します。し
かし、民法上はいつでも共有物の分割を請求することができるの
が原則であり、共有者や持分の購入者からの分割請求を必ず拒め
るという判例法理が確立されているわけではありません。したが
って、分割が認められるリスクがあることを十分に意識した上で、
事前に分割禁止特約の登記や、通行地役権の登記などの対策を取
ることが無難な対応といえます。

解　説

1　共有物分割の原則

民法上、各共有者は、いつでも共有物の分割を請求することができ
ます（民256①本文）。分割制限の合意も可能ですが、5年を超えない期
間内とされ（民256①ただし書）、5年ごとに更新しなければなりません
（民256②）。

Q&A編 第2章 共有状態に起因する困難 107

　各共有者が、共有物の分割について合意できない場合は、裁判所に分割を請求することができます（民258）。裁判による共有物の分割は、現物分割（民258②一）か、共有者に債務を負担させて他の共有者の持分の全部又は一部を取得させる方法（賠償分割）（民258②二）が原則とされます。この現物分割や賠償分割ができず、又は分割によってその価格を著しく減少させるおそれがあるときは、競売による代金分割が可能になります（民258③）。

　なお、改正民法により、賠償分割という分割類型が、初めて明文化されました。

2　共同所有型私道における共有物分割の特徴

　共同所有型私道においても、原則として、共有物の分割は可能と考えられます。

　しかし、共同所有型私道は、自宅等に入るためなど使用の必要性が極めて高い土地であり、分割されると重大な支障が生じるのが通常であるため、安易な分割は避けるべきとの要請があります。

　したがって、共同所有型私道については、共有物分割を制限することを目指す解釈論が存在します。

　ただし、3で述べるように、その解釈論は、学説、裁判例ともに複数の見解があり、統一されたものはなく、定まった結論もありません。したがって、必ずしも分割が禁止されないという結論も覚悟し、分割を前提とした購入資金の準備などは考えておく必要があるとする指摘や、最初から通行地役権を設定し、登記しておく方法があるとの指摘があります（天海義彦ほか編『Q＆A　不動産の権利調整をめぐる実務』211頁（新日本法規出版、2020））。

3 共有物分割を制限する解釈論

（1） 債権的請求

共有者間では、5年を超えない期間、共有者の分割禁止の契約をすることができます（民256①ただし書）。

このような分割禁止の合意に基づく債権的請求（民254）として、共有者間のみならず、他の共有者の特定承継人に対しても行使する（分割の禁止を請求する）ことができるとする解釈論があります。この合意は、分割禁止の明示的な合意のみならず、共有私道を通路として使用する合意に当然に分割を禁止する合意を含むと解釈できるとする考え方もあります。

しかし、裁判例では、「分割禁止の契約と同様の効果を生ずる共有物についての債権的合意は、不動産登記法所定の登記（注：不動産登記法65条）をして初めて、共有者の特定継承人に対抗でき、しかも、その登記をしても、その不分割の契約の期間は5年を超えることができない」とされています（東京地判平3・10・25判時1432・84）。

（2） 解釈上の分割禁止を認める裁判例

上記の裁判例と異なり、登記がなくとも、期間も無制限に、分割を禁止するとする解釈論もあります。

例えば、共有者それぞれの自宅に不可欠な通路の場合、共有者の共同の目的で共有関係が形成され、共有者間で共有物分割が予定されていないことが外形上明らかであるといえます。このように「特定の、かつ共有者間に共通する目的のもとに土地の区画が設定されて共有関係が形成され、共有者間で共有物の分割が予定されていない共有物であって、その外形上もそのような関係にあることが明らかな共有物においては、民法257条（注：境界上の工作物の共有規定）、676条（注：民法上の組合）に準じ、その権利に内在する制約として、共有関係が設定された共同の目的、機能が失われない間は、他の共有者の意思に

反して共有物の分割を求めることができないものと解するのが相当」
とした裁判例があります（横浜地判昭62・6・19判時1253・96）。

（3）　権利の濫用

共有物分割による支障が大きい場合、具体的には土地から公道へ至
る共用通路であるという認定を前提に、「そのような性格や効用が失
われたといえるような特段の事情が認められない限り、そもそも共有
物分割請求になじまないものというべく、そのような請求は権利の濫
用として許されないというべき」とした裁判例があります（福岡高判平
19・1・25判タ1246・186）。

（4）　分割を認める例

（1）～（3）のように、共有物分割を制限する解釈を取らず、分割を
認める裁判例も多数見られます。

上述（1）の裁判例（東京地判平3・10・25判時1432・84）も、不動産登記
法上の分割禁止特約登記がない場合に、原則として分割を認めていま
す。

また、道路位置指定（建基42①五）を受けた共有私道について、所有
者に変動が生じても建築基準法による規制を受けていることに影響は
ないことから、現物分割による共有物分割請求をすることができる、
とする裁判例もあります（東京地判平4・2・28判時1442・116）。

他に、相続共有とされた旗竿地について、共有者の一人から共有物
分割請求がされたケースで、競売による金銭分割が命じられた裁判例
もあります（東京地判平3・7・16判時1419・75）（Case 3参照）。

分割を認めつつ、通行地役権への転化を認めた裁判例もあります（東
京高判平4・12・10判時1450・81）。

＜関連するケース＞

Case 3

〔30〕 相互持合型私道における法的規律とは？

 相互持合型私道はどのような道路ですか。また、その法的規律を教えてください。

相互持合型私道は、所有者の異なる数筆の土地で私道を形成する形態で、主に民法の通行地役権の規律に従います。なお、ケースによっては、通行のみならず、ライフラインの設置・利用も地役権の内容となることがあります。

解説

1 相互持合型私道とは

所有者の異なる数筆の土地により形成された私道です。

例えば、私道付近の宅地を所有する複数人が、それぞれ（原則として単独）所有する土地を通路として提供し、複数人が利用している私道です（〔22〕参照）。共有私道の保存・管理等に関する事例研究会（法務省）から公表されている「所有者不明私道ガイドライン」では、以下のような例が示されています。

例① 通路敷を縦に切り分ける場合

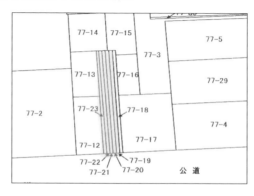

例②　通路敷を横に切り分ける場合

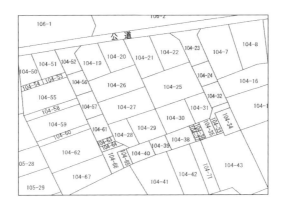

(共有私道の保存・管理等に関する事例研究会（法務省）「所有者不明私道ガイドライン」26・27頁)

2　法的規律

(1)　通行地役権の発生

相互持合型私道の各土地の所有者は、互いに各自の所有宅地の便益のために、通行等を目的とする地役権（通行地役権）（民280本文）を設定していると考えられています。地役権とは、他人の土地（以下、「承役地」といいます。）を、自己の土地（以下、「要役地」といいます。）の便益に供する権利のことをいい、要役地の便益のために承役地を利用することのできる権利です。

相互持合型私道を所有者間で合意して開設する場合には、通行地役権の設定が明示的にされることもありますが、一般的には通行地役権が明示の合意によって成立する場合は稀であるとされます。

多くの場合は、黙示的合意によって通行地役権は認められます。黙示の通行地役権の成立要件として、裁判例は次のように判示しています。「黙示の契約を認めるためには…通行の事実があり通行地の所有者がこれを黙認しているだけでは足りず、さらに、右所有者が通行地

役権または通行権を設定し法律上の義務を負担することが客観的にみても合理性があると考えられるような特別な事情があることが必要であると解する」(東京高判昭49・1・23東高時報25・1・7)。

　より具体的には、複数名が特定部分の土地を提供し合って開設されている私道については、明示の合意がなくとも黙示の通行地役権の設定がされたものと認められるとした事例や、分譲者が私道を開設し通路敷を分割して各分譲地買受人に対して譲渡した場合に、各分譲地譲受人間において黙示の通行地役権が設定されているとした事例があります(所有者不明私道ガイドライン27頁)。

　通行地役権には付従性があり、設定行為に別段の定めがあるときを除き、要役地の所有権に従たるものとして、その所有権とともに移転します(民281①)。

　また、通行地役権は、用益物権であり、他の物権と同様、時効により取得することも可能で、継続的に行使され、かつ、外形上認識することができるものに限り、取得することができます(民283)。

（2）　通行地役権の内容及び効力

　地役権の内容及び効力は、設定行為により定められます(民280)。黙示的な設定行為の場合にも、その客観的状況から地役権の内容や効力が判断されます。

　相互持合型私道に設定される通行地役権においては、特にデベロッパーによる分譲のケースでは、私道は、通行用の道路としてのみならず、電気・ガス・水道などの必要なライフラインの設置場所としても利用されていることが多く、地役権の内容としては、通行のみならず、ライフラインの設置・利用も含むことになるのが通常とされます。

　要役地所有者は、一般に、地役権に基づき、設定行為により定められた目的の達成のために必要な限度で、承役地を使用することを承役地所有者に受忍させることができるとされます。例えば、相互持合型

私道上の補修工事が必要となった場合は、通行の目的（及び上記ライフラインの設置・利用の目的を果たすため）に必要な限度で、要役地所有者が道路補修工事をすることができます。反対に、要役地所有者は、承役地所有者に対して、当該承役地の修繕を求めることもできるとされています。

3 相互持合型私道における管理の具体例

相互持合型私道の一部が陥没等により補修工事が必要になったものの、所有者の一部が所在等不明な場合でも、上述2（1）のとおり、黙示的に通行地役権が設定されていると解されることが多く、その通行に必要な限度において、不明な承役地所有者の同意がなくても補修工事をすることができます（共有私道の保存・管理等に関する事例研究会『所有者不明私道への対応ガイドライン〔第2版〕』54頁（金融財政事情研究会、2023））。

他方で、補修を要する箇所が所在等不明者の承役地には関係ないケース（同60頁）、新規に全面舗装を行いたいケース（同62頁）では、原則として、所在等不明者に受忍させることはできず、同人の明示の同意が必要になります。所在等不明なため同意を得られない場合は、不在者財産管理人等の選任申立て、又は所有者不明土地管理命令の申立ての措置が必要になります。

〔31〕 何らかの要因で私道の通行に支障を来していたら？

Q 以下のような要因で私道の通行に支障を来している場合、どのような対応を取ればよいでしょうか。

① 共同所有型私道の共有者の一人が、私道に車を常時駐車して、私道を塞いでいる場合

② 第三者が共同所有型私道に車を無断で常時駐車して、私道を塞いでいる場合。また、その車の所有者が明らかにならない場合

③ 私道の共有者の一人の敷地から、私道上に樹木の枝がせり出して私道を塞ぎ、私道の通行に支障が生じている場合

A ① 共同所有型私道の共有者は、私道に自動車を常時駐車して、私道を塞いでいる他の共有者に対して、共有持分権に基づく妨害排除請求権の行使として自動車の撤去を求めることができます。当該共有者が撤去に応じない場合は、訴訟を提起して撤去を求めることができます。

② 第三者が私道に無断で自動車を常時駐車している場合も、私道の各共有者は、自動車の所有者に対して、共有持分権に基づく妨害排除請求権の行使として自動車の撤去を求めることができます。調査を尽くしても自動車の所有者が不明な場合、具体的な状況次第ではありますが、相当期間、警告文を貼り付けた上で、無主物として廃棄・処分することが認められる可能性があります。

③ 私道の共有者は、当該樹木の所有者である共有者に対して、枝を切除させることができます。樹木の所有者に切除するように催告したのにもかかわらず、相当期間内に切除がなされない

Q & A編　第2章　共有状態に起因する困難　115

場合は、私道の共有者は、自ら私道にせり出した枝を切除することができます。

解　説

1　①について

（1）　共同所有型私道は、私道全体を民法249条以下の適用を受ける共有として共同所有している場合であり、各共有者は、各自の持分に応じて私道全体を通行のために使用することができます（民249①）。

共有者の一人が、私道に自動車を常時駐車して私道を塞ぐことにより、他の共有者が私道を自由に通行することができない状態とすることは、自らの持分に応じた私道の使用収益として許容される範囲を超える使用であり、他の共有者の持分権を侵害する行為であるといえます。

したがって、私道の共有者の一人が私道に自動車を常時駐車していることにより、私道を通行のために使用することができなくなっている場合、他の共有者は、自らの共有持分権に基づく妨害排除請求権の行使として、自動車を常時駐車している他の共有者に対して、自動車の撤去を求めることができると考えられます。

なお、あらかじめ共有者間で共有私道の使用方法について定めた協定書などを作成しておくことも、自動車の駐車方法などをめぐって共有者間でトラブルになることを予防するためには有効であると考えられます。

（2）　参考裁判例

ア　横浜地裁平成3年9月12日判決（判タ778・214）

私道の共有者の一方（原告）から自動車、スクーター、植木などを放置して通行を妨害している他の共有者（被告）に対する持分権に基

づく妨害排除請求について、被告は、これまでにも原告が私道を通行するのを妨害したことがあり、今後も妨害するおそれがあると認められることから妨害禁止を命ずるのが相当であり、被告の自動車等の放置による通行妨害行為は「被告の有する２分の１の持分に応じた使用の範囲を超えたものである」と判示して妨害排除請求を認容した事例。

　イ　東京高裁平成10年２月12日判決（判タ1015・154）

　私道の共有者の一方（控訴人）が私道上に自らが所有する自動車を駐車する権利を有しているとして他の共有者（被控訴人）に妨害禁止などを求めたのに対して、「控訴人の主張する使用権は、本件係争土地を控訴人が本件駐車場所として排他的に使用する権利であって、そのような使用が本件土地の共有持分に基づく使用として許される範囲を超えることは明らかである」と判示しその請求を棄却した事例。

2　②について

　第三者が私道に自動車を無断で駐車しており、それにより私道を通行することができなくなっている場合、私道の各共有者は、自らの共有持分権に基づく妨害排除請求権の行使として、自動車の所有者に対して、当該自動車の撤去を求めることができます。

　自動車の所有者は、普通自動車であれば、運輸支局又は自動車検査登録事務所に登録事項等証明書の交付申請をし、同証明書の交付を受けて確認できることが一般的です。

　なお、登録事項等証明書の交付申請をするためには、原則として「自動車登録番号」（ナンバープレートに記載された番号）に加えて「車台番号」の情報も必要となりますが、私有地に放置された自動車については、例外的に「自動車登録番号」が分かれば交付申請ができます。軽自動車については、軽自動車検査協会にて「検査記録事項等証明書」の交付申請をします。

Q&A編　第2章　共有状態に起因する困難　　117

　私道に放置されている自動車について、ナンバープレートが外されて、車台番号が削り取られているなどの理由により、警察に問合せを行うなどの調査を尽くしても所有者が明らかにならない場合、具体的な状況によりますが、放置されている自動車の状況を写真などで記録し、当該自動車に相当期間警告文を貼り付けるなどした上で、当該自動車を無主物（民239）として廃棄・処分することが認められる可能性もあります。

　また、所有者が判明しても、所在不明などの理由により当該所有者と連絡がつかない場合は、公示送達により訴訟を提起して勝訴判決を得た上で、強制執行により撤去をすることが考えられます。

3　③について

（1）　改正民法における規律

　改正民法では、土地の所有者は、隣地の竹木の枝が境界線を越える場合において、㋐竹木の所有者に枝を切除するように催告したにもかかわらず、竹木の所有者が相当の期間内に切除しないとき、㋑竹木の所有者を知ることができず、又は、その所在を知ることができないとき、㋒急迫の事情のあるときのいずれかに該当するときは、自ら隣地の竹木の枝を切り取ることができると定められています（民233③）。

（2）　竹木の所有者の所在が判明している場合

　枝がせり出して通行に支障が生じている場合、私道の共有者は、私道の共有者でもある竹木の所有者に対して、その枝を切除させることができます（民233①）。

　また、竹木の所有者に枝を切除するように催告したにもかかわらず、竹木の所有者が相当期間内に枝を切除しないときには、私道の共有者は、自ら私道にせり出した枝を切除することができます（民233③一）（上記（1）㋐）。なお、この場合、自ら切除できるのは私道にせり出し

た部分のみですので、切除作業を実際に行う場合は、不必要な部分も切除しないように注意が必要です。

（3）　竹木の所有者の所在が不明である場合

　現地調査や住民票の確認などで調査を尽くしても、竹木の所有者の所在が不明である場合、私道の共有者は、自ら私道にせり出した枝を切除することができます（民233③二）（上記（1）④）。

Q&A編　第2章　共有状態に起因する困難　　119

〔32〕　私道の一部が陥没し補修工事が必要となったら？

Q 　アスファルトで舗装された共同所有型私道の一部が陥没し、補修工事が必要となりましたが、どのような対応方法が考えられますか。共有者の1名が所在不明の場合は、どうしたらよいですか。
　また、相互持合型私道の場合は、どのようになりますか。

A 　アスファルトで舗装された共同所有型私道の一部が陥没した場合、私道の各共有者は、「保存行為」として、他の共有者の同意を得ることなく、補修工事を行うことができます。共有者の1名が所在不明の場合も所在不明である共有者の同意を得る必要はありません。
　相互持合型私道の場合、私道を構成する各土地の所有者は、私道全体を通行のために使用できる通行地役権を設定していると考えられますので、通行地役権の内容として、陥没した部分の土地所有者の同意を得ることなく、補修工事を行うことができます。陥没した部分の土地所有者が所在不明の場合も同意を得る必要はありません。

　解　説

1　共同所有型私道と相互持合型私道

　複数名で共同して私道を開設する形態には、共同所有型私道と相互持合型私道があります。
　共同所有型私道は、私道全体を民法249条以下の適用を受ける共有として共同所有している場合であり、各共有者は、各自の持分に応じて私道全体を通行のために使用することができます（民249①）。

相互持合型私道は、私道全体が所有者の異なる複数筆の土地で構成され、私道を構成する各土地の所有者が異なる場合であり、私道を構成する各土地の所有者は、明示又は黙示に、互いに自己が所有する土地を要役地、他の者が所有する土地を承役地として、私道全体を通行のために使用できる通行地役権（民280本文）を設定していると考えられています（詳細については、〔22〕をご参照ください。）。

2　共同所有型私道の場合

（1）　共同所有型私道の管理方法等

共同所有型私道については、前記のとおり、共有に関する規定が適用されます（民249以下）。したがって、私道の利用・管理方法等について、共有者間で別段の取決めがなされている場合は、共有者間で合意した内容に基づいて私道の利用、管理がなされることになりますが、共有者間で別段の取決め等がなされていない場合は、民法の定める共有に関するルールに基づいて私道の使用、変更、管理等がなされることになります（詳細については、〔23〕をご参照ください。）。

（2）　私道の一部が陥没した場合

アスファルトで舗装された共同所有型私道の一部が陥没し、通行に支障が生じたため、補修工事が必要となる場合において、陥没部分を再舗装し、通行に支障がない状態に修繕することは、共有物である私道の現状を維持する行為として「保存行為」（民252⑤）に該当します。

したがって、私道の各共有者は、他の共有者の同意を得ることなく、各々が単独で陥没した部分の補修工事を行うことができます。

この場合、補修工事を行った共有者は、他の共有者に対して、その持分に応じて、補修工事のために支出した費用の負担を求めることができます（民253①）。

他の共有者が費用負担に応じない場合、補修工事を行った共有者は、費用負担に応じない者の有する持分に相当する金額を償金として支払

うことでその者の持分を取得することができますが（民253②）、償金の金額について争いとなることも想定されますので、工事を実施する前に、費用負担の割合などについて共有者間で協議をしておくことが望ましいと考えられます。

（3）共有者の1名が所在不明の場合

前記のとおり、陥没部分の補修工事が「保存行為」（民252⑤）に該当する場合、各共有者は、他の共有者の同意を得ることなく、補修工事を行うことができます。したがって、私道の共有者のうち1名が所在不明の場合においても、所在不明である共有者の同意を得ることなく、各共有者が補修工事を行うことができます。

なお、本設問とは異なり、通行に支障が生じていない箇所も含めて全面的に私道を再舗装する形で補修工事を行う場合は、共有物である私道を改良する行為として「管理行為」（民252①）に該当することから、各共有者の持分の価格に従い、過半数の共有者の同意に基づいて補修工事を行う必要があります（民252①）。そのため、所在不明である共有者の持分の価格によっては、過半数の共有者の同意に基づいて補修工事を実施することが困難となる場合も想定されます。

このような場合、所在不明である共有者以外の共有者は、裁判所の裁判を得て、所在不明である共有者以外の共有者の持分の価格に従い、その過半数で決定することにより「管理行為」に該当する補修工事を行うことができます（民252②）。

その他、私道の共有者の中に所在不明の者がいる場合において、「管理行為」（民252①）に該当する修繕工事等を行うための方法としては、①所在不明である共有者について、不在者財産管理人を選任し、同管理人から同意を得る方法（民25～28）、②所在不明の共有者の共有持分について、所有者不明土地管理人を選任し、同管理人から同意を得る方法（民264の2以下）、③所在不明の共有者の持分の取得の裁判を申し立てて、当該共有者の共有持分を他の共有者が取得する方法（民262の

2①）などが考えられます。

3　相互持合型私道の場合

　相互持合型私道において、私道を構成する土地の一部が陥没した場合、私道を構成する他の土地の所有者は、陥没した部分の土地所有者の同意を得ることなく、補修工事を行うことができるのでしょうか。

　相互持合型私道については、前記のとおり、私道を構成する各土地の所有者は、明示又は黙示に他の者が所有する土地を承役地として、私道全体を通行のために使用できる通行地役権（民280本文）を設定していると考えられています。

　通行地役権が設定された場合、要役地所有者は、設定行為により定められた目的の達成のために必要な限度で、承役地を使用することを承役地所有者に受忍させることができます。そして、本設問のように私道を構成する土地の一部が陥没し、通行に支障が生じている場合、通行地役権の通常な行使が妨げられていることになりますので、私道を構成する各土地の所有者は、私道全体を通行のために使用するため、通行地役権の内容として、陥没した部分の土地を承役地として、当該土地の所有者の同意を得ることなく、必要な補修工事を行うことができると考えられています（共有私道の保存・管理等に関する事例研究会『所有者不明私道への対応ガイドライン〔第2版〕』55頁（金融財政事情研究会、2023））。

　この場合、承役地の所有者については、私道の所有者間で特約がない限り、補修工事の費用を負担する積極的な義務までは負担しないので、補修工事を行う者は、自らの費用でこれを実施する必要があります。このような事態を避けるために、私道の所有者間において、補修工事が必要となった場合の費用分担の定め方などについて、あらかじめ協定書等で合意しておくことが考えられます。

＜関連するケース＞
　Case16

〔33〕 私道の共有者が給水管の設置を承諾してくれないときは？

Q 私の家に公道下にある配水管から水道水の供給を受けるためには、共同所有型私道の地下に給水管を新設する必要があるのですが、私道の共有者のうち一人が私道下に給水管を設置するための工事を実施することを承諾してくれません。どうしたらよいですか。

A 私道下に給水管を設置しようとする者が、共同所有型私道の共有者である場合、各共有者は、各自の持分に応じて地下を含む私道部分全体を使用することができますので、他の共有者の一部から承諾を得られない場合も、工事を実施するために必要な範囲で私道の一部を掘削して給水管の設置工事を行うことができます。また、私道下に給水管を設置しようとする土地の所有者が当該私道の共有者以外の場合、私道下に給水管を設置し使用しなければ水道水の供給を受けることができないときは、継続的給付を受けるための設備の設置権等について定める民法213条の2第1項に基づいて工事前に当該私道の共有者に通知することで、私道の共有者の承諾なく給水管の設置工事を行うことができます。

解　説

1　共同所有型私道における法律関係

　共同所有型私道は、私道全体を民法249条以下の適用を受ける共有として共同所有している場合ですので、各共有者は、各自の持分に応じて私道全体を使用することができます（民249①）。この権限は地下

にも及びますので、各共有者は、私道の地下についても各自の持分に応じて全体を使用することができます。

　また、私道の利用、管理方法等について、共有者間で取決めがなされている場合には、当該取決めの内容に従って利用、管理等がなされることになりますが、特段の取決めがなされていない場合は、民法の定める共有に関するルールに基づき利用、管理等がなされることになります（詳細については、[23]をご参照ください。）。

2　給水管を設置する者が私道の共有者である場合

（1）　公道下の配水管から給水管を引く場合

　前記のとおり、共同所有型私道の各共有者は、各自の持分に応じて地下を含む私道全体を使用することができます（民249①）。

　したがって、共有者のうち1名が、公道下の配水管から自宅の敷地内に水道を引き込むために、私道下に給水管を新設する必要がある場合、給水管を新設するために必要な範囲で他の共有者の承諾なく私道の一部を掘削して給水管の設置工事を実施することができます。ただし、他の共有者の私道の使用に一時的な支障が生じる事態も想定されますので、工事実施日時や工事方法などについては、他の共有者にも事前に連絡しておくことが望ましいと考えられます。

（2）　他の共有者が設置した共有給水管に接続する場合

　では、既に私道の地下に他の共有者が設置した共有の給水管が存在しており、共有者のうち1名が、自宅の敷地内に水道を引き込むために、当該給水管に新設の給水管を接続する必要がある場合には、他の共有者の承諾を得る必要はあるのでしょうか。

　前記のとおり、新たに給水管を設置するために必要な範囲で私道の一部を掘削し、給水管の設置工事を実施することは、共有物の使用として、他の共有者の承諾を得る必要はありません。

　また、自宅の敷地内に水道を引き込むために新設する給水管を共有

給水管に接続しなければ水道水の供給を受けられない場合は、共有給水管の共有者に事前に通知することで新設する給水管を共有給水管に接続して使用することができます（民213の2①③）。この場合、共有給水管の共有者の一部の者が給水管の接続に反対していたとしてもその者の承諾を得る必要はありません。

3　給水管を設置する者が私道の共有者ではない場合

　前記1、2は、私道の共有者が私道下に給水管を設置する場合でしたが、共同所有型私道に隣接する土地の所有者が自宅の敷地内に公道下の配水管から水道を引き込むために当該私道下に給水管を新設する必要がある場合には、どのような対応が必要となるのでしょうか。

　まず、私道下に隣地所有者が給水管を設置することを認めるかどうかは、共有物である私道の管理に関する事項であると考えられますので、隣地所有者は、私道の共有者の一部から承諾を得られなくても、持分の価格の過半数を超える共有者から承諾を得ることができれば、私道下に給水管を新設するために必要な工事を実施することが可能です。

　また、民法では、土地の所有者は、他の土地に設備を設置し、又は他人が所有する設備を使用しなければ電気、ガス又は水道水の供給その他これらに類する継続的給付を受けることができないときは、継続的給付を受けるため必要な範囲内で、他の土地に設備を設置し、又は他人が所有する設備を使用することができると規定されていますので、隣地所有者が私道下に給水管を設置しなければ水道水の供給を受けることができないような場合は、私道の共有者に対し事前に通知することで給水管の設置工事を実施することが可能です（民213の2①③）。なお、私道の共有者の中に所在不明者がいる場合は、公示による意思表示によって、私道を使用する目的、場所及び方法を通知する必要があります（民98）。

126 　Q & A編　第2章　共有状態に起因する困難

〔34〕　私道の共有者に所在不明者がいても電柱等を新たに設
　　　　置できるか?

Q　　　　送配電事業者から共同所有型私道上に電柱を新たに設
　　　　置したいとの連絡がありました。共有者に所在不明者が
いる場合、当該共有者の同意を得ることなく送配電事業者と電柱
の設置に関する契約を締結することはできるのでしょうか。ま
た、共同所有型私道上にごみボックスを新たに設置する場合、所
在不明の共有者からも同意を得る必要はありますか。

A　　　　共同所有型私道の共有者が、送配電事業者との間で私
　　　　道上に電柱を設置することに関する契約を締結し、電柱
を設置することに同意する行為は「管理行為」であると考えられ
ますので、同意している共有者の持分の価格が過半数を超えてい
れば、所在不明者の同意を得る必要はありません。ごみボックス
を新たに設置する行為も「管理行為」に該当しますので、同意し
ている共有者の持分の価格が過半数を超えていれば、同じく所在
不明者の同意を得る必要はありません。

解　説

1　共同所有型私道における法律関係

　共同所有型私道は、私道全体を民法249条以下の適用を受ける共有
として共同所有している場合です。したがって、私道の利用、管理方
法等について共有者間にて取決めがなされていない場合、民法の定め
る共有に関するルール（民249以下）に基づいて利用、管理等がなされる
ことになります（詳細は、〔23〕をご参照ください。）。

Q&A編　第2章　共有状態に起因する困難　　127

2　共同所有型私道に電柱を新設する場合

（1）　電柱設置契約について

電柱を設置する主体は、電気事業法に基づく送配電事業者（一般送配電事業者、送電事業者、特定送配電事業者）です。送配電事業者が私有地上に新たに電柱を設置するに当たっては、土地所有者との間で電柱の設置に関する契約（以下、「電柱設置契約」といいます。）が締結され、当該所有者には土地利用の対価として電柱敷地料が支払われることが一般的です。なお、電柱設置契約の法的性質は、賃貸借契約であると考えられます。

（2）　電柱設置契約は管理行為

共同所有型私道については、前記のとおり、民法の定める共有に関するルール（民249以下）に基づいて利用、管理がなされます。そして、送配電事業者との間で電柱設置契約を締結し、新たに私道上に電柱を設置することに同意する行為は、一般的に、私道の機能、形状に変更を生じさせるものではありませんので「管理行為」（民252①）に該当すると考えられています。なお、私道上の一部について送配電事業者との間で電柱設置契約を締結することは、共有者による土地の使用を排除するものではないため、民法252条4項の賃借権等の設定に該当せず、契約期間を数十年と定めることも可能であると考えられています（共有私道の保存・管理等に関する事例研究会『所有者不明私道への対応ガイドライン〔第2版〕』128頁（金融財政事情研究会、2023））。

したがって、送配電事業者は、共同所有型私道の各共有者の持分の価格に従い、過半数の共有者から同意を得ることができれば、電柱設置契約を締結し、当該私道上に新たに電柱を設置することができます。

（3）　共有者に所在不明の者がいる場合

本設問では、共有者の中に所在不明者がいますが、前記のとおり、電柱設置契約を締結し、新たに私道上に電柱を設置する行為は、「管理

行為」（民252①）であると考えられますので、同意している共有者の持分の価格が過半数を超えていれば、当該所在不明者の同意は不要です。

一方で、所在不明である共有者の持分の価格次第では、過半数の同意を確保することが困難となる場合も想定されます。このような場合は、所在不明である共有者以外の共有者は、裁判所の裁判を得て、所在不明である共有者以外の共有者の持分の価格に従い、その過半数で決定することにより電柱設置契約を締結することができます（民252②一）（詳細は、〔24〕をご参照ください。）。

3　共同所有型私道上にごみボックスを新設する場合

一般的に、私道上に固定しない方法でごみボックスを設置する行為は、私道の機能、形状について変更を生じさせるものではありませんので、共有物の利用方法に関する事項として「管理行為」（民252①）に該当すると考えられます。

したがって、共同所有型私道の共有者は、共有者の持分の価格に従い、過半数の共有者の同意に基づき私道上にごみボックスを新たに設置することができます。また、共有者の中に所在不明者がいる場合においても、同意している共有者の持分の価格が過半数を超えていれば、当該所在不明者の同意は不要です。

なお、ごみボックスの設置場所によっては、一部の共有者の当該私道の利用を妨げることになる可能性があります。利用方法などをめぐってのトラブルを避けるためにも、事前に共有者間で設置位置、ごみボックスの形状、利用可能日時などについて協議を行い、ごみボックスに近接する共有者の生活環境にも十分に配慮することが望ましいと考えられます。

4 相互持合型私道に電柱を新設する場合

相互持合型私道は、私道全体が所有者の異なる複数筆の土地で構成され、私道を構成する各土地の所有者が異なる場合です（詳細については、〔22〕をご参照ください。）。したがって、本設問と異なり、新たに電柱を設置しようとする場所が相互持合型私道である場合、送配電事業者は設置場所の所有者と電柱設置契約を締結する必要があります。

電柱を設置しようとする場所の所有者が所在不明である場合は、①当該所有者について不在者財産管理人を選任し、同管理人から同意を得る方法（民25～28）、②当該所有者が所有する私道部分について、所有者不明土地管理人を選任し、同管理人から同意を得る方法（民264の2以下）などが考えられます。

130　Q＆A編　第2章　共有状態に起因する困難

〔35〕　私道の使用方法を共有者間で定められるか？

Ｑ　　共同所有型私道の使用方法を共有者間で定めることは
できますか。その要件、方法はどのようなものですか。
　共有者のうち1名が変更となった場合、共有者間で定めた使用
方法に関する取決めが新たな共有者にも及びますか。

Ａ　　共同所有型私道については、民法に定める共有に関す
るルールが適用されます。具体的な使用方法を決定する
ことは「管理行為」に該当すると考えられますので、共有者の持
分の価格に従い、過半数の共有者の同意により決定することがで
きますが、共有者間でトラブルとなることを避けるため、共有者
間で協議をした上で決定することが望ましいと考えられます。な
お、一旦決定した使用方法は、過半数の共有者の同意により変更
することが可能です。
　また、共有者のうち1名が変更となった場合、共有者間で定め
た使用方法に関する取決めについては、民法254条に基づき新た
な共有者にも及びます。

解　説

1　使用方法の決定
（1）　共有者の持分価格の過半数の合意
　共同所有型私道は、私道全体を民法249条以下の適用を受ける共有
として共同所有している場合ですので、共有者間で利用・管理方法の
決定方法などについて別段の取決めがなされている場合を除き、民法
の定めるルールに基づいて使用、変更、管理等がなされることになり

ます（詳細については、[23]をご参照ください。）。

　共同所有型私道の共有者は、各自の持分に応じて私道全体について通行のために使用することができますが（民249①）、具体的な使用方法の決定については、一般的に「管理行為」（民252①）に該当すると考えられますので、各共有者は単独では決定できず、共有者の持分の価格に従い、過半数の共有者の同意により決定する必要があります。例えば、ごみボックスや自動販売機を私道上に設置する場合、過半数の共有者が同意していることが必要です。

（2）　共有者間の協議の要否

　共有者の持分の価格に従い、過半数の共有者間で同意が成立していれば、共有者間で協議をしていなくても、過半数の共有者だけで具体的な使用方法を有効に決定することができるのでしょうか。

　この問題については、学説上は協議必要説と協議不要説があり、明確に判示した裁判例もありません。民法改正の審議過程においても議論がなされていましたが、引き続き解釈に委ねられています（法制審議会民法・不動産登記法部会資料51・8頁）。

　この点、明文上は共有者間の協議が必要とされているわけではありませんが（民252①）、使用方法の内容次第では、一部の共有者の私道としての使用に支障が生じる可能性もありますので、前記いずれの立場をとるにせよ、実務的にはできる限り共有者間で協議をした上で具体的な使用方法を決定することが望ましいと考えられます。

2　使用方法の変更

　共有者の持分の価格に従い、過半数の共有者の同意により共同所有型私道の使用方法を決定した場合、過半数の共有持分権者が同意すれば、共有者全員が同意していなくても、一旦決定した使用方法を変更して新たな使用方法を決定することができるのでしょうか。

この点につき、改正前民法下の裁判例（仙台高判昭42・2・20判時482・52）には、「共有者間において一旦共有物の管理利用に関する合意が成立し、共有物の一部を共有者の一人だけに専用して使用させることが定められた場合…その持分の価格が過半数であるからと言って一方的にこれを変更したり否認することは出来ない」と判示したものがあり、解釈論上も一旦決定した使用方法を変更するには共有者全員の同意を必要とするとの考え方が有力でしたが、改正民法252条1項後段により、共有者全員の同意がなくとも、各共有者の持分の価格に従い、過半数の共有者の同意があれば、一旦決定した使用方法を変更できることが明らかになりました。

ただし、使用方法の変更が、共有者間の決定に基づいて共有物を使用する共有者に「特別の影響」を及ぼすときには、使用方法を変更するに当たり、当該共有者の承諾を得る必要があるとされています（民252③）。どのような場合に「特別の影響」があるとされるかについては、対象となる共有物の性質及び種類に応じて、共有物の管理に関する事項の定めを変更する必要性・合理性と共有物を使用する共有者に生ずる不利益を踏まえて、具体的な事案ごとに判断するとされています（法制審議会民法・不動産登記法部会資料40・3頁）。

3 共有者のうち1名が変更となった場合

私道の使用方法を決定した後、共有者のうち1名が変更となった場合、共有者間で定めた使用方法に関する取決めが新たな共有者にも及ぶのでしょうか。共有者のうち1名から共有持分を譲り受けた者にとって、必ずしも従前の共有者間での取決めの内容は明らかではないことから問題となります。

この点について、大審院大正8年12月11日判決（民録25・2274）が「共有物分割または共有物管理に関する特約等すべて共有と相分離できな

い共有者間の権利関係を当然承継する」と判示しており、東京高裁昭和57年11月17日判決（判タ492・65）が「共有者間の共有物に関する使用収益、管理又は費用の分担についての定めは、その共有者の特定承継人に対しても当然承継されるものと解すべきものである。」と判示しています。

また、前記2の裁判例（仙台高判昭42・2・20判時482・52）においても、「共有持分の譲受人は共有物の管理使用に関する特約上の権利義務をも当然に承継し」と判示されています。

これらの裁判例によれば、民法254条の「債権」には、共有物の管理費用の償還請求のほか、共有者間で取り決められた共有物の使用、管理及び分割に関する合意も含まれていると考えられますので、共同所有型私道の共有者の1名から共有持分を譲り受けた者にも、従前の共有者間での私道の使用方法に関する取決めの効力が及ぶことになります。

134 Q&A編 第2章 共有状態に起因する困難

〔36〕 マンション敷地内にある通路の通行を制限できるか？

Q マンション敷地内にある通路を近道として自動車で通行する人が後を絶ちません。自動車の通行を制限することはできますか。自転車で通行する場合はどうですか。

A マンション敷地内にある通路が、①位置指定道路、②公開空地、③単なる私道のいずれであるかにより、マンション所有者以外の第三者の通行を制限できる場合が異なります。

　①位置指定道路及び②公開空地については、第三者の通行が前提となっていますので、第三者の通行を一切制限することはできませんが、具体的な状況次第では自動車や自転車での通行の制限が認められる場合もあります。③単なる私道については、原則として第三者の通行を制限することは可能であり、歩行者の通行のみ認めることも可能です。

解　説

1　マンション敷地内にある通路の法的性質

（1）　位置指定道路

　マンション敷地内の通路が建築基準法42条1項5号の位置指定道路に指定されている場合があります（詳細は〔50〕をご参照ください。）。位置指定道路とは、隣接地を建物の敷地として利用するために道路として特定行政庁より指定を受けた私有地のことであり、その反射的利益として所有者以外の第三者も通行することが認められます。

（2）　公開空地

建築基準法59条の2に基づく総合設計制度（敷地内に広い空地を有する建築物の容積率等の特例）では、マンション敷地内に日常一般に公開する一定の空地を有するなどの基準に適合して特定行政庁の建築許可を受けることにより、容積率や建物の高さに係る規制の緩和を受けることができます。この空地のことを公開空地といいます。

マンション敷地内にある通路が公開空地に該当する場合、マンション所有者以外の第三者も当該通路を通行することができます。

（3）　単なる私道

マンション敷地内にある通路が位置指定道路又は公開空地に該当しない単なる私道である場合、当該私道の所有者以外の第三者は、法的な通行権を有しておらず、当該私道の所有者の好意により通行を認められているにすぎないことが一般的です。

2　マンション敷地内の通路の管理方法

分譲マンションなどの区分所有建物については、区分所有者によって建物並びにその敷地及び付属施設の管理を行うために構成される団体である管理組合が存在します（区分所有3）。

マンション敷地内の通路についても、管理組合が管理組合の規約に基づき管理しており、マンション所有者以外の第三者による通行等を制限する場合においても、管理組合又は管理組合から委託を受けた管理会社等がこれに対応することが一般的です。

なお、マンション標準管理規約（単棟型）21条3項は、敷地及び共用部分等の保存行為について、各区分所有者が行うことを原則禁止としていることから、各区分所有者が独自に立て看板などを設置して、マンション所有者以外の第三者による通行等を制限することはできません。

3　本設問について

（1）　位置指定道路の場合

　前記のとおり、マンション敷地内の通路が位置指定道路に指定されている場合、第三者はその反射的利益として通行が認められているにすぎません。では、管理組合は、第三者が自動車や自転車で通行することを自由に制限することはできるのでしょうか。

　この点に関して、最高裁平成9年12月18日判決（判時1625・41）は、位置指定道路の指定を受けた敷地の所有者が、近隣の団地住民の自動車による通行を妨害した事案において、「建築基準法42条1項5号の規定による位置の指定（以下「道路位置指定」という。）を受け現実に開設されている道路を通行することについて日常生活上不可欠の利益を有する者は、右道路の通行をその敷地の所有者によって妨害され、又は妨害されるおそれがあるときは、敷地所有者が右通行を受忍することによって通行者の通行利益を上回る著しい損害を被るなどの特段の事情のない限り、敷地所有者に対して右妨害行為の排除及び将来の妨害行為の禁止を求める権利（人格権的権利）を有するものというべきである。」と判示しています。

　同判例は、さらに「生活の本拠と外部との交通は人間の基本的生活利益に属するものであって、これが阻害された場合の不利益には甚だしいものがあるから、外部との交通についての代替手段を欠くなどの理由により日常生活上不可欠なものとなった通行に関する利益は私法上も保護に値するというべきであり、他方、道路位置指定に伴い建築基準法上の建築制限などの規制を受けるに至った道路敷地所有者は、少なくとも道路の通行について日常生活上不可欠の利益を有する者がいる場合においては、右の通行利益を上回る著しい損害を被るなどの特段の事情のない限り、右の者の通行を禁止ないし制限することについて保護に値する正当な利益を有するとはいえず、私法上の通行受忍

義務を負うこととなってもやむを得ない」と判示しています。

このように、最高裁判例においても、当該私道の使用状況や第三者が当該私道を利用する必要性といった具体的な状況次第では、当該私道を通行する第三者について、反射的利益を超えて私法上保護される法的な利益が認められる場合があることが示されています。

したがって、本設問についても、マンション敷地内にある通路の客観的な状況や通行を制限することによって第三者に生じる不利益と通行を制限することによって保護される利益を比較衡量して、自動車や自転車の通行を制限できる場合であるかを検討する必要があります。ただし、位置指定道路は、幅員が4m以上であることが通常ですので、自転車の通行を制限することは一般的には難しいと考えられます。

（2）　公開空地の場合

公開空地の形状については、歩道状空地、貫通通路などがあります。東京都総合設計許可要綱（令和6年4月東京都都市整備局）では、歩道状空地については、「前面道路に沿って設ける歩行者用の空地及び当該空地に沿って設ける修景施設（当該空地に接する部分から幅4m未満の部分に限る。）」と定義されており、貫通通路については、「敷地内の屋外空間及び計画建築物内を動線上自然に通り抜け、かつ、道路、公園その他これらに類する公共施設（以下「道路等の公共施設」という。）相互間を有効に連絡する歩行者用通路（当該通路に沿って設ける修景施設のうち、その接する部分から幅員4m未満の部分を含む。）」と定義されています。

本設問において、マンション敷地内にある通路が歩道状空地である場合、主にマンション居住者が利用する歩行者用の空地ですので、管理組合は、第三者が自動車や自転車で通行することを制限することができます。一方で、貫通通路である場合、マンション居住者以外も通り抜けのために利用できる空地ですので、第三者が歩行により通行す

ることを制限することはできません。自動車や自転車による通行については、自動車又は自転車による通行を前提として公開が義務付けられている場合には、通行の制限が認められない可能性があります。

（3）　単なる私道の場合

マンション敷地内の通路が位置指定道路や公開空地ではない単なる私道である場合、一般的にはマンション所有者以外の第三者は好意により通行を認められているにすぎません。管理組合又は各共有者は、マンション居住者以外の通行を禁止することができます。第三者については、歩行による通行だけを認め、自動車や自転車による通行を制限することも可能です。

Q & A編　第2章　共有状態に起因する困難　　139

〔37〕　相互持合型私道の土地の一部が譲渡された場合の通行
　　　権は？

Q　　　私の家から公道に出入りするためには、私道付近の宅
　　　地を所有する人々が土地の一部を出し合って開設した私
道を通行する必要があります。この度、この私道を構成する土地
の所有者のうち1名が私道部分の土地を第三者に売却したとのこ
とです。今後も今までと同じように私道を自由に通行することは
できるのでしょうか。

A　　　一般的に相互持合型私道における通行権の性質は、通
　　　行地役権であると考えられています。そのため、物権変
動における対抗要件である登記がなければ第三者である譲受人に
通行地役権を対抗できないのが原則ですが、当該私道について①
継続的に通路として使用されていることがその位置、形状、構造
等の物理的状況から客観的に明らかであり、かつ、②第三者であ
る譲受人が①を認識していたか又は認識することが可能であった
といえる場合には、私道部分の各所有者は、第三者である譲受人
に通行地役権を対抗することができ、今までと同じように私道を
自由に通行することができます。

> 解　説

1　相互持合型私道における通行権

　相互持合型私道は、私道全体が所有者の異なる複数筆の土地で構成
され、私道を構成する各土地の所有者が異なる場合であり、私道を構
成する各土地の所有者は、明示又は黙示に、互いに自己が所有する土

地を要役地、他の者が所有する土地を承役地として、私道全体を通行のために使用できる通行地役権（民280本文）を設定していると考えられています（詳細については、〔22〕、〔30〕をご参照ください。）。

2　第三者に対する対抗要件の要否

　前記のとおり、相互持合型私道の通行権の性質は、物権である通行地役権であり、所有権とは別に他人が所有する土地に成立する用益物権です。したがって、不動産に関する物権変動の対抗要件である登記がなければ第三者に対抗できないのが原則です（民177）。

　よって、相互持合型私道についても、通行地役権の登記がなされていない場合、第三者に通行地役権を対抗できないことになります。

3　未登記の通行地役権の対抗力

　しかしながら、相互持合型私道については、黙示に通行地役権の設定行為が認められる場合も多く、このような場合においては、通行地役権の登記もなされていないことが通常です。では、私道が通路として整備されており、客観的にも何らかの通行権が存在し、通路として継続的に使用されていることが容易に認識できるような場合においても、原則どおり、譲渡人以外の私道の共有者らは、登記がない限り第三者に通行地役権を対抗することができないのでしょうか。

　この点について、最高裁平成10年2月13日判決（判時1633・74）は、「通行地役権（通行を目的とする地役権）の承役地が譲渡された場合において、譲渡の時に、右承役地が要役地の所有者によって継続的に通路として使用されていることがその位置、形状、構造等の物理的状況から客観的に明らかであり、かつ、譲受人がそのことを認識していたか又は認識することが可能であったときは、譲受人は、通行地役権が設定されていることを知らなかったとしても、特段の事情がない限

り、地役権設定登記の欠缺を主張するについて正当な利益を有する第三者に当たらないと解するのが相当である。」と判示し、未登記の通行地役権が第三者に対抗できる場合があることを認めています。

4 本設問について

本設問において、アスファルトで舗装されているなど、当該私道が継続的に通路として使用されていることが客観的に明らかである場合、譲受人である第三者も当該私道が継続的に通路として使用されていることを認識していたか、少なくとも認識することが可能であったと考えられます。したがって、このような場合、譲渡人以外の私道の共有者らは、第三者である譲受人に対し通行地役権を対抗することができますので、今後も私道を自由に通行することができます。

142 　Q&A編　第2章　共有状態に起因する困難

〔38〕 登記簿上単独名義になっている共同所有型私道が第三者に譲渡されたら？

Ｑ　　　沿道の宅地の所有者が共有している共同所有型私道について、登記簿上は共有者のうち1名の単独名義としていた場合、登記名義人から当該私道を譲り受けた第三者に対して、当該私道の他の共有者は、どのような主張ができますか。

Ａ　　　私道の登記名義人から共有持分を譲り受けた者が、共有持分の移転登記をしておらず、登記簿上は登記名義人の単独名義のままであった場合、登記名義人から当該私道を譲り受けた第三者とは、対抗関係となりますので、共有持分について未登記の共有者は、自らの共有持分を第三者に対抗できなくなるのが原則です。

　しかしながら、私道が継続的に通路として使用されていることが客観的に明らかである場合については、共有持分に基づく私道の利用を第三者に対抗できると主張することが考えられます。また、私道が第三者に譲渡されることにより共有持分権が通行地役権に転化し、以後、通行地役権の行使として私道を自由に通行できることになると主張することも考えられます。

　なお、私道を前所有者から複数名で購入したが、登記簿上は共有者のうち1名の単独名義としていたことにより、登記簿上は共有者のうち1名の単独名義となっていた場合、登記名義人は自らの持分権しか処分できないことから、他の共有者は、引き続き共有持分に基づき私道を通行できると考えられます。

| Q&A編 | 第2章　共有状態に起因する困難 | 143 |

解　説

1　対抗関係の原則

　不動産に関する物権変動については、登記をしなければ第三者に対抗できないのが原則です（民177）。

　私道の登記名義人から共有持分を譲り受けた者が、何らかの理由により共有持分について移転登記をしておらず、登記簿上は単独名義のままであった場合、その後、登記名義人から私道全体を譲り受けた第三者と共有持分の譲受人は、対抗関係となります。

　したがって、物権変動に関する原則からすれば、自らの共有持分につき未登記である共有者は、持分権を第三者に対抗できないことになり、私道を自由に通行することができなくなると考えられます。

2　未登記の通行地役権との類似性

　しかしながら、私道が通路として整備されており、私道に何らかの通行権が存在し、通路として継続的に使用されていることが客観的に容易に認識できるような場合、共有持分につき未登記の譲受人は、登記名義人から私道全体を譲り受けた第三者に対抗できない結果、その後、私道を通行できなくなるとの結論には疑問もあります。

　私道全体が所有者の異なる複数筆の土地で構成される相互持合型私道については、明示又は黙示に通行地役権（民280本文）が設定されていると考えられていますが、通行地役権については、未登記であっても、私道が通路として整備されており、客観的にも何らかの通行権が存在し、道路として継続的に使用されていることが容易に認識できるような場合、未登記であっても通行地役権を第三者に対抗できることが認められています（最判平10・2・13判時1633・74）（詳細について〔37〕をご参照ください。）。

前記判例では、「継続的に通路として使用されていることがその位置、形状、構造等の物理的状況から客観的に明らかであり、かつ、譲受人がそのことを認識していたか又は認識することが可能であったときは、譲受人は、通行地役権が設定されていることを知らなかったとしても、特段の事情がない限り、地役権設定登記の欠缺を主張するについて正当な利益を有する第三者に当たらないと解するのが相当である。」と判示されていますが、共同所有型私道の場合においても、私道が継続的に通路として使用されていることが客観的に明らかである場合について、第三者は、当該私道について何らかの通行権が付着する土地であることを認識して購入していると考えられます。

そこで、共同所有型私道についても、当該私道が継続的に通路として使用されていることが客観的に明らかである場合、共有持分につき未登記の共有者は、登記名義人から当該私道を譲り受けた第三者に対し共有持分を対抗できると主張することも考えられます（岡本詔治『私道通行権入門』124頁（信山社、1995））。

3 通行地役権への転化の可能性

さらに、裁判例の中には、共有物の分割により共有関係が解消されるに至った事案について、共有者間において私道部分を互いに通路として使用する合意があった旨認定し、「共有者の合意は、将来本件土地が分割される場合には、沿接所有地のために互いに利用を必要とする限度で、各自に分割帰属する部分につきいわば潜在的に通行地役権を設定する趣旨をも含んでいたものと認めるのが相当である。」、「共有者の合意により、分割時には各自の沿接所有地のために通行地役権が発生するとされていたものと認められる。この通行地役権は、本件土地の共有関係が継続している間はいわば潜在化しており、分割により共有関係が解消することによって顕在化するに至る」と判示したもの

があります（東京高判平4・12・10判時1450・81）。

　前記裁判例の理論を参考にすると、本設問のように、登記簿上は共有者のうち1名の単独名義であった場合、共有者間では潜在的に通行地役権が設定されており、当該私道が第三者に譲渡されることにより共有状態が解消されると、共有持分権は潜在的に設定されていた通行地役権に転化し、以後、通行地役権の行使として私道を自由に通行できると主張することも考えられます。

4　私道を複数名で購入していた場合

　私道を前所有者から複数名で購入したところ、何らかの理由で登記簿上は共有者のうち1名の単独名義としていた場合、登記簿上は共有者のうち1名の単独名義となっていたとしても、当該登記名義人から当該私道を譲り受けた第三者は、当該登記名義人の共有持分権しか有効に譲り受けることができません。

　したがって、他の共有者の共有持分は第三者には有効に移転せず、他の共有者と第三者は対抗関係にはなりませんので、その後、第三者が所有権移転登記を備えたとしても、未登記である他の共有者の共有持分権に基づく私道の通行は妨げられません（最判昭43・4・4判時521・47）。

第3章　相続等に起因する困難

〔39〕　相続した土地と私道の権利関係の調査方法は？

Q　相続した土地が公道に接続するための私道の権利関係についての調査はどのようにすればよいでしょうか。

A　まずは位置関係の確認から当該私道の登記の確認をしてみます。債権的通行権の場合には契約書や地代の支払等の資料がないかを確認します。建築基準法上の私道の場合には、特定行政庁において閲覧するという方法も考えられるところです。

解　説

1　位置関係の確認

まずは、相続した土地について、私道を含めた位置関係を把握する必要があります。

具体的には、現地の私道の状況を確認するとともに、私道に該当する土地について公図を調査し、該当する地番を確認後、当該地番の登記を確認することになります。

2　当該私道の登記の確認

（1）　登記の確認と名寄帳の取得

登記上、被相続人の単独所有や共有、通行地役権が設定登記されていればそれが一番分かりやすいでしょう。単独所有であればもちろんのこと、共有持分を有する者もその持分権に基づいて私道を通行でき

Q&A編　第3章　相続等に起因する困難　147

ます（民249）。

　登記を調査する前提として、どの土地を相続したかを把握している
必要があります。本設問では、「相続した土地」とあるので、土地の存
在を把握していると思われます。もっとも、土地に隣接する私道など
の狭い土地については、建物の敷地たる土地とは別の地番であること
も通常であり、相続人の認識から漏れている可能性も否定できません。

　そこで、このような漏れを防ぐために、被相続人の名寄帳を自治体
から取得して確認しておくとよいでしょう。名寄帳の取得自体は、相
続人であることを戸籍等で示すことができれば容易に取得することが
できます。

（2）　通行地役権

　また、通行地役権が登記されていれば、通行が可能であることが判
明します。

　なお、地役権の設定・移転等は登記をしなければ第三者に対して対
抗できませんが（民177）、通行地役権について、「承役地が譲渡された
場合において、譲渡の時に、右承役地が要役地の所有者によって継続
的に通路として使用されていることがその位置、形状、構造等の物理
的状況から客観的に明らかであり、かつ、譲受人がそのことを認識し
ていたか又は認識することが可能であったときは、譲受人は、通行地
役権が設定されていることを知らなかったとしても、特段の事情がな
い限り、地役権設定登記の欠缺を主張するについて正当な利益を有す
る第三者に当たらない」と解されています（最判平10・2・13民集52・1・
65）。これに対し、要役地の所有権が移転するときは、要役地のために
設定された地役権は当然に要役地の譲受人に移転し、要役地の譲受人
は、要役地の所有権の移転を承役地所有者に対抗できる場合には、地
役権の随伴性ゆえに、地役権の移転については登記なくして承役地所
有者に対抗することができます（大判大13・3・17民集3・169）。

（3） 囲繞地通行権

さらに、登記及び公図を確認して、相続した土地が分筆や分割により袋地ないしは準袋地となっているような場合には、囲繞地通行権が生じている可能性があります。

（4） 公衆用道路

なお、登記を確認すると地目として公衆用道路となっている場合があります。確かに、道路として明確にする目的で公衆用道路という地目で登記することは可能です。

しかし、私道として使用する場合に必ず地目を公衆用道路としなければならないものではなく、反対に、地目が公衆用道路とあっても通行権が成立するか否かとは直接関係がないことにも注意が必要です。

3　契約書や合意書、その他資料の確認

登記上判明しない場合には、他人所有の土地について登記がされていない通行地役権や土地賃貸借契約ないし使用貸借契約による債権的通行権が生じている可能性があります。

この場合、私道使用に関する契約書や合意書を被相続人が保管していないか確認をしてみることが考えられます。また、賃貸借契約であれば地代の支払をしている可能性もあるため、通帳や領収書が存在しないかを確認することも考えられるでしょう。

さらに道路として開設されているような場合には、当該道路開設について被相続人が費用負担等を行っている可能性もあり、開設に係る費用の支払や工事に関する資料等があれば、通行地役権や使用契約の存在を裏付ける資料になり得るでしょう。

4　建築基準法に関する調査

建築基準法上、位置指定道路や2項道路とされている私道もありま

す。このような場合には、あくまで建築基準法上要請されている、交通を確保し防災活動や災害避難に備えるため一定の道路が確保されていなければならないという公益的目的を達成するために、私道所有者に課せられた公法上の義務の反射的利益としての通行となります。

したがって、実体法上の囲繞地通行権や通行地役権などの権利が生じているわけではないので、それは事実上の通行となります。

もっとも、そのような場合であっても、通行に関して妨害排除等が可能な場合はあります。

建築基準法上の私道に関する調査の方法としては、原則として、特定行政庁において閲覧することができます。

閲覧の対象となる書類は、①建築計画概要書、②築造計画概要書、③定期調査報告概要書、④定期検査報告概要書、⑤処分等概要書、⑥全体計画概要書、⑦指定道路図、⑧指定道路調書になります（建基93の2、建基則11の3）。

なお、指定道路図及び指定道路調書は、電子ファイルによる記録を行い、インターネットによる公開を行うことが望ましい、とされており、自治体によってはWeb閲覧システムなどが整備され、インターネット上で閲覧できる場合がありますので、確認してみましょう。

5　その他のケース

上記のいずれにも該当しない場合や調査しても判明しない場合には、好意通行にすぎない場合や慣習上通行していたということも考えられるところです。

150　　Q & A編　第3章　相続等に起因する困難

〔40〕　私道所有者の相続人はどう調査するのか？

Q　　現在利用している私道の所有者が亡くなったという話を聞きました。相続人の調査はどのようにすればよいでしょうか。

A　　当該私道の登記が判明していれば、登記簿上の住所から住民票、戸籍の順で確認していくことになるでしょう。登記が判明していない場合には、公図等から登記を確認していくこととなります。このほか、近隣住民に確認するという方法も考えられるところです。

解　説

1　私道の所有者の死亡による影響

前提として私道の所有者が死亡したことでどういう影響があるでしょうか。

通常、所有者の死亡だけでは、通行権に影響がない場合が多いと思われます。私道の法律関係自体は、法定通行権の場合は相続に関係がなく、約定通行権（通行地役権）や債権的通行権は、相続により相続人に引き継がれるからです（〔43〕参照）。

ただし、関係する私道の現在の所有者を把握しておきたいという要望はあり得ますし、利用料の支払をしていた場合などで、死亡により支払先の口座が解約されてしまったケースや、私道の利用を妨害する第三者がおり、私道の所有者を通じて、対応してもらいたいというケース、私道自体の買取りを希望するケースなどでは私道の現所有者を把握しておく必要があります。

なお、相続人からの接触がある場合には、同人に相続関係が分かる資料を提出してもらえばよいでしょう。

2 私道の登記が分かる場合

該当する私道の登記が分かれば、当時の所有者の住民票が分かります。同一の土地に住居も存在していれば、当該地番に該当する住所が住民票上の住所である可能性が高いでしょう。

他方、道路の形状の私道であれば、同住所に居住していないことは明らかです。

住所調査の結果、現に住民票が存在していれば、そこから本籍をたどることができます。そして、戸籍の調査から、本当に私道所有者が死亡しているのか、相続関係はどのようなものなのか調査することになります。

なお、登記簿上の住所を変更しないことは多くあります。住民票上の住所から転居して、長期間経っていれば、住民票の除票さえも保管期間経過で滅失している可能性があります。このような場合に、住民票上の住所を本籍に読み替えて調査して該当するケースもありますが必ずしも該当するケースは多くないでしょう。

この点について、令和3年の不動産登記法の改正により、令和8年4月1日から、住所等の変更登記の申請が義務化されます。これによれば、不動産の所有者は、住所や氏名に変更があった日から2年以内にその変更の登記を申請しなければならないとされます（例：令和8年4月1日より前の変更についても、変更の登記をしていない場合には令和10年3月31日までに変更の登記を申請しなければならないことになります。）。

これにより、登記簿上の住所と所有者の住所が一致しないという事態は今後解消されていくことになります。

3 私道の登記が分からない場合

〔39〕でも述べていますが、まずは公図などから調査をしていくこととなります。実際、登記が分からなくとも、該当する私道の位置は通常の場合はおおむね見当がつくことが多いでしょう。

その付近の公図を取得することで、私道と思われる場所周辺の地番が判明します。

その周辺の地番から登記を確認し、地目やその形状、面積などから私道であるかどうかを判別するとともに、当事者に登記を確認してもらい、所有者であるかどうか氏名等に見覚えがあるかどうかなども確認しておくことが考えられます。

このほか、事実上、近隣住民への聞き込みという方法も考えられるところでしょう。

Q&A編　第3章　相続等に起因する困難　　153

〔41〕　私道を含む土地売買の際の境界確認の注意点は？

Q　相続した土地の売却を検討していますが、その土地には私道が含まれています。こういった土地を売買する際には境界確認に注意する必要があると聞きましたが、どういったことを行えばよいでしょうか。

A　原則として、隣地との筆界と所有権の境の両方の確認をすることになります。私道については幅員が確保されているか、私道が建築基準法の位置指定道路の場合は、位置指定道路図面を確認し、建築基準法上の道路に接道しており建築に支障がないか確認することが必要になります。

解　説

1　境界の明示の対象

　土地の売買契約においては土地の売主は買主に対し、売買の対象土地の所有権移転と引渡義務を負いますので、原則として土地の境界の明示義務が課されます。ただし、売主と買主双方で境界の明示をしない合意をすれば、境界の明示義務は免除されます。

　土地の売買の際に問題となる「境界」の意義は売買の対象が地番で特定されることから筆界と解されます。また売買対象土地の使用収益の範囲を明示する必要があるので所有権界をも指すといえ、筆界と所有権の双方を明示する義務があります。

　ここで筆界とは不動産登記法123条1号で「〔前略〕当該一筆の土地が登記された時にその境を構成するものとされた二以上の点及びこれらを結ぶ直線」と定義されています。「登記された時」とは当該筆界が形成された明治期の地租改正の原始筆界や区画整理、分筆登記等によ

り形成された創設的筆界が生じた時をいいます。

　所有権界とは、所有権の及ぶ範囲としての境であり、私法上の境界であり、不動産登記法132条1項5号において筆界と明確に区別される概念です。

　明治期の地租改正で形成された原始筆界は所有権界でもあるため、原則として筆界と所有権界は一致することから、通常境界の明示の対象が筆界なのか所有権界なのかは問題にはなりません。しかし、土地の一部を登記を経ないで譲渡した場合や、土地の全部又は一部を時効取得した場合は筆界と所有権界が異なるものとして問題となります。

　東京地裁平成21年3月24日判決（平20（ワ）25883・平20（ワ）26335）は当該売買契約における境界の明示について、筆界及びこれと一致するはずの所有権界をも併せて示すものと判示しています。

　また令和5年6月23日財理1830号改正による「旧法定外公共物に関する境界確定事務等取扱要領」（平16・11・1財理3936）においてその「境界確定」については、筆界を確認するとともに所有権の範囲（所有権界）を確定することをいうものとされています。

2　境界の明示の方法

　売買契約に伴う境界の明示の方法は、契約目的や費用負担等により、取引実務では複数の方法が選択されます。境界の明示義務は宅地建物取引業法等での明示の規定はなく、任意規定のため、買主が合意すれば、売買契約の特約で境界の明示を不要とすることも可能です。ただし、宅地建物取引業者が加入する不動産流通業界の各団体（公益社団法人全国宅地建物取引業協会連合会、公益社団法人全日本不動産協会等）が定める不動産売買契約書の標準約款には境界の明示が規定されており、不動産取引実務において境界の明示は重要とされています。

　境界の明示の方法には、現況測量と確定測量という用語が一般に使用されます。もっとも、現況測量といっても、現地にある境界標やブ

Q＆A編 第3章 相続等に起因する困難 155

ロック塀の位置を測量して平面図を作成し、おおよその土地の面積を調査するだけのことをいい、境界標が正しい位置にあるかどうかは調査しない場合もありますし、後述する確定測量と同様に法務局に備え付けられた地図等の各種資料と現地の境界標とを対照し、本来の境界点の位置を調査するものの、ただ隣地所有者との境界立会いを行わないだけのものを指す場合もあります。そのため、現況測量を依頼する場合は、どのような目的で行うのか、また境界標がない場合の境界標の復元の要否や法務局の地図等の各種資料と対照した上での境界線の調査も含むのかといった依頼内容を測量士や土地家屋調査士と事前に協議しておく必要があります。

　これに対して確定測量とは、道路境界も含めた隣接地との境界全てに立会いを行い、境界の確認を経た測量であり、確定測量図が作成されるものです。そして、この確定測量図の地積と登記簿の地積が相違する場合には確定測量図のとおりに地積更正登記の申請が可能なものをいいます。確定測量はあくまで民民境界と官民境界を当事者が確認したものであって、法務局に地積測量図が備え付けられたものではありません。当事者の筆界の認識が法務局と相違している場合もありますので、現地と法務局の地図等の形状、辺長又は地積が大きく相違している場合は、地積更正登記が可能かどうか土地家屋調査士から法務局に事前照会して確認しておくか、実際に売主側で地積更正登記をしておくことが望ましいと考えられます。

　なお、確定測量の結果の地積が登記簿地積と完全に一致している場合（宅地と鉱泉地以外で10㎡を超える土地は1㎡未満を切り捨て、その他の地積の土地は0.01㎡まで登記されます（不登則100）。）は、地積更正登記をすることはできません。

　その場合にはあえて分筆登記申請をすることにより、登記官による筆界認定がされることが期待できます。

　また前述したように筆界と所有権界とは原則として一致することか

ら、境界の明示の方法としては筆界の確認をすることになります。具体的には法務局等に備えられている地図等の各種資料と現地の境界標とを対照し筆界の位置を確認するのが原則的な測量の方法です。筆界が形成された当時の地図等の図面やその後作成された地積測量図等や隣接地の測量図等と測量成果を比較検討し、現地の境界標が地図等の位置と比較して誤差範囲（不登則10④）に位置しているかどうかで現地の境界標を境界点とすべきか、境界標の位置を修正するべきかどうかの協議をすることになります。

現地に境界標がない場合も同様の方法により隣接地所有者との立会いを行い、境界標を現地に復元することになります。

所有権の範囲の明示については、占有界に注目することになります。なぜなら、民法188条により占有界があれば適法な所有権が推定されるため、境界線上のブロック塀や柵等の囲障（民225以下）の設置による占有状況を確認することで所有権界を推認することができるからです。その際に所有者の所有権の範囲の認識を確認し、越境の有無の確認もすることになります。以前に囲障を設置した場合は一般的に境界線の中心に設置していることが多く（民225参照）、近時は境界線の内側に囲障を設置することが多いため、2枚ブロック塀が境界線に沿って並んでいる場合が多いです。この境界線の中心に囲障が設置されている場合であっても、民法225条1項が共同の費用で境界に囲障を設置することができると規定していること、境界線上の囲障等は共有と推定され、共有物分割の対象とならないこと（民257）から原則として越境とは評価しません。

測量や境界の立会いについては詳しくは土地家屋調査士にご相談ください。

3 私道の境界の明示の対象

私道に接する土地（以下、「対象土地」といいます。）と共に私道持

Q&A編　第3章　相続等に起因する困難　　157

分又は私道土地をも売買する場合、私道自体の境界の明示が必要でしょうか。

　建物の賃借を除く不動産取引に際して、宅地建物取引業者は、私道に関する負担に関する事項の説明をしなければならないとされています（宅建業35①三）。私道は多義を含む概念ですが、ここでは私道の典型例である建築基準法42条1項5号の位置指定道路のケースを検討します。

　建築基準法上の道路には建築物の建築をすることができず、私道は一般に道路位置指定（建基42①五）がされているため、その指定の範囲の確認をする必要があります。そして位置指定道路は通常その道路の延長と幅員、隅切りの長さが定められており、図面と現地が一致しているかどうかの確認が必要です。位置指定道路の幅員の確保がされていなければ道路後退（セットバック）が必要になり、隅切りが確保されていないと建築確認の際に支障となる場合があります。

　そのため、対象土地と私道との境界の確認の際には、私道の幅員を確認し、対象土地について建築物の建築できる範囲を確定するため私道について道路後退（セットバック）の要否を確認する必要があります。

　これに対して、対象土地と接しない箇所の私道全体の境界の確認まで必要かというと、私道自体を市区町村に寄付採納するなど特別の事情がない限りその必要はありません。対象土地についての道路後退の要否とは関わらないからです。

　対象土地と私道との境界について、私道共有者の一部が所在不明の場合についてはCase 8をご参照ください。

＜関連するケース＞
　Case 8

〔42〕 相続による共有と地役権の取扱いは？

 共同相続した土地（要役地）に通行地役権がついていた場合に、相続人のうち1名が権利放棄の話をしたそうです。
① この放棄については効力を有するでしょうか。
② 要役地について共有の場合に地役権の時効取得を主張する際に単独所有の場合と何か違いがあるでしょうか。

A ①については、効力を有しません。
②については、時効取得の主張に関しては共有者の1名でも時効取得の要件を満たしていればよいという点が単独所有と異なります。

解説

1 ①について

土地の共有者の一人は、その持分につき、その土地のために又はその土地について存する地役権を消滅させることができないとされています（民282①）。

そのため、土地の共有者である相続人のうちの1名が、その土地についている地役権について権利放棄をしただけで、他の相続人が放棄をしていないのであれば、当該相続人が行った権利放棄では地役権を消滅させることができず、放棄の効力を有しないことになります。

2 ②について

まず、土地の共有者の一人が時効によって地役権を取得したときは、他の共有者もこれを取得するとされています（民284①）。

また、ある土地の共有者が地役権を時効取得しそうな場合に、これ

ら共有者に対する時効の更新は、地役権を行使する各共有者に対して
しなければ、その効力を生じないとされています（民284②）。

　さらに、時効の完成猶予についても、その一人について時効の完成
猶予の事由があっても、取得時効は、各共有者のために進行してしま
います（民284③）。

　これらの規定から、要役地の共有者としては、承役地の所有者に対
して通行地役権の時効取得を主張する場合には、共有者のうちの１名
でも時効取得の要件を満たしていればよいという点が単独所有と異な
るところといえます。

　対して、承役地の所有者の立場においても、要役地が単独所有され
ている場合と異なり、時効取得を主張し得る要役地の共有者の全てに
対して、時効の更新や時効の完成猶予の事由があることを主張してい
く必要がある点で注意が必要です。

3　消滅時効の場合

　本設問とは異なりますが、地役権の消滅時効の場合でも、共有の場
合には、単独所有と異なる取扱いになることに注意が必要です。

　まず、地役権の消滅時効の起算点については、特段の定めがありま
す（民291）。具体的には、消滅時効の期間は、継続的でなく行使される
地役権については最後の行使の時から起算し、継続的に行使される地
役権についてはその行使を妨げる事実が生じた時から起算することと
なります。

　そして、要役地が数人の共有に属する場合において、その一人のた
めに時効の完成猶予又は更新があるときは、その完成猶予又は更新は、
他の共有者のためにも、その効力を生ずるとされています（民292）。

　このように通行地役権の、分割して行使することになじまない性質
から、消滅時効に関しても、共有者の一部の者にのみ時効の完成猶予
や更新があれば、他の共有者にもその効力が及ぶという点で単独所有
の場合と異なる取扱いとなっています。

160 **Q & A編** 第3章 相続等に起因する困難

〔43〕 私道に関する第三者との取決めは相続又は売買で承継されるか？

Q 所有している土地に私道が含まれており、第三者との取決め（約定通行権、債権的通行権、法定通行権）があります。この取決めは、相続又は売買によって承継されるのでしょうか。

A 相続の場合にはいずれの取決めも承継されます。他方、売買の場合には、通行権の内容や登記具備の有無によって、承継や対抗できるかという点が異なってきますので、注意が必要です。

解　説

1　通行地役権の場合

（1）　相続又は売買される土地が要役地の場合

地役権については要役地の所有権に対する付従性によって、承継されることになります（民281）。

そして、付従性の趣旨から、要役地について登記がなされれば、承役地について通行地役権の登記がない場合であっても承役地の所有者に対しては、通行地役権の対抗要件を満たすこととなります（東京高判平4・12・10判時1450・81）（ただし、承役地の所有者からの転得者に対しては登記が必要になります。）。

（2）　相続又は売買される土地が承役地の場合

相続の場合には、通行地役権の承役地所有者である被相続人の地位を引き継ぐため、承役地に関して通行地役権の登記がなくとも、承継

Q&A編　第3章　相続等に起因する困難　　161

されることとなります。

　売買の場合には、第三者に対して、対抗要件として通行地役権の登記が必要であり、登記がない場合には承継されないこととなります（民177）。

　もっとも、承役地の譲渡に関して、「通行地役権（通行を目的とする地役権）の承役地が譲渡された場合において、譲渡の時に、右承役地が要役地の所有者によって継続的に通路として使用されていることがその位置、形状、構造等の物理的状況から客観的に明らかであり、かつ、譲受人がそのことを認識していたか又は認識することが可能であったときは、譲受人は、通行地役権が設定されていることを知らなかったとしても、特段の事情がない限り、地役権設定登記の欠缺を主張するについて正当な利益を有する第三者に当たらないと解するのが相当である。」（最判平10・2・13民集52・1・65）という判例があります。

　この判例によれば、承役地に関して地役権設定登記がなされていない場合であっても、①継続的に通路として使用されていることがその位置、形状、構造等の物理的状況から客観的に明らかであり、かつ、②譲受人がそのことを認識していたか又は認識することが可能であったといえる場合には、登記の欠缺を主張できない結果、売買によっても通行地役権が承継されることとなります。

2　債権的通行権の場合

（1）　相続の場合

　相続の場合は、通行地役権と同様であり、債権的通行権に関する契約当事者という被相続人の地位を引き継ぐため、承継されることとなります。

（2）　売買の場合

　土地賃貸借契約や使用貸借契約に基づく債権的通行権の場合には、

以下のような裁判例があります。

① 私道使用契約が私道の所有者と譲渡人である隣地所有者との間で締結されていた事案で、同契約について、期間の限定などがされていないことから、私道使用契約に基づく通行権を、隣地の譲受人が承継したと判断されたもの（東京地判平25・3・26判時2198・87）

② 使用貸借契約上の通行権を、売買によって貸主の地位を承継したとするもの（札幌地判昭44・8・28判時582・88）

③ 使用借権を設定したものとして、さらに譲渡人がこれを承認して承継したと評価しているもの（東京地判昭61・7・29判タ658・120）

　これらの裁判例を見ると、債権的通行権が売買によって譲渡人に承継されるかは、通行権の原因となる契約内容に左右されるものといえます。特段、使用期限などの限定がなされていない場合には、承継されるケースも十分考えられるところです。

3　囲繞地通行権の場合

　法定通行権である囲繞地通行権については登記する方法がありません。相隣接する不動産相互間の利用の調整を目的とする規定から生じる通行権であり、この趣旨に照らすと、袋地の所有者が囲繞地の所有者らに対して囲繞地通行権を主張する場合は、不動産取引の安全保護を図るための公示制度とは関係がないと解するのが相当といえるため、登記を対抗要件にする必要もありません。

　また、同様に、袋地の所有権についても登記は不要とされています（最判昭47・4・14民集26・3・483）。

　したがって、囲繞地通行権に関しては、相続であっても売買であっても承継されることとなります。

Q&A編　第3章　相続等に起因する困難　163

〔44〕　遺産分割で分筆した袋地から公道へ通行するには？

Ｑ　遺産分割で分筆した土地のうち袋地（公道に通ずる一応の通路が存在する場合）と考えられる土地を相続しました。公道に出るための通行はどのようにしたらよいでしょうか。また、通路幅の決め方や費用についても教えてください。

Ａ　分割当時、当事者において袋地からの通行につきどのような利用を前提としていたかによりますので、分割時の土地の用法及び形状、地域環境等を丁寧に聞き取りましょう。

解　説

1　通行地役権

通行地役権は、遺産分割によっても設定されることがあります。当該合意は、明示のものである必要はなく、黙示のものでも差し支えありませんが、単に通行の事実があり、通行地の所有者がこれを黙認しているというだけでは足りず、さらに、通路の外観を有し、所有者がこれに通行地役権を設定し法律上の義務を負担することが客観的に合理的であるとの特別の事情が必要となります。

この点、横浜地裁昭和62年11月12日判決（判時1273・90）は、「本件土地は公道への出入りが困難であり…遺産分割の前後を通じて…旧道路がＸ…によって長期間現実に利用されてきた事実がある。そして…遺産分割時には…利用について…積極的にこれを禁止したい旨の意思の表明は全くなかった…」という事案において、当事者の「内心の意思を推認すると…遺産分割時に概ね旧道路のあった部分にそのまま少なくともＸのために通行地役権を認める旨を黙示的に合意したものとい

うことができる」としており、黙示の通行地役権の認定には物理的な形状と継続的な通行使用とが重要な考慮要素になります。本設問のケースにおいて、通行地役権の明示の合意を証明できなくとも、判示のような事情があれば、黙示の通行地役権が認められることもあるでしょう。

なお、具体的な範囲や車両通行の可否は、合意の内容によって決まります。黙示の通行地役権の場合は、成立の経緯や通路の形状、従来の通行事実など諸般の事情を総合的に考慮して判断することになるでしょう（〔2〕参照）。

2　囲繞地通行権

（1）　民法における規定

民法210条1項は「他の土地に囲まれて公道に通じない土地の所有者は、公道に至るため、その土地を囲んでいる他の土地を通行することができる。」と規定し、同法212条は「第210条の規定による通行権を有する者は、その通行する他の土地の損害に対して償金を支払わなければならない。」と規定しています。一方、民法213条1項は「分割によって公道に通じない土地が生じたときは、その土地の所有者は、公道に至るため、他の分割者の所有地のみを通行することができる。この場合においては、償金を支払うことを要しない。」と規定しています。そして、民法213条の「分割」には遺産分割（民906）も含まれると解されています。

そのため、遺産分割によって公道に通じない土地が生じたときは、囲繞地通行権が成立します。分割に際し、袋地が生ずることを予期して分割の部分あるいは代価を定めるものといえ、特段の約定がない限り、償金を支払う必要はありません。

Q＆A編 第3章 相続等に起因する困難 165

（2） 「公道に通じない土地」

「公道に通じない土地」（袋地）は、完全に公道から遮断されている
ことまでは必要とされません。公路に通ずる一応の通路（既存通路）
が存在しても、当該土地の「通常の用法」からみて不十分なものであ
れば、なお「公道に通じない土地」といえます。

下級審裁判例では、例えば、既存道路（0.9m）では農作業に必要な
リヤカー・自転車の利用ができない場合（福岡高判昭48・10・31下民24・9
〜12・826）、既存通路（1m）では耕耘機の利用ができない場合（高松高
判平元・12・13判時1366・58）に「公道に通じない土地」であるとしたも
のがあります。また、住宅地では、少なくとも徒歩通行が可能で日常
生活上の利便を満たすことが必要であり、既存通路（0.75m）では不
十分として、既存通路とは別の土地を法定通路として認めた例もあり
ます（東京高判昭37・1・30下民13・1・104）。ただし、いずれも法定通路
として認められた土地は、既に通路として利用されていた土地であり、
新規の通路開設までが認められたわけではないことには注意が必要で
す。また、袋地形成に関与していない第三者所有の土地は通行できま
せん。本設問のケースにおいて公路に通ずる一応の通路（既存通路）
が存在しても、当該土地の「通常の用法」からみて不十分なものであ
れば、既に通路として利用されていた土地について、なお囲繞地通行
権が認められることもあるでしょう。

（3） 既存通路の拡張の請求

それでは、従前、徒歩通行していた既存通路について、建替えや自
動車通行のために通行権の幅員を拡張してもらうことはできるでしょ
うか。

この点、最高裁昭和37年3月15日判決（民集16・3・556）は、袋地所
有者が増改築のためには自己所有の既存道路では都条例所定の幅員
（3m）に満たないので不足する幅員を求めて隣接地に法定通行権を

主張したという事案で法定通行権を認めず、最高裁平成11年7月13日判決（判時1687・75）も法定通行権を認めませんでした。袋地と囲繞地が既に利用の調整を終えている場合、現状を変更して法定通行権を課すことは一種の強制収容にほかならず、建築規制のみを理由にした幅員の拡張は判例上、認められていません。

　しかしながら、本設問のケースのような213条通行権の場合、例えば、囲繞地に通行した事実がないときや通行権の範囲が曖昧なまま推移したときなど、袋地と囲繞地との利用の調整がまだ終わっていないといえるときもあるでしょう。分割当時の趣旨からすれば、およそ建築や車両通行ができないような袋地を形成することは考えられないといえることもありますので、必ずしも現状を変更して法定通行権を課すことができないというわけではなく、分割当時の趣旨、道路開設の経緯など諸般の事情を慎重に判断する必要があります。

　この点、東京高裁昭和52年3月7日判決（判時855・70）は、遺産分割によって建築基準法に適合しない路地を作り出した後、袋地を譲渡した事案において「右袋地（以下本件土地または本件袋地という）の現況は宅地化しているといえるところ、袋地が宅地である場合、民法210条所定の囲繞地通行権を認めるにあたっては、宅地としての用途をまっとうさせるために、通行の安全及び防災等の見地から設けられている建築関係諸法による制限も、参酌すべき事情として考慮に入れて、通路の幅員を判定すべきものと考える。民法の囲繞地通行権は、往来通行の必要のみを充たせば足りるものではなく、それは袋地の用途に従った利用に適合するものでなければならず、前記法令による建築の制限という行政取締法上の問題であっても、本件における『用途に従った利用』の判断に関し私法上の意味を持つことのありうることは否定し難く、これを行政法規上の問題として殊更に無視するのは、現に存する事実に目をふさぐ嫌いがあるからである。ところで、本件土地

の位置・形状の関係上、本件土地に適用される建築基準法43条及びこれに基づく東京都建築安全条例３条によると、『敷地の路地状部分の長さが10mを超え20mまでのときは、敷地の路地状部分の幅員は３m。建築物の延べ面積が200㎡以上のときは、右幅員は４m』と定められている。そうすると…本件袋地上に右建築物を建築し宅地として利用するには、幅員４米以上の通路により公路に通じていることが必要であるといえるから、抗告人らは、囲繞地通行権の行使として囲繞地の事情等諸般の事情を考量して相当と認められるかぎり、幅員４米の通路の開設を求めることができるものというべきである。右通路の開設を認めないと、本件袋地には建造物を建築できないことになり、土地利用上重大な支障を生じ、相当でない。」とし、「本件袋地が生じたのは、前記遺産分割による囲繞地の訴外取得者及びその譲受人たる相手方らが本件土地の利用上の必要を無視して囲繞地の処分ないし利用をしたことにより齎らされたものというべきであるから、本件において、前記抗告人ら主張の通行権の確保により囲繞地所有者の蒙る損失も、袋地の利用上の要請に鑑み止むを得ないものとしてこれを受忍すべきものと考えるのが相当である。」とし、民法210条により幅員４mの囲繞地通行権が認められるとしています（民法213条については判断がなされていません。）。

168　Ｑ＆Ａ編　第3章　相続等に起因する困難

〔45〕　相続財産の土地が袋地である場合の遺産分割の注意点
　　　は？

Q　　相続財産である土地が袋地であり、公道に出るには、他
　　の法定相続人所有の囲繞地を通行しなければならない場
合に、遺産分割でどのような点に気を付ければよいのでしょうか。

A　　遺産分割協議においては、通行できる場所や範囲、償
　　金などについて注意を払うべきことはもちろんのこと、
それ以外に袋地の土地の評価にも気を付けるべきと考えられま
す。

解　説

1　袋地について
　袋地と認められるためには、当該土地が他人の所有する土地に囲ま
れていることが必要です。本設問のケースは、相続した土地（袋地）
から公道に出るためには、他の法定相続人所有の土地（囲繞地）を通
行しなければならない、ということですから、袋地も囲繞地も元々は
同一の被相続人が所有していたということになります。
　したがって、今回、相続した土地（袋地）は、元々は袋地ではなか
ったと考えられ、遺産分割協議によって、それぞれの土地の所有者が
別になったことで袋地になったというケースです。

2　囲繞地通行権は成立するか
　本設問のようなケースで袋地を所有することになる場合、分筆によ
って袋地になったわけではありませんから、〔44〕とは異なります。ま

Q&A編 第3章 相続等に起因する困難 169

た、前述のとおり、相続発生前は袋地ではなかったのですから、従前から通行をしていたという既成事実があるわけでもありません。

　しかし、本設問のような袋地に囲繞地通行権が成立しないとなると、そのような土地を欲しがる人はいませんので、遺産分割協議も難航することが予想されます。そのため、本設問のような袋地にも囲繞地通行権が成立しないかが問題となります。

　最高裁平成5年12月17日判決（判時1480・69）は、民法213条2項が「土地の一部を譲渡したことによって公路に通じない土地（以下「袋地」という。）を生じた場合には、袋地の所有者は、これを囲繞する土地のうち、土地の譲渡若しくは譲受人の所有地（以下、これらの囲繞地を「残余地」という。）についてのみ通行権を有する」と規定していることを前提として、「同項が、一筆の土地の一部の譲渡に限らず、同一人の所有に属する数筆の土地が譲渡されたことによって袋地が生じた場合にも適用されるべきことは、当裁判所の判例とするところである（最高裁昭和43年（オ）第1275号同44年11月13日第一小法廷判決・裁判集民事97号259頁参照）。」と判示し、同一人の所有に属する数筆の土地が一団となっており、その一部が譲渡された場合でも、民法213条2項が適用されるとしました。

　したがって、本設問のようなケースにおいても、相続した袋地について、民法213条2項を適用して、隣接する他の法定相続人所有の土地を囲繞地とする無償の囲繞地通行権が成立します。

3　遺産分割協議で気を付けるべきこと

　本設問で相続する袋地について囲繞地通行権が成立するとしても、これまでの設問でも取り上げているとおり、遺産分割協議においては、通行できる場所や範囲、償金などについて注意を払うべきことはもちろんのこと、それ以外に袋地の土地の評価にも気を付けるべきと考えられます。

170   Q&A編   第3章   相続等に起因する困難

　特に、本設問のようなケースでは、相続発生前は袋地ではなかった土地を相続することになりますから、相続する袋地の評価額については、注意を払うべきです。つまり、遺産分割協議において土地を現物分割する場合、当該土地の評価額をベースに各相続人の取り分に関する話合いが行われることが多いと思われます。その際、本設問のケースのように、相続によって袋地となる土地の評価額は、相続開始前においては袋地ではない前提で評価された価額ですが、袋地となった後は、袋地ではないものとして評価した価額から、その価額の100分の40の範囲内において相当と認める金額（建築基準法等の法令において規定されている建築物を建築するために必要な最小限度の通路を開設する場合のその通路に相当する部分の価額）を控除した価額によって評価されます（評基通20－3）。したがって、想定していたよりも評価額が低くなる可能性がありますので、遺産分割協議においては、袋地としての評価額を前提とした取り分を主張していく必要があると考えられます。

〔46〕 通行権のある土地を遺産分割する場合の注意点は？

Q 相続財産である土地から公道に出るために他人名義の土地を通行利用していましたが、当該土地について過去に買い受けていたものの登記をしていません。遺産分割の際にどのような点に気を付ければよいでしょうか。

A 混同により通行権が消滅する可能性やその後の分割で囲繞地通行権が発生する点に気を付けましょう。また、第三者との関係では通行権が対抗できるのかという点にも注意する必要があります。

解 説

1 位置関係

下記のような相続関係、位置関係として考えてみましょう。

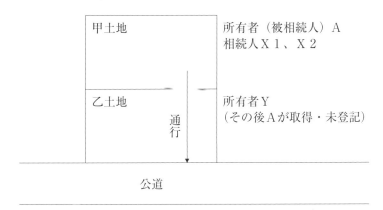

甲土地の所有者であり被相続人をA、Aの相続人をX1、X2、乙土地の所有者をY、Yからの乙土地の転得者がいた場合、同人をZと

します。

　甲土地は、公道に接しておらず、乙土地を通行していました。

　その後、AがYから乙土地を購入しています。

2　相続人との関係

（1）　甲土地と乙土地を同一人が相続する場合

　甲土地と乙土地をいずれもX1が相続したり、いずれもX2が相続したりするなど同じ相続人が単独取得する場合は、特段問題はありません。

　土地の所有権に基づき、これまでどおり通行可能だからです。共有とする場合も同様です。共有持分を有する者もその持分権に基づいて私道を通行できるからです（民249）。

（2）　甲土地と乙土地を別の相続人が取得する場合

　例えば、甲土地をX1が、乙土地をX2が相続するような場合ですが、この場合には、さらに以下のような場合に分けて検討します。

①　遺産分割によって甲土地が袋地又は準袋地にはならない場合

　　まず、元々乙土地の所有権をAが取得する前に、乙土地の通行について通行地役権が設定されていた場合ですが、地役権者であるAが承役地である乙土地の所有権を取得しており、乙土地について所有権と他の物権である通行地役権が同一人に帰属したことから、取得の時点で、混同により通行地役権は消滅します（民179①）。

　　したがって、通行地役権が設定されていたとしても、甲土地を取得したX1は、この通行地役権を遺産分割後に乙土地を取得したX2に主張することはできないこととなります。

　　また、従前Aが乙土地について債権的通行権を有していた場合についても、Aが乙土地の所有権を取得したことによって、同じく混同により通行権は消滅することとなります（民520）。

そのため、甲土地と乙土地を別の相続人が取得する場合は、特に甲土地を取得する相続人は乙土地を取得する相続人との間で、遺産分割協議の時点で、乙土地についての通行権について取決めをしておく必要があるでしょう。具体的には私道通行契約等になると思われます。遺産分割調停となった場合には、調停の中で不動産の取得だけではなく、今後の通行権に関しても同時に協議する必要があるでしょうし、そのような協議も当事者間で合意ができれば可能でしょう。他方、調停ではまとまらず、遺産分割審判となる場合には、本設問のケースですと、通行権が消滅しているのであり、遺産分割の対象財産となり得ないため、通行権単独の取得はできないこととなり、承役地になる不動産自体を共有で取得するなどの必要性が生じるでしょう。

② 遺産分割によって甲土地が袋地又は準袋地になる場合

分割により袋地若しくは準袋地になる場合には、①で述べたように、乙土地の通行権が消滅した後に、遺産分割により甲土地が袋地又は準袋地となったことから、X1はX2に対して、乙土地の囲繞地通行権を主張することができます（民210）。

そして、一体となる土地を分割により生じたことになるので、償金は不要になります（民213）。

この点について、「単に一筆の土地の譲渡に限らず、同一人の所有に属する数筆の土地についても、当該土地が地続きで一団の土地となっている限りは、別異に解する理由はないから、残余の土地について囲繞地通行権が発生するものと解される。」とする裁判例があります（広島高判平3・5・29高民44・2・60。同趣旨として、最判昭37・10・30民集16・10・2182、東京地判平2・4・24判時1366・60）。

そのため、甲土地が袋地になるようなケースでは、乙土地を取得したX2が無償の囲繞地通行権の負担を負うこととなるため、注意

が必要です。

　ただし、囲繞地通行権は通行の方法について、最小限度に制限されます（民211、最判平18・3・16民集60・3・735参照）。

　そのため、通行権を主張するＸ１の側も囲繞地通行権ではなく、Ｘ２と別途、通行に関する合意を交わしておくことも考えられるところでしょう。

3　第三者との関係

（1）　通行地役権が設定されていた場合

　現に占有する者がいないか、ＹがＡとは別の者に乙土地を売却しているなど二重譲渡の可能性を確認すべきでしょう。また、可能な場合には、早急に所有権移転登記手続を行う必要があります。

　仮に、二重譲渡がされているケースでは、所有権の移転登記がなされていなくとも、通行地役権の登記がなされていれば、通行地役権の限度では、第三者に対抗することができます（民177）。

　他方、通行地役権が設定されていても、承役地である乙土地に登記がされていない場合には、第三者に対抗することができないこととなります（民177）。もっとも、このような事案についても、最高裁判所は、「譲渡の時に、右承役地が要役地の所有者によって継続的に通路として使用されていることがその位置、形状、構造等の物理的状況から客観的に明らかであり、かつ、譲受人がそのことを認識していたか又は認識することが可能であったときは、譲受人は、通行地役権が設定されていることを知らなかったとしても、特段の事情がない限り、地役権設定登記の欠缺を主張するについて正当な利益を有する第三者に当たらないと解するのが相当である」（最判平10・2・13民集52・1・65）として、客観的な事情によっては登記がなくとも第三者に対抗できるとしているので、このような事情があるか否かを検討する必要があるで

Q&A編 第3章 相続等に起因する困難 175

しょう（さらに、最高裁平成10年12月18日判決（民集52・9・1975）では
同種の場合に第三者に対して地役権設定登記手続を請求することがで
きるとしています。）。

（2）　債権的通行権の場合

債権的通行権については、売買によって承継されることもあるとさ
れています（〔43〕参照）。

ただし、乙土地の現所有者であるＺが、債権的通行権を認めないよ
うな場合には、元の私道所有者であるＹとの間で、Ｚへの譲渡以前に
Ａとどのような取決めを行っていたのかを調査し、債権的通行権を立
証できなければならないという事態も生じ得ます。通行権の確認訴訟
等を通じて通行権の存否を明確にする必要がある場合も出てくるでし
ょう。

（3）　事前確認

（1）や（2）のような場合に、私道や土地そのものについての帰属が
判明しない間に、遺産分割協議によって、関係する不動産を取得して
しまわないように、遺産分割協議に先行して、該当する不動産の現地
確認及び登記の確認が必須でしょう。

176　Q＆A編　第3章　相続等に起因する困難

〔47〕　私道を含む土地を相続するときの所有権移転登記の注意点は？

Q　相続した財産の中に私道が含まれていますが、遺言や遺産分割の対象にしなかった場合、所有権移転登記について、どのように行うべきでしょうか。

A　遺言や遺産分割の際には原則として、被相続人の所有する全ての不動産についてしなければなりません。遺言の場合は、不動産の一部を対象に遺言書を作成する場合もありますが、相続・遺産分割の際、不動産をどのように扱うのか、難しい問題が生じる場合があります。特に私道は固定資産税が課税されていない場合や、固定資産税納税通知書に記載がない場合もあり、登記の際に抜け落ちることが見られます。遺言、遺産分割協議で抜け落ちていれば遺産分割協議をやり直すことになる可能性があり、相続関係が不安定になります。相続する土地に漏れがないように名寄帳を取得する方法が考えられます。不動産登記法改正により所有不動産記録証明制度が創設され、令和8年2月2日に施行予定です。

解　説

1　相続登記漏れの弊害

　不動産登記法は、登記記録は一筆の土地又は一個の建物ごとに作成されるものとして（不登2五）、不動産を単位とする編成とされており、権利の主体である人を単位とする編成は採用されていません。すなわち、例えば、全国の不動産から、Aという個人が所有権の登記名義人となっているものを網羅的に抽出し、このような抽出結果を公開する

Q&A編 第3章 相続等に起因する困難 177

仕組みとはなっていません。

　そのため、被相続人の死亡により相続が開始し、相続人が遺産分割協議や相続登記の申請を含む相続に関わる各種手続を行おうとする場合に、そもそも被相続人が所有していた不動産としてどのようなものがあるかについて相続人が把握しきれていないことがあり得ます。

　そのような場合に、相続登記がされないまま放置され、当初の遺産分割協議が成立した後相当期間の経過後に何らかの契機により、遺産分割協議がされていない未分割の不動産が発見され、再度の遺産分割協議をしなければならない場合があります。そして、当初の遺産分割協議がなされた後、期間が経過すればするほど相続人の範囲が変わり、当初の遺産分割協議よりも、新たな遺産分割協議が困難になる場合もあり得ます。そのような状況では、遺言や遺産分割協議において対象とされない不動産が残された場合に遺産分割協議において大きな弊害が生じることが想定されます。特に固定資産税の課税がされていない私道や私道の共有持分についてその傾向があり、相続登記がされていないことによって不動産の売却や担保に供しての借入れができないという事態が生じます。

2　固定資産税納税通知書の記載

　遺言書を作成するために自己所有の不動産を調査したり、遺産分割協議の際に被相続人の不動産を調査したりする際に、まず考えられるのは固定資産税納税通知書に記載されている不動産の一覧を参照する方法です。ただし固定資産税納税通知書には、固定資産税の免税点（土地の場合30万円、建物の場合は20万円（地税351））未満の固定資産には通常固定資産税の課税がされませんので、固定資産税納税通知書に記載がない場合があります。また共有の不動産についても共有者のうちの代表者のみに課税され、代表者以外の共有者の固定資産税納税通知書に記載がない場合があります。私道についても固定資産税が非課税

の場合があり、そのような場合には固定資産税納税通知書に記載がない場合があります。

3　名寄帳又は固定資産課税台帳記載事項証明書の取得

　固定資産税納税通知書では、所有不動産が記載されない場合がありますので、市町村において所有する一切の不動産の内容を把握するためには名寄帳又は固定資産課税台帳記載事項証明書を取得することにより所有不動産を網羅的に把握する必要があります。

　市町村は、固定資産の状況及び固定資産税の課税標準である固定資産の価格を明らかにするため、固定資産課税台帳を備えなければならないとされています（地税380）。また市町村は、その市町村内の土地及び家屋について、固定資産課税台帳に基づいて、総務省令で定めるところによって、土地名寄帳及び家屋名寄帳を備えなければならないとされています（地税387）。市町村によっては、固定資産課税台帳記載事項証明書と名寄帳の写しが同じ場合もあります。これらのいずれかを取得することにより、市町村内における所有不動産の全てを把握することができます。

　この固定資産課税台帳記載事項証明書や名寄帳は市町村単位で作成されるもので、固定資産課税台帳記載事項証明書や名寄帳の取得を申請した市町村以外の市町村に存在する不動産について把握することができません。そのため、被相続人の住所が転々としていたり、住所地と異なる場所に別荘等を保有していたりした場合にその不動産を調査することは困難な場合があります。

4　所有不動産記録証明制度の創設

　改正不動産登記法119条の2（令和3年法律24号）において、本人、相続人又はそれらの代理人が登記官に対し手数料を納付して本人が登

Q&A編　第3章　相続等に起因する困難　179

記名義人として記録されている不動産についての証明書の交付を請求することができるという所有不動産記録証明制度が創設されました。この制度は令和8年2月2日に施行予定です。

　この制度は請求人からの証明書の交付請求に基づき、登記情報システム内において対象者の名寄せの作業を行う場合に、氏名又は名称及び住所を検索キーとして登記情報の検索を行うことが想定されますが、現在の登記記録に記録されている所有権の登記名義人の氏名又は名称及び住所は、過去の一定時点のものであり、最初の登記申請時点から必ずしもその情報が更新されているものではないことから、例えば、Aの最新の氏名及び住所で検索をしても、Aの旧住所での登記が残存している不動産が存在する場合には、検索結果として抽出されないこととなります。そこで、正確な検索のためには、Aの旧住所をも検索キーとして追加した上で検索を行う必要があることになります。また、登記記録の文字情報には外字が多く含まれていることや、かつては紙の帳簿であったものを磁気ディスクの登記簿に改製する作業が行われた際に、コンピュータによる取扱いに適合しない登記簿は引き続き紙の帳簿により事務処理を行うこととされたため、磁気ディスクの登記簿への改製作業を行っていないいわゆる「改製不適合物件」が存在することなどから、所有不動産記録証明制度は、そもそも、あくまで登記記録の電子データ上、検索キーに一致した者が存することについての証明であって、対象者が真に所有権者であることを証明するものではないし、請求された対象者が登記名義人となっている不動産を完全に網羅して証明するものではないと考えられることなどの技術的な限界があると指摘されています(法務省民事局参事官室・民事第二課「民法・不動産登記法（所有者不明土地関係）等の改正に関する中間試案の補足説明」193頁)。

第4章 建築基準法上の「接道」要件に起因する困難

〔48〕 接道義務とは？

Q 購入を考えている物件が、解体して更地にしてしまうと新たな家を建てられない土地で、「接道義務を満たしていない」ためだと聞きました。接道義務とはどういったものでしょうか。

A 都市計画区域等内建物の敷地は、建築基準法43条により原則として同法42条に規定する道路に2m以上接していなければ建築できません。これを接道義務といいます。

解 説

1 接道義務

　都市計画区域及び準都市計画区域内の建物の敷地は、建築基準法43条により原則として同法42条に規定する道路に2m以上接していなければなりません。これを接道義務といいます。ただし、自動車のみの交通の用に供する道路及び一定の地区計画区域内の道路は除かれます（建基43①）。

　接道義務の趣旨は、日常生活における円滑な通行の確保、火災・地震等の災害発生時の避難、消火及び緊急活動に支障を来さないようにすること、さらには建築物への採光、通風等の生活環境を確保するなど都市内の土地を建物の敷地として利用するための最低限の要件を定めたものです。接道義務は、建築物の集団として、地域環境・都市機

能の確保という目的による規制であり、「集団規制」といい、そのための規定を「集団規定」といいます。

接道義務は、建築物の敷地ごとに充足される必要があります。「敷地」とは「一の建築物又は…のある一団の土地」のことをいいます（建基令1一）。また、接道の仕方は、連続して2m以上接していることが必要であり、接する道路を安全に使用できる状態で接していることが必要です。

2 接道義務の例外

敷地が幅員4m以上の道（道路に該当するものを除き、避難及び通行の安全上必要な国土交通省令で定める基準に適合するものに限ります。）に2m以上接する建築物のうち、利用者が少数であるものとしてその用途及び規模に関し国土交通省令で定める基準に適合するもので、特定行政庁が交通上、安全上、防火上及び衛生上支障がないと認めるものや、敷地の周囲に広い空地を有する建築物その他の国土交通省令で定める基準に適合する建築物で、特定行政庁が交通上、安全上、防火上及び衛生上支障がないと認めて建築審査会の同意を得て許可したものについては、接道義務は適用されません（建基43②）。

3 条例による制限の付加

地方公共団体は、特殊建築物、階数が3以上である建築物、政令で定める窓その他の開口部を有しない居室を有する建築物、延べ面積（同一敷地内に2以上の建築物がある場合にあっては、その延べ面積の合計）が1,000㎡を超える建築物、敷地が袋路状道路（その一端のみが他の道路に接続したものをいいます。）にのみ接する建築物で、延べ面積が150㎡を超えるもの（一戸建ての住宅を除きます。）について、その用途、規模又は位置の特殊性により、建築基準法43条1項の規定によ

っては避難又は通行の安全の目的を十分に達成することが困難である
と認めるときは、条例で、その敷地が接しなければならない道路の幅
員、その敷地が道路に接する部分の長さその他その敷地又は建築物と
道路との関係に関して必要な制限を付加することができます（建基43
③）。

　また、地方公共団体は、都市計画区域外の知事が指定する区域にお
いて、一定の要件の下接道について必要な制限を定めることができま
す（建基68の9①）。

4　建築基準法上の道路

　（1）　接道義務を満たす道路は、原則として幅員4m（指定区域に
あっては原則6m）以上の次のような道路をいいます。なお、幅員4
mの数値基準については、自動車の相互交通が可能な幅員や災害時に
避難する際に必要な幅員、消防ポンプ車が自由に出入り可能な幅員と
いった通行や避難、消火活動のために必要となる最小限の幅員が根拠
となっています。

①　道路法上の道路（建基42①一）

②　都市計画法等による道路（建基42①二）

③　建築基準法の規定が適用されるに至った際、現に存在する道路（既
　存道路）（建基42①三）

④　道路法や都市計画法等による事業計画がある道路で、2年以内に
　その事業が執行されるものとして特定行政庁が指定したもの（計画
　道路）（建基42①四）

⑤　土地を建築物の敷地として利用するため、道路法、都市計画法、
　土地区画整理法、都市再開発法、新都市基盤整備法、大都市地域に
　おける住宅及び住宅地の供給の促進に関する特別措置法又は密集市
　街地整備法によらないで築造する政令で定める基準に適合する道

で、これを築造しようとする者が特定行政庁からその位置の指定を受けたもの（位置指定道路）（建基42①五）

　旧市街地建築物法7条ただし書の規定より指定された建築線で、その間の距離が4m以上のものは道路位置指定があったものとみなされます（建基附則⑤）。

（2）　建築基準法42条1項の原則に対し、以下のような例外があります。

①　幅員4m未満の2項道路（建基42②）

　中心線から2m等の位置が道路境界線とみなされます。

②　2項道路の境界線位置を中心線から1.35m以上2m未満等に緩和された道路（建基42③）

③　幅員6m区域内の幅員6m未満の道で、特定行政庁が次のいずれかに該当すると認めて指定したもの（建基42④）

　㋐　周囲の状況により避難及び通行の安全上支障がないと認められる道（建基42④一）

　㋑　地区計画等に定められた道の配置及び規模又はその区域に即して築造される道（建基42④二）

　㋒　建築基準法42条1項の区域が指定された際現に道路とされていた道（建基42④三）

④　特定行政庁が指定した幅員4m未満の道（建基42⑤）

⑤　幅員1.8m未満の既存道路（建基42⑥）

184 Q & A編 第4章 建築基準法上の「接道」要件に起因する困難

〔49〕 2項道路の判定とは？

Q 　　行き止まり道路などが2項道路と判定される場合があると聞きましたが、そもそも2項道路の判定はどのようにされるのでしょうか。

A 　　2項道路判定では、「現に建築物が立ち並んでいる」（建基42②本文）の要件の解釈が問題となりますが、裁判例では「当該道のみによって接道義務を充足する建築物が複数存在する場合」に要件を満たすと判示したものがあります。

解　説

1　2項道路

　建築基準法42条1項では、道路を幅員4m以上のものと定義していますが、都市内で幅員4m未満の道路に面している家は多く、建築基準法制定以前の幅員4m未満の道沿いにある建物が接道義務（建基43①）を満たさず違反建築となると、改修もできず不都合です。そこで、建築基準法3章の規定が適用されるに至った際、現に建築物が立ち並んでいる幅員4m未満の道で、特定行政庁（市長村長又は都道府県知事）が指定したものは、建築基準法42条1項の規定にかかわらず、同項の道路とみなされるという特例が設けられました（建基42②）。

　2項道路では、道路の中心線からの水平距離2m（特定行政庁が指定する区域内では3m）後退（セットバック）した線を道路の境界とみなすとされています（建基42②本文）（【図1】）。後退した部分は道路であるため、建築物の建築や、門、塀、擁壁等を築造できません。

【図1】

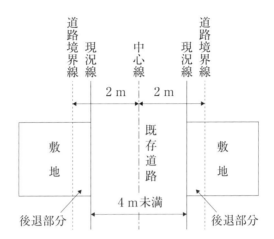

なお、当該道が中心線から水平距離2m未満でがけ地、川、線路敷地その他これらに類するものに沿う場合は、当該がけ地等の道の側の境界線及びその境界線から道の側に水平距離4mの線がその道路の境界線とみなされます（建基42②ただし書）（【図2】）。

【図2】

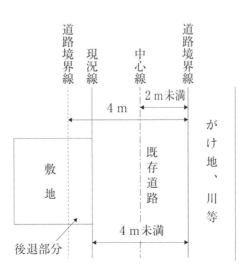

また、特定行政庁は、土地の状況によりやむを得ない場合は、水平距離は2m未満1.35m以上の範囲内で、がけ地等の水平距離については4m未満2.7m以上の範囲内で別に水平距離を指定することができます（建基42③）。

　そして、特定行政庁は、建築基準法42条2項の規定により幅員1.8m未満の道を指定する場合や同条3項により別に水平距離を指定する場合は、事前に建築審査会の同意を得る必要があります（建基42⑥）。

2　2項道路の指定

　2項道路の指定は、道路位置指定（建基42①五）のように利害関係者の申請に基づくのではなく（〔50〕参照）、特定行政庁によって一方的に指定されます。この指定は、一定の基準を設けて包括的に指定されることのほか、個別具体的な道に指定されることもあります。

　包括的に指定がされた場合、事後的に実際の道が2項道路か否かを個別に判定する必要があります。特に行き止まり私道（【図3】）の2項道路判定において、「現に建築物が立ち並んでいる」（建基42②）の解釈が問題となります。

【図3】

　裁判例では、「『現に建築物が立ち並んでいる』道の要件の判断にあたっては、当該道の周辺の状況等を総合的に判断すべきことはもちろ

Q&A編 第4章 建築基準法上の「接道」要件に起因する困難 187

んであるが、当該道のみによって接道義務を充足する建築物が複数存在する場合には、原則として右要件をみたすものと解するのが相当である。」と判示したものがあります（東京地判昭58・8・25判タ534・142）。この基準に従えば、当該私道にのみ接する複数の建築物が存在する場合は、行き止まり私道であっても2項道路と判定されることになります。

〔50〕 位置指定道路を設定・廃止するには？

位置指定道路の設定をするにはどういった手続が必要なのでしょうか。逆に廃止の際はどうなのでしょうか。

位置指定道路の設定、廃止をするためには、利害関係者が申請の手続をする必要があります。

解 説

1 位置指定道路の意義

位置指定道路とは、土地を建築物の敷地として利用するため、道路法、都市計画法、土地区画整理法、都市再開発法、新都市基盤整備法、大都市地域における住宅及び住宅地の供給の促進に関する特別措置法又は密集市街地整備法によらないで築造する政令で定める基準に適合する道で、これを築造しようとする者が特定行政庁からその位置の指定を受けたものをいいます（建基42①五）。

建築基準法上の道路とするためには、その区域を明確にし、かつ、要件を充足していることを確実に担保する必要があるために指定を要件としています。道路位置の指定を受けると建築基準法上の道路となります。

2 位置指定道路の基準

上記建築基準法42条1項5号の「政令で定める基準」とは、建築基準法施行令144条の4に規定された基準です。同条はどのような道が位置指定道路に該当するか基準を示しています。同条1項には、要件として、①両端が他の道路に接続したものであること（ただし書によ

り袋路状道路の場合の例外があります。）（建基令144の4①一）、②道が同一平面で交差し、若しくは接続し、又は屈曲する箇所（交差、接続又は屈曲により生ずる内角が120°以上の場合を除きます。）は、角地の隅角を挟む辺の長さ2mの二等辺三角形の部分を道に含む隅切りを設けたものであること（建基令144の4①二）、③砂利敷その他ぬかるみとならない構造であること（建基令144の4①三）、④縦断勾配が12%以下であり、かつ、階段状でないものであること（建基令144の4①四）、⑤道及びこれに接する敷地内の排水に必要な側溝、街渠その他の施設を設けたものであること（建基令144の4①五）などが規定されています。

なお、地方公共団体は、その地方の気候若しくは風土の特殊性又は土地の状況により必要と認める場合には、条例で、区域を限り、建築基準法施行令144条の4第1項各号に掲げる基準と異なる基準を定めることができます（建基令144の4②）。この規定で基準を緩和する場合には、あらかじめ、国土交通大臣の承認を得なければなりません（建基令144の4③）。

3　道路位置指定の手続

道路位置の指定は、2項道路（〔49〕参照）とは異なり、特定行政庁が一方的に指定するものではなく、利害関係者の申請に基づき特定行政庁が指定処分するものです。この処分を道路位置指定といいます。

申請手続は、建築基準法施行規則9条に規定があります。具体的には、道路の位置の指定を受けようとする者は、申請書正副2通に、それぞれ附近見取図（方位、道路及び目標となる地物を明示）、地籍図（縮尺、方位、指定を受けようとする道路の位置、延長及び幅員、土地の境界、地番、地目、土地の所有者及びその土地又はその土地にある建築物若しくは工作物に関して権利を有する者の氏名、土地内にある建築物、工作物、道路及び水路の位置並びに土地の高低その他形上特記

すべき事項を明示）の他、指定を受けようとする道路の敷地となる土地の所有者及びその土地又はその土地にある建築物若しくは工作物に関して権利を有する者並びに当該道を建築基準法施行令144条の4第1項及び2項に規定する基準に適合するように管理する者の承諾書を添えて特定行政庁に提出する必要があります（建基則9）。

上記承諾書が必要とされる趣旨は、道路の位置指定がなされれば、その指定部分への建築が制限される（建基44①）など、土地所有者等の権利制限の側面があるため、権利を制限される者の承諾を要することでその保護を図ったものです。

4 道路位置変更・廃止の手続

一旦道路として指定されると、それを信頼して人々の行動がなされます。そこで、建築基準法は、私道の変更・廃止によって、その道路に接する敷地が接道義務違反となる場合には、特定行政庁は、その私道の変更・廃止を禁止し、又は制限することができると規定しています（建基45①）。

一方で、位置指定道路の変更・廃止の手続については、建築基準法や建築基準法施行規則には規定がありませんが、特定行政庁が規則により、関係権利者の承諾を必要としている場合があります。この関係権利者の承諾について、裁判例では、特定行政庁が指定の取消しを制限することができるのは法令に根拠がある場合に限られるとした上で、建築基準法45条のほかには法令の規定がないので、接道義務違反となる敷地がない場合には、関係権利者の承諾がないことを理由として道路位置指定の取消しの申請を拒否できないと判示したものがあります（東京地判平28・6・17判タ1431・177）。

| Q & A編 | 第4章 | 建築基準法上の「接道」要件に起因する困難 | 191 |

〔51〕 接道する道路がない場合には建築できないのか？

Q 　接道する道路がない場合には建物を建築できないとのことですが、建築基準法43条2項に基づく許可があれば可能だと聞きました。詳しく教えてください。

A 　接道する道路がない場合でも、敷地が幅員4m以上の道に2m以上接する建築物で、一定の基準に適合するもので特定行政庁が認めたものや敷地の周囲に広い空地を有する場合で、特定行政庁が許可したものは建物を建築できます。

解　説

1　43条2項許可

　建物を建築するためには、原則として敷地が建築基準法上の道路に2m以上接しなければならないという接道義務を満たす必要があります（建基43①）。

　もっとも、上記接道義務を満たさなくても、敷地が幅員4m以上の道（道路に該当するものを除き、避難及び通行の安全上必要な国土交通省令で定める基準に適合するものに限ります。）に2m以上接する建築物のうち、利用者が少数であるものとしてその用途及び規模に関し国土交通省令で定める基準に適合するもので、特定行政庁が交通上、安全上、防火上及び衛生上支障がないと認めるもの（建基43②一）については建築することができます。

　また、敷地が必ずしも道あるいは道路に接していない場合でも、敷地の周囲に広い空地を有する建築物その他の国土交通省令で定める基準に適合する建築物で、特定行政庁が交通上、安全上、防火上及び衛

生上支障がないと認めて建築審査会の同意を得て許可したもの（建基43②二）については、建築することができます。なお、特定行政庁とは、建築主事又は建築副主事を置く市町村の区域については当該市町村の長をいい、その他の市町村の区域については都道府県知事をいいます（建基2三十五）。

2 国土交通省令で定める基準

（1） 建築基準法43条2項1号については、建築基準法施行規則10条の3第1項に道の基準、同条3項に建築物の用途及び規模に関する基準が規定されています。

（2） また、建築基準法43条2項2号の国土交通省令で定める基準は、建築基準法施行規則10条の3第4項に規定され、次のいずれかに該当するものです。

① その敷地の周囲に公園、緑地、広場等広い空地を有する建築物であること。

② その敷地が農道その他これに類する公共の用に供する道（幅員4m以上のものに限ります。）に2m以上接する建築物であること。

③ その敷地が、その建築物の用途、規模、位置及び構造に応じ、避難及び通行の安全等の目的を達するために十分な幅員を有する通路であって、道路に通ずるものに有効に接する建築物であること。

これらの基準は、特定行政庁ごとに更に具体化され、同意基準が作成されています。

Q&A編　第4章　建築基準法上の「接道」要件に起因する困難　193

〔52〕 路地状敷地の規制とは？

Q 東京都建築安全条例などで規定されている路地状敷地にはどういった規制があるのでしょうか。

A 路地状になっている部分で道路に接している敷地は、路地状部分の長さと幅について、建築物の面積・規模・用途について制限されています。

解　説

1　路地状敷地の意義
路地状敷地とは、道路に接する敷地の幅が狭く、奥が広がっている形状の敷地を指し、道路から見渡せない死角部分がある敷地のことをいいます。路地状敷地は、道路ではなく、建築物の敷地の一部です。

2　路地状敷地の形態
建築基準法では、建築物の敷地は道路に2ｍ以上接しなければならないとされていますが（建基43①）、路地状敷地の場合に、東京都建築安全条例では、安全上及び防火上の観点から路地状部分の長さに応じて幅員を規定しています。具体的には、同条例では、「建築物の敷地が路地状部分のみによって道路（都市計画区域外の建築物の敷地にあっては、道とする。以下同じ。）に接する場合には、その敷地の路地状部分の幅員は、路地状部分の長さに応じて、次の表に掲げる幅員以上としなければならない。ただし、建築物の配置、用途及び構造、建築物の周囲の空地の状況その他土地及び周囲の状況により知事が安全上支障がないと認める場合は、この限りでない。」と規定しています（東京都建築安全条例3①）。

敷地の路地状部分の長さ	幅　員
20m以下のもの	2 m
20mを超えるもの	3 m

　また、同条例では、耐火建築物及び準耐火建築物以外の建築物で延べ面積（同一敷地内に2以上の建築物がある場合は、それらの延べ面積の合計）が200㎡を超えるものの敷地に対する上記の規定の適用については、上記の表中「2m」とあるのは「3m」と、「3m」とあるのは「4m」とされています（東京都建築安全条例3②）。

　なお、幅員の長さは、前面道路との接道部分だけではなく、原則として、路地状部分も条例の要件を満たしていることが必要です。

3　路地状敷地の建築制限

　東京都建築安全条例では、路地状敷地で路地状部分の幅員が4m未満のものには、階数（主要構造部が耐火構造の地階を除きます。）が3階（耐火建築物、準耐火建築物又は壁、柱、床その他の建築物の部分及び外壁開口部設備について知事が定めた構造方法を用いる建築物の場合は、4階）以上の建築物を建築してはならないと規定しています（東京都建築安全条例3の2）。

Q&A編　第5章　管理に起因する困難　　195

第5章　管理に起因する困難

〔53〕　私道の通行妨害を排除する方法は？

Q　　　　使用している私道に障害物が置かれ、通行が妨害され
ています。私道の通行妨害を排除する方法にはどのよう
なものがあるのでしょうか。

A　　　　通行権が囲繞地通行権や通行地役権である場合には、
その通行権に基づいて妨害排除請求をすることができま
す。他方、通行権が使用貸借や賃貸借などによる場合には、私道
の所有者に対して妨害の排除を求めることができるにとどまりま
す。ただし、位置指定道路、２項道路につき、妨害排除請求が認
められた事案がそれぞれあります。

　解　説

1　通行権の種類

　私道を通行するには、原則として通行権を有していることが必要で
す。通行権を有さず、事実上通行している場合には、土地の権利者（所
有者等）の厚意にすぎません。

　通行権には、囲繞地通行権、通行地役権、賃貸借契約に基づくもの、
使用貸借に基づくものなどがあります。

2　物権としての通行権

　代表的な通行権のうち、囲繞地通行権と通行地役権は物権です。

　これらの物権としての通行権を有する場合には、当該通行権に基づ

いて妨害者に対して妨害排除請求をすることができます。

（1）　囲繞地通行権

囲繞地通行権には、袋地の所有者が公道に至るために有する有償の通行権（210条通行権）と、土地の分割や一部譲渡によって袋地が生じた場合に残余地を通行することのできる無償の通行権（213条通行権）があります。

囲繞地通行権そのものの存否に争いがある場合には、囲繞地通行権の存在を主張する権利者は囲繞地通行権確認訴訟を提起することが考えられます。具体的な妨害行為をやめさせたり、予防したりすることを求める場合には、権利者が原告となって、妨害行為を行う者に対して囲繞地通行権に基づく妨害排除・予防請求訴訟を提起することになります。また、囲繞地通行権について争いがある場合で権利の保全が必要であるときには、仮の地位を定める仮処分の活用も考えられます。

囲繞地通行権確認訴訟の要件事実は、①当該土地が袋地（又は分割等で生じた袋地）であること、②当該袋地を原告が所有している又は対抗力ある賃借権を有していること、③被告が囲繞地を所有していること、④通行の場所及び方法が原告のために必要であり、かつ囲繞地のために損害が最も少ないものであること、とされています。対抗力のない賃借人の場合は、所有者の囲繞地通行権を債権者代位することで請求が可能であると考えられます。また、自動車の通行に関する囲繞地通行権につき、判断基準を示したものとして、最高裁平成18年3月16日判決（民集60・3・735）があります。

囲繞地通行権に基づく妨害排除・予防請求訴訟の要件事実は、上記①ないし④に加えて、⑤被告による妨害行為の事実又はそのおそれがある事実となります。

なお、囲繞地通行権の存否そのものに争いがある場合には、通行していること、又はその態様につき、囲繞地所有者から通行者に対して

所有権に基づく妨害排除・予防請求がなされることもあり得ます。そのような場合には、囲繞地通行権を主張する側がその存在を抗弁として主張・立証する必要があります。

（2）　通行地役権

通行地役権は囲繞地通行権と同様に物権であるものの、あくまで当事者間の設定行為によって生じる権利であり、囲繞地通行権とは異なり第三者に対抗するには原則として地役権設定登記をする必要があります。したがって、対抗要件を具備していない権利者は、第三者に通行が妨害された場合にも、直接、妨害者に妨害排除・予防請求をすることができません。

また、通行地役権の存否に関して問題となることが多い争点として、通行地役権の時効取得があります（認められた事案として最判平6・12・16裁判集民173・517）。通行地役権の時効取得の要件事実は、①原告による時効期間にわたる継続的通行、②①が外形上認識できるものであること、③継続的通行の開始時に原告が要役地を所有していたこと、④時効援用の意思表示、とされています（短期時効取得の場合には⑤継続的通行の開始時に無過失であることも要します。）。

3　債権としての通行権

賃貸借契約や使用貸借契約に基づいて通行権を有する場合、それは債権として有するものですから、契約の当事者である賃貸人又は使用貸主（ここでは土地の権利者）に対して貸主の義務の履行請求として妨害の排除を求めることができるにすぎず、直接、妨害者に妨害排除請求をすることはできません。

ただし、賃借権につき、登記によって第三者への対抗要件を具備している場合には、物権的な権利に近いものとして妨害者に対する妨害排除請求が可能になると考えられます。賃借権の場合には、20年を超える存続期間の設定はできないことに注意が必要です（民604）。

4　最高裁平成9年12月18日判決（民集51・10・4241）

　建築基準法42条1項5号による位置指定道路に面した土地の所有者らが、位置指定道路の所有者に対して簡易ゲート等の設置による通行の妨害の排除を求めた事案において、最高裁判所は「建築基準法42条1項5号の規定による位置の指定（以下「道路位置指定」という。）を受け現実に開設されている道路を通行することについて日常生活上不可欠の利益を有する者は、右道路の通行をその敷地の所有者によって妨害され、又は妨害されるおそれがあるときは、敷地所有者が右通行を受忍することによって通行者の通行利益を上回る著しい損害を被るなどの特段の事情のない限り、敷地所有者に対して右妨害行為の排除及び将来の妨害行為の禁止を求める権利（人格権的権利）を有する。」と判示しています。ここでは、①位置指定道路について現実に道路が開設されていることを前提条件とし、②通行者にとって道路使用が日常生活上不可欠であること、及び③通行を認めることにより所有者に著しい損害が生じないことを要求しています。②の日常生活上不可欠といえるか否か、及び③の著しい損害が生じるか否か、については、事案ごとの判断となるでしょう。

　さらに、この最高裁判決を受け、大阪高裁平成26年12月19日判決（判時2272・49）では、「公道ではなく2項道路であっても、現実に開設されている道路を通行することについて日常生活上不可欠の利益を有する者は、上記道路の通行をその敷地の所有者によって妨害され、又は妨害されるおそれがあるときは、敷地所有者が上記通行を受忍することによって通行者の通行利益を上回る著しい損害を被るなどの特段の事情のない限り、敷地所有者に対して右妨害行為の排除及び将来の妨害行為の禁止を求める権利（人格権的権利）を有すると解される」と述べており、いわゆる2項道路についても、人格権的権利に基づく妨害排除・予防請求が認められることを明示しました。

〔54〕 赤道の払下げを受けたい場合は？

Q 私道として利用する、いわゆる赤道の払下げを受けるには、どういった手続が必要でしょうか。

A 赤道は、市区町村が管理しているものと財務省財務局が管理しているものに分かれます。どちらの所有と管理になっているか確認し、申請の窓口と申請内容を確認して進める必要があります。

解　説

1　赤道とは

　道路法が適用される国道・県道・市道のように、法律が適用・準用される公共物のことを法定公共物といいます。これに対して、道路法等の適用又は準用を受けない公共物を法定外公共物といいます。そして、道路法等の適用又は準用を受けない法定外公共物のうち、現に、公共的な用途に使用されていないものを旧法定外公共物というとされ、その代表例として、機能を喪失した里道や水路などがあります。

　そして、地域によっては、里道は赤道・赤線・赤地、水路は青道・青線・青地などと呼ばれることがあります。これは、里道が不動産登記法14条4項の旧土地台帳附属地図（いわゆる公図）において赤い線で表示されていることから赤道、水路が青い線で表示されていることから青線等の名で呼ばれています。

　なお現在、インターネットなどで法務局で取得できる公図等の地図情報はデジタルデータとなっており、色は付いていませんが、明治期の地租改正時に作成された改組図（和紙公図）に赤い線や青い線の記

載により色分けされる運用がされたため、閉鎖公図として法務局において取得できる場合があります。

そして、いわゆる赤道は公図において、地番の記載がないため、登記簿上の所有者を知ることができないことが多く、その赤道を取得する方法が分かりにくいため問題となります。

2　赤道の所有者及び管理者

民有地に編入された道路は、地番が付され登記されるのが通常なので、地番の記載のない赤道は、明治期より民有になったことがない国有財産であると推認されていました。

そして、明治初年に既に存在していた里道（赤道）は、その後道路法上の市道等に昇格し、法定公共物になったもの以外は、建設省所管の国有財産と位置付けられていました。そしてその後、国土交通省から財務局長等に引き継がれ、それが旧法定外公共物と定義されています（旧法定外公共物に関する境界確定事務等取扱要領1（1））。

そして里道のうち道路の用に供されている国土交通大臣の所管に属する土地について、平成12年4月1日から平成17年3月31日までの間に、地方分権の推進を図るための関係法律の整備等に関する法律（以下、「地方分権一括法」といいます。）113条及び国有財産特別措置法5条1項5号により市区町村に多くが譲与されました。

赤道の管理についても、地方分権一括法により里道が市区町村に譲与されることにより、市区町村が所有権に基づく公物管理を一括管理することになりました。

これに対して、現に公物としての機能を喪失してしまっている里道等の旧法定外公共物は原則として市区町村に譲与されず、所有権は国のままになっています。

そして、旧法定外公共物の管理事務は、地方自治法の改正（平成11

年法律87号）により、都道府県による法定受託事務に位置付けられました（地方分権一括法110、国財9③④、国財令6②一カ）。

ただ、実際には、旧法定外公共物のうち機能を喪失しているものについては、財務省所管の普通財産として財務局が管理の窓口となっており、払下げの申請についても財務局となります。

3　赤道の境界確定

赤道を払下げするには、払下げをする赤道の範囲を確定する必要があります。そのためには、赤道の境界を確定する必要があります。この境界確定について「旧法定外公共物に関する境界確定事務等取扱要領」に基づく運用になっています。

赤道の幅員を調べるには、公図でのその赤道の幅をスケールで測り、その測定した幅に縮尺を乗じることで、赤道の幅員を導き出すことになります。一般的に赤道の幅員は3尺（約0.91m）や1間（約1.82m）が多いとはいえますが、必ずしも一概に決まっているとはいえないため、その都度様々な資料から幅員を確定する必要があります。

4　払下げの手続
（1）　払下げの法的性質

私人が赤道の払下げをしようとしても、公共用財産のままでは、私権の設定をすることができず、払下げを受けることができません（国財18①、自治238の4①）。そこで用途廃止（公用廃止）手続により普通財産とすることにより払下げの申請をすることができます（国財20①、自治238の5①）。

払下げの法的性質について最高裁昭和35年7月12日判決（民集14・9・1744）は、「国有普通財産の払下げは、私法上の売買と解すべきであり、払下げが売渡申請書の提出、これに対する払下許可の形式をとってい

るからといって、払下行為の法律上の性質に影響を及ぼすものではない。」と判示しています。

また、地方公共団体の普通財産の管理処分の法的性質についても、東京地裁昭和35年12月19日判決（行集11・12・3408）は、「都有普通財産は、主として東京都が財産権の主体として管理・処分する収益財産であるから、その管理処分は都が私人と同様の立場に立って行う経済的取引行為であり、本来私法規定の適用を受けるべきものである。」と判示しています。

（２）　払下げの手続の方法

国有財産のうちの普通財産についての売却は、原則は一般競争入札によりますが、赤道の払下げについてはこれと扱いが異なり、全国の各財務局に対して普通財産売払申請書を提出することになります。その際に赤道等を現に住宅敷地等として使用している場合には、売買代金のほかに使用している期間の使用料の納付が必要となります。

地方自治法234条１項が、地方公共団体が行う「売買、貸借、請負その他の契約の方法は、一般競争入札、指名競争入札、随意契約又はせり売りの方法により締結する」ことを定め、同条２項が、「指名競争入札、随意契約又はせり売りは、政令で定める場合に該当するときに限り、これによることができる」とし、一般競争入札を原則とし、これ以外の方法による契約の締結を例外的なものと定めています。

この例外について地方自治法施行令167条の２第１項２号が規定する、「その性質又は目的が競争入札に適しない契約をするとき」について、最高裁昭和62年３月20日判決（民集41・2・189）は「不特定多数の者の参加を求め競争原理に基づいて契約の相手方を決定することが必ずしも適当ではなく、当該契約自体では多少とも価格の有利性を犠牲にする結果になるとしても、普通地方公共団体において当該契約の目的、内容に照らしそれに相応する資力、信用、技術、経験等を有する

相手方を選定しその者との間で契約の締結をするという方法をとるのが当該契約の性質に照らし又はその目的を究極的に達成する上でより妥当であり、ひいては当該普通地方公共団体の利益の増進につながると合理的に判断される場合を含むものであり、そのような場合に該当するか否かは、契約の公正及び価格の有利性を図ることを目的として普通地方公共団体の契約締結の方法に制限を加えている法及び令の趣旨を勘案し、個々具体的な契約ごとに、当該契約の種類、内容、性質、目的等諸般の事情を考慮して当該普通地方公共団体の契約担当者の合理的な裁量判断により決定されるべきものと解するのが相当である。」と判示しました。

その上で事例判断ですが、市道の一部の廃道とその払下げについて一般競争入札によらず随意契約により契約を締結されたことが違法とはいえないと判示した東京地裁平成30年7月25日判決（判タ1470・148）があります。

そして、払下げの申請の用途廃止や払い下げるか否かの判断は、財産管理者の広範な裁量に属するとされており、用途廃止や払下げ申請について、私人に申請権はなく、専ら職権発動を促すにとどまるとされています。

（3）　払下げの価格と議会の議決

地方自治法237条2項は、条例又は議会の議決による場合でなければ、普通地方公共団体の財産を「適正な対価」なくして譲渡するなどしてはならない旨を規定して、払下げに当たっては原則として条例又は議会の議決を必要とすると規定しています。

売却価額について、最高裁平成25年3月28日判決（裁判集民243・241）は、「普通地方公共団体の長がその代表者として当該普通地方公共団体が所有する不動産を売却する契約を締結することは、当該不動産を売却する目的やその必要性、契約の締結に至る経緯、契約の内容に影

響を及ぼす社会的、経済的要因その他の諸般の事情を総合考慮した合理的な裁量に委ねられており、仮に当該契約に定められた売却価額が鑑定評価等において適正とされた価格を下回る場合であっても、上記のような諸般の事情を総合考慮した上でなお、当該普通地方公共団体の長の判断が裁量権の範囲を逸脱し又はこれを濫用するものと評価されるときでなければ、当該契約に定められた売却価額をもって直ちに当該契約の締結が違法となるものではないと解するのが相当である」と広範な裁量が認められる旨を判示しました。

　もっとも、赤道の払下げの事例ではありませんが、町有地が条例又は議会の議決によらず、適正な対価なくして売却されたとして、一審判決を取り消し、町長への損害賠償請求を認容した高松高裁平成29年3月16日判決（判タ1439・83）があります。

　このように、市区町村の払下げにおいて、用途廃止の場合には議会の承認を得なければならず、また適正な対価の判断のために不動産鑑定評価によることが広く行われており、これらには相当の期間を要することになりますので注意が必要です。

　その他に、払下げの基準は市区町村で定められていますが、代表的なものは次のようなものです。

① 道水路の公共的機能を失っていること。
② 道水路の施工計画がないこと。
③ 隣接地との筆界及び所有権界が明確であり、紛争が生じていないこと。
④ 工作物、埋設物等の占用物及び物件がある場合は、占用者又は所有者が明確であり、その取扱いについて協議済みであること。
⑤ 利害関係人の同意を得ていること。
⑥ 要望箇所以外の道水路に支障が生じないこと。
⑦ 申請者は用途廃止対象地の隣接土地所有者で、自己の土地との一体利用を図るための払下げを前提とする用途廃止であること。

⑧　申請に係る測量や分筆登記が必要になる場合の費用は申請者負担とすること。

⑨　申請地の隣接土地所有者等全員の承諾があること。

赤道の一部の払下げをすることにより、その残部が通路としての機能を失う場合は、隣接土地所有者と共に一括して払下げの申請をしなければならない場合もあり、その他にも、状況により許可に必要な条件がある場合があります。

赤道の払下げについて、他の申請者の土地との交換（付替え）の場合は、要望箇所の用途に代わるべき他の財産が、要望箇所と同等以上の公共的機能を有していることが必要となります。

払下げは測量や境界の立会いを伴いますので、詳しくは土地家屋調査士にご相談ください。

（4）　時効取得との関係

払下げの対象となる土地について住宅敷地等として使用し占有をしていた場合に、取得時効が成立する余地があります。もっとも付近住民から本件全体土地のうち国有地のまま残された払下げ未了土地部分について払下げをしてもらいたいとの要望を受け、売払いを行う前提として、本件全体土地の各測量及び境界確定協議に着手した。そして統一した指針のもとに、本件全体土地に渡って従前払下げ土地と払下げ未了の国有地との境界を確定していった。被告が復元した境界について、これを認める者や異論を唱える者など対応がまちまちに分かれたが、関係所有者全体で足並みを揃えるために調整が行われた結果、最終的に被告の復元した境界に関係所有者全員が応じ、丈量図に署名押印しその際には異論が出なかったという事案においては、取得時効の援用をすることが信義に反するとして取得時効を求めた土地所有権確認請求が棄却された事案がありますので（東京地判平12・2・4訟月47・1・164）、取得時効の援用をする可能性がある場合には払下げの申請により時効援用ができなくなる場合があり、注意が必要です。

〔55〕 「公共の用に供する道路」とは？

　　固定資産税の非課税要件である「公共の用に供する道路」とはどういったものでしょうか。

　　固定資産税の非課税要件である「公共の用に供する道路」とは、原則として道路法上の道路をいいますが、所有者において何らの制約を設けず、広く不特定多数人の利用に供するものであり、道路法にいう道路に準ずるものと認められるものを意味するとされています。

解　説

1　「公共の用に供する道路」の規定

　地方税法348条には、固定資産税の非課税の対象について定められており、同条2項5号において「公共の用に供する道路」が非課税対象とされています。公共用の道路等は、不特定多数の人に利用され、公共性が高い場合には、固定資産税を賦課徴収するのは適当ではないことから非課税とされたものです。もっとも、地方税法にはその意義についての規定はありません。そこで、この「公共の用に供する道路」とはどのような道路が該当するのかが問題となります。

2　「公共の用に供する道路」の意義

　「公共の用に供する道路」の意義については、以下のような行政実例や裁判例があります。

　国は、通達や通知による行政実例により見解を明らかにしています。行政実例では、「原則として、道路法の適用を受ける道路をいうもので

あるが、林道、農道、作業道等であっても、所有者において何等の制約を設けず、広く不特定多数人の利用に供し、道路法にいう道路に準ずると認められるものについては、それに包含されるものである。」という解釈をしたものがあります（昭26・7・13地財委税1140）。

また、裁判例では、「「公共の用に供する道路」とは、原則として道路法が適用される道路を意味し、所有者において何らの制約も設けず（開放性）、広く不特定多数人の利用に供されている（公共性）ものをいうが、道路法による道路でなくても、それに準ずる土地であって、何らの制約なく一般公衆の利用に供されているものを別異に解する理由はないから、「道路法にいう道路に準ずるもの」と認められるもの（準道路性）を含むと解すべきである。」としたものがあります（福岡高判平26・12・1判自396・23）。

このように「公共の用に供する道路」は、通路の使用の実態、利用状況から、「道路法上の道路に準ずるもの」と認められるかを判断することになります。もっとも、自治体により、具体的な要件は異なるため、私道がある各自治体に確認する必要があります。自治体によっては、その要件がホームページに掲載されています。

なお、上記のとおり「公共の用に供する道路」かどうかは利用状況により判断されるため、建築基準法の位置指定道路（建基42①五）が直ちに「公共の用に供する道路」に該当するものではありません。

3　「公共の用に供する道路」の要件の具体例

東京都主税局のホームページによれば、東京都23区で以下の要件を満たす私道が非課税とされています。

① 利用上の制約を設けず不特定多数の人の利用に供されていること（利用上の制約の具体例として、植木や室外機、自動車、自転車を置いている場合、一般の通行を禁止する表示物や門扉・車止めなど

通行の障害物がある場合などが挙げられています。)。
② 客観的に道路として認定できる形態を有すること。
③ 以下のいずれかに該当すること。
　㋐　「通り抜け私道」の場合（道路の起点がそれぞれ別の公道に接する道路）は、道路全体を通して幅員が1.8m程度以上あること。
　㋑　「行き止まり私道」、「コの字型私道」の場合は、2以上の家屋の用に供され、専ら通行のために使用されており、道路幅員が4.0m以上あること（従前から存在していた道路の場合は1.8m以上あること。)。

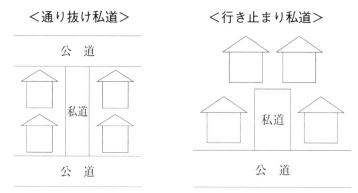

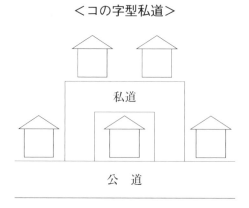

Q&A編　第5章　管理に起因する困難　209

〔56〕　私道に設置されたライフライン設備の維持・管理は？

Q　私道に設置が認められた水道管等のライフライン設備がありますが、この設備の維持管理はどうなるのでしょうか。

A　土地所有者間での合意がない場合には、設備の設置や設備の使用について私道の所有者に対して最も損害の少ない場所及び方法を選ばないといけません。ライフライン設備が他人の所有である場合には、使用によって受ける利益の割合に応じて維持管理に要する費用を負担しなければなりません。

解　説

1　私道におけるライフライン設備の設置の法的根拠

　私道の地表や地中に水道管やガス管などのライフライン設備を設置する根拠としては、土地所有者間の合意による地役権の設定や、地役権の時効取得、民法220条（排水のための低地の通水）、民法221条（通水用工作物の使用）、下水道法11条の規定のほか、民法の相隣関係の規定等の類推適用（最判平14・10・15民集56・8・1791）などによるものがありました。

　しかし、このような根拠は、いずれも解釈によるものであり、ライフライン設備設置の法的根拠としては弱いものがあるといわざるを得ませんでした。

　そこで、令和3年の民法の一部改正において、他人の土地や他人が設置した設備を経由しなければ電気、ガス、上下水道等の利用ができない土地所有者は、隣地等に設備を設置する権利又は他人が所有する

設備を使用する権利を有することが明記されるに至りました（民213の
2①）。

2　土地所有者間での合意による地役権設定に基づく利用

　地役権設定契約の締結は、黙示によるものと明示によるものとが存
在します。黙示による地役権設定契約の認定に当たっては、好意によ
る利用黙認が直ちに黙示の地役権設定契約の締結となるものではない
ことに注意が必要です。

　東京地裁平成16年4月26日判決（判タ1186・134）においては、長期間
かつ日常的な通路の利用、利用の必要性等の諸事情に鑑み、通路を近
隣住民の通行及び下水道の設置利用に供する状態を継続することが前
提とされていたとして、好意により通行させていたにすぎないとみる
ことは相当でなく、通路につき通行及び下水道の設置利用をする地役
権を設定する黙示の契約が締結された旨判示しています。

　なお、地役権設定契約が存在する場合には、登記の欠缺を主張する
正当な利益を有する第三者には登記なくして対抗することはできませ
ん。

3　地役権の時効取得

　地役権の時効取得については、民法283条に「継続的に行使され、か
つ、外形上認識することができるもの」のみ対象になると規定されて
います。地役権の時効取得の紛争は通行地役権をめぐるものがほとん
どです。通行地役権の判例において、いわゆる「継続」の要件として、
承役地となる土地の上に通路を開設することを要し、かつその開設が
要役地の所有者によってなされることを要すると解されています（最
判昭30・12・26民集9・14・2097）。

4 民法の規定等の類推適用などに基づく利用（民法改正前）

　仮に地役権設定契約の締結や地役権の時効取得が認められないとしても、ライフライン設備の設置が可能な土地が私道しかない場合には、その私道の利用を認めなければ、実質的に土地を有効に利用できません。そこで、ライフライン設備のための私道利用については、明確な規定は存在しなかったものの、既存の規定の趣旨を類推するなどして利用を認める裁判例も存在しました。ただし、他人の土地を利用する以上は、その利用は必要最低限のものにとどめられるべきことには注意が必要とされました。

　この点につき、「現代社会において日常生活を営むについて電気、ガス、電話等の利用は必要不可欠であるから、他人の土地を通らなければこれらの導管又は導線を設置することができない場合には、隣接土地相互間の利用の調整を目的とする民法の相隣関係規定（隣地の使用・立入権に関する民法209条、袋地所有者の囲繞地通行権に関する民法210条、余水排出権に関する民法220条等）及び他人の土地への排水設備の設置に関する下水道法11条1項の規定の趣旨を類推して、建物の所有予定者が建物の利用に必要不可欠なインフラ設備を設置するため、隣接土地の所有者に対して、最も損害を与えない必要最小限度の範囲で隣接土地の使用について承諾を求める権利があり、これに対応して隣地の所有者は、隣接土地の使用を受忍する義務があるものと解される」と判示した裁判例があります（東京高判令2・1・16（令元(ネ)3387））。

5 令和3年改正民法による規律

　民法の一部改正により、土地の所有者は、①他の土地に設備を設置し、又は他人が所有する設備を使用しなければ継続的給付を受けることができないときは、②必要な範囲内で、他の土地に設備を設置し、

又は他人が所有する設備を使用することができることが明記されました（民213の2①）。設備の設置又は他人の所有する設備の使用のためには、設備を設置する土地又は他人の所有する設備がある土地を使用することができます（民213の2④）（隣地使用についての民法209条を準用しています。）。

ただし、設備の設置又は他人の所有する設備の使用に当たっては、③他の土地又は他人が所有する設備のために損害が最も少ない場所及び方法を選ばなければいけません（民213の2②）。

そして、これらの権利を有する者は、設備の設置又は設備の使用について、④あらかじめ、その目的、場所及び方法を他の土地又は設備の所有者、及びその土地を現に使用している者に通知しなければならないこととされています（民213の2③）。

設備を設置する者は、その土地の損害に対して償金を支払わなければならず（民213の2⑤）、他人が所有する設備を使用する者はその設備の使用を開始するために生じた損害に対して償金を支払わなければなりません（民213の2⑥）。

また、他人の所有する設備を使用する者は、受ける利益の割合に応じて、設置、改築、修繕及び維持に要する費用を負担することとなっています（民213の2⑦）。

＜関連するケース＞

Case12

Q&A編　第5章　管理に起因する困難　213

〔57〕　通行地役権の設定登記の方法は？

Q 通行地役権が設定された土地について地役権設定登記を行いたいのですが、どのように行うべきでしょうか。

A 地役権者は、設定行為で定めた目的に従い、他人の土地を自己の土地の便益に供する権利を有します。そして要役地、承役地共に登記されます。また承役地の一部に地役権が設定される場合は地役権図面を添付した上で登記申請することになります。

解　説

1　地役権の内容と登記事項

　地役権者は、設定行為で定めた目的に従い、他人の土地を自己の土地の便益に供する権利を有します。そして地役権者の土地であって、他人の土地から便益を受けるものを要役地といい（民281）、地役権者以外の者の土地であって、要役地の便益に供されるものを承役地といいます（民285）。

　そして、地役権は、別段の定めがない限り、要役地の所有権が移転すれば、地役権の合意がなくてもその所有権と共に移転します（民281）。

　地役権が設定される場合の登記事項は、まず登記の目的（不登59一）、申請の受付の年月日及び受付番号（不登59二）、登記原因及びその日付（不登59三）があります。

　地役権は設定契約により設定され、又は時効（民283）により取得さ

れます。登記原因及びその日付は設定契約によるときは「○年○月○日設定」となり、時効によるときは「○年○月○日時効取得」となります。

その他の登記事項としては、要役地（不登80①一）、地役権設定の目的及び範囲（不登80①二）及びその他別段の定めがあるときのその定め（不登80①三）です。また、要役地の甲区（所有者欄）を見ればその内容が分かるため、地役権者の氏名又は名称及び住所は登記されません（不登80②）。

地役権設定の範囲が承役地の一部であるときは、地役権図面（後掲「**地役権図面**」参照）を添付情報として申請しなければなりません（不登令別表㉟ロ）。地役権図面には番号（地役権図面番号）が付され、承役地の登記記録に記載されます。

＜登記記録例（記録例282）＞

（承役地）

権利部（乙部）		（所有権以外の権利に関する事項）	
順位番号	登記の目的	受付年月日・受付番号	権利者その他の事項
1	地役権設定	令和○年○月○日 第○号	原因　令和○年○月○ 　　日設定 目的　通行 範囲　北側22平方メー 　　トル 要役地　○市○6番 地役権図面第○号

（注）登記権利者（地役権者）の氏名及び住所を登記することを要しません（不登80②）。

（要役地）

権利部（乙部）　　　（所有権以外の権利に関する事項）			
順位番号	登記の目的	受付年月日・受付番号	権利者その他の事項
1	要役地地役権	（余白）	承役地　○市○５番 目的　通行 範囲　北側22平方メートル 令和○年○月○日登記

（注）　要役地が承役地と同一登記所の管轄に属する場合の例です。

2　地役権図面の記載内容

　前述したように地役権図面が作成されるのは、承役地の一部に地役権が設定される場合です。そして、地役権図面には、地役権設定の範囲を明確にし、方位、縮尺、地番及び隣地の地番並びに申請人の氏名又は名称を記録しなければならないとされています（不登則79①）。

　また地積測量図が原則として250分の１の縮尺で作成するものと定められている（不登則77④）のと異なり、適宜の縮尺により作成することができるとされています（不登則79②）。

　そして、地積測量図が基本三角点等に基づく測量の成果による筆界点の座標値（不登則77①八）やこれがない場合には近傍の恒久的な地物に基づく測量の成果による筆界点の座標値を記録しなければならない（不登則77②）とされているのに対し、地役権図面については、そのような規定はありません（不登則79・80参照）。

　また地役権図面は、登記所備付けの地積測量図と整合性があり、範囲が明確で、その範囲の地積測量の結果が記載されていなければならないとされています（「地役権図面の作製方法について」登記研究451号123頁（1985））。そして、地役権図面には、範囲の地積及び求積の方法を記載しなければならないとされています（「地役権設定の範囲について」登記研究453号124頁（1985））。

＜地役権図面＞

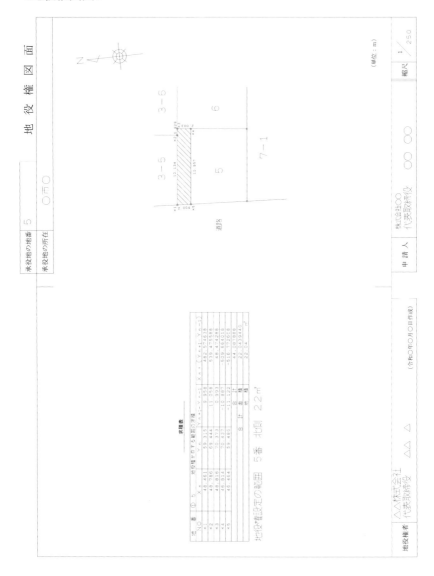

Q&A編　第5章　管理に起因する困難　217

〔58〕　私道を登記する際の注意点は？

Q 　既に私道の登記がされている場合と、これから私道の登記をする場合とで、登記の方法や登記以外について注意点はありますか。

A 　売買や相続の際には原則として、私道の登記の漏れがないようにしなければなりません。特に私道は固定資産税が課税されておらず、固定資産税納税通知書に記載がない場合もあり、登記の際に抜け落ちることが見られます。新たに私道を開設し登記する場合は、将来の維持管理や売買による承継を含めて検討することが望ましく、一律に通行掘削承諾書の取得をすることは避けるべきと考えられます。

$\boxed{\text{解　説}}$

1　既に私道が登記されている場合に移転登記をする場合

　私道又は私道持分はその私道と一体として利用する宅地等と一緒に登記をして、私道の登記に漏れのないようにすることが必要です。「公共の用に供する道路」としての私道には固定資産税が課税されないため（地税348②五）、私道も含めて譲渡した売主が譲渡した翌年以降に固定資産税の課税がされないため気付かない場合があります。そしてその土地所有者に相続が発生するなどすることにより所有者不明土地となる一因にもなります（民264の2）。

　これを防ぐ方法として名寄せを取得することや、令和8年2月2日施行予定の所有不動産記録証明制度を利用することなどが考えられます（〔47〕参照）。

2 私道の移転登記をする際の登録免許税の計算方法

不動産の所有権移転登記に必要な登録免許税は、その不動産の固定資産税評価額を課税価格とするのが通常です。しかし、「公共の用に供する道路」としての私道は固定資産税が課税されないため固定資産税納税通知書、課税明細書に記載されていない場合があります。また物件として記載されていても固定資産税評価額の記載がない場合が多いです。

私道の課税価格は、固定資産税評価額の記載がない場合は、近傍宅地価格の単価×地積×私道持分割合×30％で計算します。固定資産税評価額の記載があれば、その評価額を課税価格とします。

近傍宅地価格は、当該私道の固定資産税評価証明書を申請する際に、申告して記載してもらう必要があり注意が必要です。また、近傍宅地価格を市区町村の資産税課で記載してもらえない場合は管轄法務局に事前に問合せをした方がよいでしょう。私道と同時に所有権移転登記をする宅地価格を近傍宅地価格とする場合が多いですが例外的にそうでない場合があります。

3 新たに私道の登記をする場合

新たに私道を開設して登記する場合にその私道の所有権又は持分権をどのようにして登記するかにより、その後の私道の維持管理の内容に違いが生じる場合があります。私道の登記の方法は大きく分けて次の三つです。具体的には、所有者不明私道ガイドラインに様々な事例が掲載されており参考になります。

（1）共同所有型私道

民法上の共有関係にある私道として共同所有型私道の形態が挙げられます。これは複数の者が私道を分筆登記をすることなく共有の状態で各共有者が持分権を有するものです（〔22〕参照）。

この方法は後述する二つの方法よりも他の共有者の同意がなくても可能な行為が多いといえます。

（2）　相互持合型私道

民法上の共有関係にない私道として相互持合型私道の形態が挙げられます。相互持合型私道は典型的には、私道付近の宅地を所有する複数の者が、それぞれの所有する土地を通路として提供し、私道がこうした数筆の土地により形成されているものです（〔22〕参照）。

（3）　単独所有

私道の所有権を元々の所有者である地主のままにしておいたり、デベロッパー名義にしておいたりする場合があります。

これについて、地役権の設定契約を締結したり、通行承諾をする場合もありますが、地主に相続が発生したり、デベロッパーが倒産・解散・清算するなどすると地役権の移転ができない事態が生じ得ます。

4　私道の登記におけるそれぞれの形態の問題点

（1）　私道の維持管理が問題になる場面

私道を含めた売買契約締結の際に私道共有者の境界確認、通行や掘削の承諾書の取得を事前に求められ、これが売買契約の条件とされることがあり、その際に承諾が得られないことで問題が生じることがあります。

なお、私道の境界確認については〔41〕を参照ください。

（2）　私道の通行

私道の通行については、共同所有型私道においては、持分に応じた使用（民249①）として可能です。また相互持合型私道の場合においても、黙示の地役権が設定されたと考えることができ、他人の所有の私道を通行することは可能です。また元々の地主やデベロッパーの単独

所有であっても通行権の設定契約がされているとみることができ通行
は可能です。

　もっとも自動車の通行に関しては私道の開設に当たり予定されてい
るかどうかにより結論が変わる場合がありますので、これまで私道に
自動車の通行がされておらず、新たに自動車の通行をすることになる
など具体的に疑義がある場合には、自動車通行の承諾書を取得してお
くことが有益な場合もあります。

（３）　私道の上下水道管の設置及び使用についての法律関係

　私道が単独所有の場合の事例ですが、宅地所有者が隣接する私道に
存する給排水管施設の使用の承諾を求めたのに対し、最高裁平成14年
10月15日判決（判時1809・26）は、民法220条及び221条の類推適用により
導管使用権を認容しました。

　また同最高裁判決の判例解説（『最高裁判所判例解説　民事篇　平成14年
度（下）』〔34〕事件〔太田晃詳〕（法曹会、2005））によれば、他人の土地に導
管等を設置しなければ水道等を流入できない土地を導管袋地といい、
これに導管設置のために必要かつ合理的であり、隣接地のために最も
損害の少ない位置・方法により導管を設置するという導管設置権につ
いて、個別の事案で要件を満たさないとして請求が棄却されたものは
あるが、少なくとも給排水についての導管設置権の考え方自体を否定
する裁判例は見当たらないとしています。

　相互持合型私道においては、私道に公共的導管を設置するような場
合は、設置部分の各土地の所有者が地方公共団体との間で利用権を設
定する必要があり、私道の一部の土地の所有者が所在不明等の場合に
はこれを設定できないという弊害があります。これに対して、共同所
有型私道の場合は、管理に関する事項として持分の価格の過半数の同
意で設定することができるため、共同所有型私道の方が望ましい場合
であるといえます。

Q&A編　第5章　管理に起因する困難　　221

（4）　私道の掘削の承諾

　上記のような最高裁判例や下級審裁判例がありますが、導管設置権や導管使用権の明文がないことや、個別の事情により導管設置権等が認められないこともあり得ること等から、不動産取引において掘削承諾書の取得が売買契約の条件とされることが広く行われてきました。

　元々掘削承諾書は、市区町村等の水道事業者が設置している既存の配水管について、私道の地下において分岐して給水管を設置する等の工事に際して私道を掘削する必要があるため市区町村の上下水道課に提出しなければならない書類として徴収されてきた経緯があります。

　そして、私道に埋設されている上下水道管が市区町村等の所有の公設管である場合は、その接続について市区町村に対して申請すればよいので設備使用権についての問題は生じません。接続工事の際の掘削についての承諾のみがあれば足りますが、私設管が埋設されている場合にはその私設管に接続工事をする設備設置権の承諾のほか、私設管を使用する設備使用権の承諾も必要になると考えられます。

　しかし、そのような設備設置権と設備使用権、公設管と私設管の違いを意識せずに一律に通行掘削承諾書の取得を求められる状況が見られます。そして、導管設置権と導管使用権が明文化された改正民法下では個別具体的な事情を検討した上で必要な場合のみに限定されるべきと考えます。

　また令和3年の民法改正に前後して掘削承諾書の添付を必要としない運用の市区町村が増えています。京都市では、他人の土地を利用しなければ給水管を埋設できない場合に、その他人の土地の所有者の承諾書の写しの提出することが求められていましたが、その取扱いを廃止し、申請者から給水管の埋設に当たり他人の土地の所有者等から異議があった場合には、申請者の責任で解決する旨記載した書類の提出で足りると運用を変更しました。

令和3年の民法改正により、設備設置権及び設備使用権が明文化されましたが（民213の2）、その設備設置権や設備使用権の償金についての規定は明文化されたものの償金の内容については今後の実務の運用に委ねられていくと考えられます。その償金の内容を明確にする掘削承諾書であれば意味があると考えられます。

5　団地規定の適用の可能性

　所有者不明私道ガイドラインでは、共同所有型私道とこれと接する各宅地とは一団の土地を形成していると見て区分所有法の団地の規定を適用することができるとされています。区分所有法65条では、一団地内に数棟の建物があって、その団地内の土地等がそれらの建物の所有者（非区分建物でも可）の共有に属する場合には、それらの所有者は、全員で、その団地内の土地等の管理を行うための団体を構成し、区分所有法の定めるところにより、集会を開き、規約を定め、及び管理者を置くことができるとされています。建物の区分所有関係と異なり、戸建て建物が介在する団地関係においては、関係者が団地関係にあるという認識をしていないことが多いと思われますが、その認識により団地規定の適用がされなくなるものではありません（〔27〕参照）。

　この団地規定を適用することにより、共同所有型私道の共有者の一部が所在不明等の場合に共有私道の形状又は効用の著しい変更を伴う変更工事をする際に、団地管理組合の集会決議をすることにより可能となりますのでメリットがあります。

　ただ、これまで何の規約も定めていない中で、一から団地内の建物所有者が規約を定め、集会を開き決議をすることは一般消費者である建物所有者にとって容易なことではありません。

　そのため、デベロッパーが分譲し、私道の登記をする際に、まず共同所有型私道の形態が望ましいといえます。また私道の維持管理に関

Q&A編　第5章　管理に起因する困難　223

する事項を含めた団地関係の規約を定め、更にこれを区分所有法67条
２項に準じ公正証書により定めれば、規約の内容が明確になり、また
規約を紛失した際に転得者に対して交付することが可能になるなど将
来の紛争の防止や解決を容易にする効果が期待できると考えられま
す。

　そうして私道の維持管理の内容が明確になっていれば、私道を含め
た宅地の売買契約の際に通行掘削承諾書の取得の必要がなくなる場合
もあり得ると考えられ、不動産取引の円滑化にも資するものと考えら
れます。

〔59〕 私道の時効取得はできるか？

Q 私道として利用されている土地について時効取得ができるのでしょうか。

A 所有権の時効取得に際しては、所有の意思、善意、平穏、公然、そして20年の占有（無過失の場合は10年の占有）という要件を満たす必要があります。一般の通行の用に供される私道について時効取得は原則として認められませんが、例外として時効取得できる場合があります。また、令和3年の民法改正により時効取得以外の方法により、私道の所有権を取得できる方法が拡大しました。

解　説

1　所有権の時効取得の要件

　所有権の時効取得は、所有の意思、善意、平穏、公然、そして20年（無過失の場合は10年）の占有という要件を満たす必要があり、更に取得時効の援用をする必要があります（民162）。

　ここで時効取得の成立に必要な占有とは、「一定範囲の土地の占有を継続したというためには、その部分につき、客観的に明確な程度に排他的な支配状態を続けなければならない」（最判昭46・3・30判時628・52）とされています。この排他的な支配状態の判断においては、社会通念によって決せられることになります。

　東京地裁昭和62年1月27日判決（判タ639・165）は、「取得時効の要件である占有の態様は、本件のような原野と宅地、農地などとではおのずから異なることは当然である」と判示し、その土地について予定されている用法によって排他的な支配状態は異なるとされます。

2 道路についての時効取得の可否

（1） 公道についての時効取得

「道路」とは、一般交通の用に供する道であり（道路2①）、「里道の
ように公共の使用に供せられる物については、その公用を廃した後で
なければ時効取得の目的物とならない」とされ、公用廃止がされない
限り取得時効の対象とはならないとされています（大判大8・2・24民録
25・336）。もっとも公用廃止がなくても、「公共用財産が、長年の間事
実上公の目的に供用されることなく放置され、公共用財産としての形
態、機能を全く喪失し、その物のうえに他人の平穏かつ公然の占有が
継続したが、そのため実際上公の目的が害されるようなこともなく、
もはやその物を公共用財産として維持すべき理由がなくなった場合に
は、右公共用財産については、黙示的に公用が廃止されたものとして、
これについて取得時効の成立を妨げない」として黙示の公用廃止の理
論によって例外的に取得時効の成立が認められます（最判昭51・12・24民
集30・11・1104）。

このように、公道につき時効取得が認められるためには、公用が明
示又は黙示に廃止され、通行の用に供されていないことが前提となり
ます。

（2） 私道についての時効取得

私道についても、建築基準法の位置指定道路は、建築物は、道路内
に建築することは原則としてできないとされ（建基44①柱書）、敷地の接
道義務を果たすための道路となっている私道の変更又は廃止を禁止
し、又は制限することができるとされています（建基45①）。これらの
規定は道路が交通の確保という公法上の義務を果たすためのものであ
り、このような公法上の義務が損なわれる場合には、原則として取得
時効の対象とはなりません。

もっとも、公道と異なり、私道の場合は私道の所有者が長期間所在

不明等により権利主体が存在しなくなり、私道の管理がされない状況により、そのために交通の確保という公法上の義務が果たせない場合には、私道の取得時効を認める等により、権利主体を交代させることがふさわしいケースも存在します。

とはいえ、通行の用に供されている私道について取得時効の要件である排他的占有が認められるのは例外的なケースといえます。

令和3年の民法改正以前の事案ですが、現地では位置指定道路は側溝が設置され、道路と道路以外の土地が区画されているが、公図上では位置指定道路の一部の土地が隣接する宅地と一体の土地を構成し、当該土地の登記名義人の登記がされてから50年以上経過し、その後相続登記もされずその登記名義人の所在も生死も不明で、訴状が公示送達以外では送達されなかった事案で、当該宅地を売買により取得した建物所有者の宅地と道路の一部の土地の取得時効が認容された事案があります（東京地判令4・6・13（令4（ワ）1854））。

その事案では、位置指定道路の機能は維持され通行の用に供されていたものの、時効取得者が道路を使用し、下水道を敷設しその際の埋設工事費用の一部について区の補助金を得ました。また舗装工事の際には、その工事費用の一部について区の補助金を得ました。電柱を設置し東京電力からその使用料を徴収する、植木鉢を置く等によって占有してきた一連の行為をもって当該事案においては排他的な占有と評価されました。

3　令和3年の民法改正後の代替手段

（1）　所有者不明土地管理命令

特定の土地の利用、買取りなどの意向を有する利害関係人が、当該土地の所有者を特定することができず、又は所有者が所在不明となっている土地を対象として、地方裁判所に対し、所有者不明土地管理命

令を申し立てることができます（民264の2）。

　管理人は裁判所の許可を得て対象の不動産の売却をすることができます（民264の3②）。これにより、私道の権利主体を交代させ、適切な管理がされることを期待することが可能となります。

　また、所有者不明土地を時効取得したと主張する者の申立てにより所有者不明土地管理人が選任された場合には、選任された所有者不明土地管理人としては、時効取得を主張する者の主張の適否を検討し、場合によっては、時効取得を主張する者から訴訟の提起を受け、その被告となって応訴し、認容判決がされた場合には、所有権の移転の登記をすることになります。その登記がされれば、管理すべき財産がなくなるので、所有者不明土地管理命令が取り消されることになります（法制審議会民法・不動産登記法部会資料43・3頁）。

（2）　所在等不明共有者の不動産の持分の取得

　共有者が他の共有者を知ることができず、又はその所在を知ることができないときは、裁判所は、共有者の請求により、その共有者に、当該他の共有者の持分を取得させる旨の裁判をすることができるという所在等不明共有者の不動産の持分の取得の制度が新設されました（民262の2①）。遺産共有の場合には相続開始後10年経過後にこの制度を利用することができます（民262の2③）。

　これにより、私道の権利主体を交代させ、適切な管理がされることを期待することが可能となります。

〔60〕 私道の管理に補助はあるのか？

Q 私道の管理を行う際にかかる費用などを補助してくれる助成制度のようなものはあるのでしょうか。

A 地方公共団体の中には、住民の生活環境の改善を図るため、一般の交通の用に供されている私道の整備・舗装工事や、排水施設工事に要する費用の補助金を交付しているものがあります。

解説

1 私道の整備等の行為の法的性質

地方自治体は、地方自治法232条の2に「公益上必要がある場合に」補助金の交付をすることができると規定されています。そして、不特定多数の人々が利用する私道の整備については、一般的に公益性が高いと考えられるため、私道の整備に関する補助金の交付に関する要綱が定められる等により補助金の交付が行われる場合があります。

そして、私道の整備に関する補助金の交付に当たり、当該私道が共有の場合に、その工事内容が私道共有者のどの範囲の持分により施工が可能かどうかを検討する必要があります。

共有私道について補修工事等を行う場合に、民法の共有物の保存・管理等の解釈が必ずしも明確ではないため、事実上、共有者全員の同意を得る運用がされており、その結果、共有者の所在を把握することが困難な事案において、必要な補修工事等の実施に支障が生じているとの指摘がされてきました。令和3年には、所有者不明土地の発生予防と管理円滑化の両面から総合的に民事基本法制を見直す改正が行わ

れました。これを受けて令和4年6月に共有私道の保存・管理等に関する事例研究会から所有者不明私道ガイドラインが公表されました。

　所有者不明私道ガイドラインは、私道を複数名で共有する方々をはじめ、行政、司法、ライフライン事業等の関係者に広く参照されるため、各種新制度の内容、実務上問題となることが多いと指摘される共有私道の工事に関する支障事例における具体的な適用関係が幅広く紹介されており参考になります。

　所有者不明私道ガイドラインによればアスファルト舗装の新設工事は、改正民法下では、軽微変更（民251①括弧書）として管理行為と解されます。そして、管理行為は各共有者の持分価格の過半数をもって決する（民252①）ことができるとされています。

　共有私道における排水施設としての側溝の補修工事は、保存行為とされていますが、従来排水施設がなかった共有私道について排水施設を新設する行為については所有者不明私道ガイドラインに事例がなく、必ずしも明確ではありません。

　もっとも、私道が現在の建築基準法施行令144条の4において側溝等の排水に必要な施設が必要とされること、形状の変更もそれほど大きなものでないこと、私道の効用を向上させるものですので、軽微変更行為として管理行為とする余地もあります。所有者不明私道ガイドラインによれば共同私道下の公共下水管の新設が管理行為とされているので、これに準じると考えることができます。

　もっとも、公共下水管が道路の地中の工事であり、地上の道路形状を物理的に変更する点を重視すれば変更行為と考える余地もなくはないといえます。

2　私道の管理の助成金交付の課題と自治体の対応

　共有私道の整備工事について補助金を交付する際には、当該私道の

所有者全員の承諾書を補助金申請の必要書類として定めている地方公共団体が多いところ、私道の整備の必要性があるにもかかわらず、一部の所有者が所在等不明となり、その者の承諾書が得られないため、補助金交付申請ができないという支障が生じているケースがあります。特に、費用が多額に上る工事の場合には、住民個人がその全額を負担することが困難なことも少なくありません。

　そして、補助金制度を置く地方公共団体の中でも、一定の条件の下で、所有者全員の承諾書の提出がなくても、補助金を交付することができることとする先進的な取組を行っているものがあります。

　熊本市は、私道の整備工事又は補修工事を行う者に対し、補助金を交付する制度を設けています。

　同市の従前の私道整備補助金制度は、工事施工箇所が複数人の共有となっている場合には、全ての所有者の同意が得られていることを必要としていましたが、民法改正に伴い、補助金交付規則を改正し、所有者同意の要件を緩和しました。

　具体的には、次に掲げる区分に応じ、工事施工箇所の土地所有者の必要な承諾書が得られていることです。

① 　軽微な変更である私道を舗装するなどの行為（民法252条1項の管理行為）については、持分価格の過半数の同意が得られていること。ただし、所在が不明な共有の土地所有者等がいる場合、裁判所の決定を得て、その共有者以外の共有者の持分価格の過半数が得られていること。

② 　側溝新設などの行為（民法251条1項の変更行為）は共有者全員の同意が得られていること。ただし、所在が不明な共有の土地所有者等がいる場合、裁判所の決定を得て、その共有者以外の共有者全員の同意が得られていること。

　また、横浜市では、公道と同様に使用されている私道について、私

道所有者が舗装の補修工事等を行う場合に、市が一部を助成する「私道整備助成制度」を設けるとともに、私道所有者に代わって市が舗装工事などを行う「私道整備制度」の二つの事業を行っています。

私道整備助成制度については、私道所有者の一部が所在等不明な場合であっても、一定の要件が整った場合には、助成を受けられる場合がある旨の緩和規定が設けられています。

具体的には、次の要件です。

① 私道所有者の登記上の住所及び住民票上の住所（私道所有者が法人の場合は、法人及びその代表者（法人が解散している場合は、清算人）の登記上の所在地又は住所並びに住民票上の住所）に連絡文書を郵送しても宛先不明で返送された場合、又は複数回郵送しても何ら応答がない。

② 登記上の私道所有者の死亡が確認され、法定相続人の住所に連絡文書を郵送しても宛先不明で返送された場合、又は複数回郵送しても何ら応答がない。

また私道整備制度は、鉄道駅、区役所、小中学校及び図書館等の公共施設からおおむね半径500mの範囲の地域にある私道、又は新たに通学路に指定された私道で幅員2.7m以上のもので、公道として寄付することが困難で、道路管理者が制度の目的と照らして整備することが適当と判断した場合に整備の対象となります。

補助金の申請要件として、私道共有者の全員の承諾を要件とすることは、民法の規定よりも要件を加重しており、特に所有者不明の場面では、改正民法の趣旨を踏まえ、より良い街づくりのために補助金を交付できる柔軟な制度設計が必要と考えられます。

〔61〕 私道を公道に編入するには？

Q 私道を公道化すると舗装等の整備を行ってもらえると聞きました。どうすれば私道を公道に編入できるのでしょうか。

A 私道を公道に編入するには、市区町村が要綱を定めていますのでその内容を確認し、その申請内容を確認し進める必要があります。

解 説

1 私道を公道に編入するとは

私道を公道に編入することを寄付や採納といいます。

私道が公道に編入されることにより私道を維持管理する負担がなくなります。また、行き止まりの私道は相続税の評価対象となるため（評基通24）、私道を採納できれば相続財産が減少し、相続税対策にもなることから、私道を公道に編入できるならそれが望ましいといえます。

ただ、各自治体はどのような私道でも受け入れるわけではなく、どのような私道の採納を受けるかどうかについては各自治体の広範な裁量に属するものとされます。そして採納については各自治体で要綱が定められ、一定の私道しか採納を受け付けていないことが多いので、それを確認したのち担当課と採納の可否やその手続について協議することになります。

その上で、要綱に規定された方式により私道所有者全員から各自治体に採納の申請手続を行い、所有権移転登記申請その他の必要な書類を提出し、これが受け入れられ所有権移転登記が終われば各自治体から申請者に対して採納の通知がなされます。

Q & A編　第5章　管理に起因する困難　　233

2　要綱の規定について

　次に記載するものは多くの自治体の要綱で規定されています。これらの内容を確認し、それらの要件を満たすことによって初めて採納をすることができます。

① 　原則として公道から公道に通り抜けている道路の場合のみ採納を受け付ける自治体が多いです。ただ例外もあり、通り抜けのできない行き止まり道路であっても、その私道に一定の戸数の家屋が接している場合等は採納を受け付ける場合もあります。

② 　建築基準法上の道路であること。

　　位置指定道路（建基42①五）等であることが要件ということになります。

　　位置指定道路は、転回広場がない限り、その延長の長さが35mまででなければならないとされています（建基令144の4①一ハ）。しかし、私道によってはそれ以上の場合があります。その場合は原則として35mまでの範囲しか寄付・採納ができないため注意が必要です。ただ、35mを超える箇所に自治体の所有する下水施設等がある場合には、私道全体の採納を受け付ける場合もあるため、私道の状況を把握してから各自治体との打合せをすることが重要です。

③ 　私道が交差若しくは接続し、又は屈曲する箇所（120°未満）には、隅切りがあること。

　　これも建築基準法施行令144条の4第1項2号の規定により、位置指定道路の要件です。ただし位置指定道路の中で指定の年月が古いものの中には、位置指定道路図面には隅切りの記載があっても、公図や地積測量図に隅切りがないケースや、実際の道路に隅切りがないケースもあります。その場合には新たに隅切りを作らなければ採納が受け付けられない場合がありますので注意が必要です。

④　道路内に、塀などの構造物がないこと。

　　私道の中に塀などの構造物がある場合は、通行の支障となりますので撤去が必要となります。

⑤　幅員が４m以上であること。

　　建築基準法42条１項柱書前段には道路は原則として４m以上であることが必要と規定されています。自治体によってはこれより広い幅員でなければ採納を受け付けない場合もあります。

⑥　道路の境界が確定していること。

　　道路境界が確定していなければ、採納後に自治体と隣接地所有者との紛争になるおそれがありますので、それを避けるために採納の時点で道路境界が確定していることが必要です。

⑦　排水処理が可能な形状であること。

　　私道には、道及びこれに接する敷地内の排水に必要な側溝、街渠その他の施設を設けたものであることが必要とされています（建基令144の４①五）。これと同様に採納に当たっても排水処理が可能である必要があります。

⑧　抵当権など、第三者の権利がある場合には、抹消の登記をする必要があります。

⑨　共有の場合は、共有者全員で申請する必要があり、申請者全員の実印と印鑑証明書が必要です。

　　私道の公道への編入は測量や境界の立会いを伴いますので、詳しくは土地家屋調査士にご相談ください。

236

第1章　相続に関するケース

Case 1　広い土地の遺産分割において現物分割、例えば分譲（一部の土地を相続人らが取得し残りを売却）する際に「道路」配置をする場合①

　被相続人Aの相続人のB、C、Dの3人はAの遺産である本件土地を分割しようとしています。B、C、Dの3人が各々その土地の一部を取得するとともに、残った土地を売却して宅地分譲をすることにします。なお、Bは生前のAと同居し、かつ生計も同じにして生活していました。
　その場合にどのように区画を分割し、また道路を配置すればよいでしょうか。

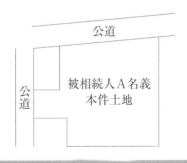

＜困難要因＞
▶道路を開設するかどうか分割方法が複数存在すること
▶複数の土地に現物分割する場合に、各土地の接道要件を充足すること

238 　ケース編　第1章　相続に関するケース

対処のポイント

　被相続人Ａの相続人のＢ、Ｃ、Ｄがその土地の一部を現物分割
し、その残りを分譲するために売却する場合に、道路を開設する
かどうか、道路を開設する場合にどのような道路にするかを検討
する必要があります。道路を開設するメリットとデメリットを把
握する必要があります。

ケース解説

1　分割する土地の状況把握

　本ケースでは、被相続人Ａが居住していた本件土地をＡと同居して
いた相続人Ｂ、その他の相続人のＣ及びＤが遺産分割するとともに、
不動産会社に本件土地の一部を宅地分譲用地として売却することを想
定しています。

　その場合に、どのように分割するかについては、本件土地の規模、
本件土地が市街化区域に存するか市街化調整区域に存するか、市街化
区域に存する場合の用途地域、従前の地目、用途、相続後の用途等に
より分割方法は様々です。分割の際に道路を開設するかどうかについ
ても一義的に決まるものではありません。

　土地の現物分割をするには、土地分筆登記、相続登記が必要で、特
に測量を必要とする分筆登記は土地家屋調査士の関与が不可欠です。

　また、不動産を分譲するには不動産業者が買い取ることが一般的で
す。

　建築物の建築には建築士が、相続登記には司法書士が、相続税や譲
渡所得税の申告には税理士が専門的知識や経験を持っています。した
がって、これらの不動産の専門家との協議が重要です。

| ケース編 | 第1章 相続に関するケース | 239 |

2 分譲が可能かどうかの判断基準

（1） 都市計画法による制限

市街化区域内の一定以上の面積の土地や市街化調整区域内の土地について建築物を建築するために土地の区画を分割する場合は開発行為に該当し、都市計画法の規制があるためまず開発許可申請が必要なのかどうか、必要であっても開発許可申請が可能かどうかを調査する必要があります。

開発行為とは、「主として建築物の建築又は特定工作物の建設の用に供する目的で行なう土地の区画形質の変更をい」います（都計4⑫）。そして、市街化区域では1,000㎡以上（首都圏、中部圏、関西圏においては500㎡以上、さらに条例で300㎡以上とする場合があります。）の面積の土地、市街化調整区域では農業や林業、漁業関連の建築物以外の建築物を建築する目的で行う土地の区画形質の変更の際には開発許可申請が必要となります（都計29、都計令19）。

開発許可の申請に当たっては、技術基準（都計33）、市街化調整区域の場合の立地基準（都計34）の他、公共施設の管理者の同意（都計32）が必要となり、これらの一つでも満たさないと原則として開発許可はされません。

例えば、非自己用住宅建築のため1,000㎡以上の面積の開発行為をする場合は、原則として当該土地が6m以上の幅員の道路に接道しなければならないとされています（都計33②、都計令25、都計則20）。これには都市計画法での緩和規定により4m以上の幅員とされる場合もあり（都計令25二ただし書、都計則20の2）、条例で緩和される場合もあります。

また、例えば都市計画法34条12号地域に指定されている区域において、区域区分に関する都市計画が決定された区域区分日（埼玉県の場合は昭和45年8月25日が多いです。）以前に宅地として利用されていない土地であれば、原則として自己の居住するための住宅しか建築で

きず、その場合でも市街化調整区域に20年以上（条例により異なります。）居住する親族を持つ人しか建築できないため、不動産業者に売却して分譲することはできないので注意が必要です。

このようにまず開発許可申請が必要であり、そして許可申請が可能な場合に開発許可基準に基づく道路を開設することができます。

（2）　建築基準法による制限

都市計画法による制限に加えて、建築物の建築に当たっては、建築基準法による制限があります。

建築物の建築に当たっては、道路に間口2m以上接道している必要がある（建基43①）ため、分割される土地及び分譲される土地の合計数に必要な間口の接道距離がなければ道路を開設する必要があります。

また、これに対して開発許可申請をせずに道路を開設する場合は位置指定道路の指定を受けることになります。位置指定道路とは、建築物を建築するために、特定行政庁から位置の指定を受けた道路のことをいい（建基42①五）、その基準は建築基準法施行令144条の4に定められています。

なお、市街化調整区域では建築物を建築する際には、原則として開発許可が必要となるため道路位置指定を受けられません。

3　道路を開設するかどうかの判断基準

本件土地において、分割される土地及び分譲される土地の合計数に必要な間口の接道距離が確保されている場合は、道路を開設する方法と道路を開設しない方法の両方が存在します。

すなわち、道路を開設し複数の土地がその道路に接道する方法と、敷地延長や路地状敷地と呼ばれる狭い間口の土地を分割し道路を開設しない方法があります。

それぞれのメリットとデメリットは次のような点が挙げられます。

ケース編 第1章 相続に関するケース　　241

＜道路を開設するメリット＞

① 分割又は分譲される個々の土地の形状が長方形や正方形に近い形状となることにより建築物の建築に適したものになり、単価の高い土地として売却できます。

② 一つの道路を開設することで、これと接道する多くの宅地を分譲することができます。

＜道路を開設するデメリット＞

① 開設する道路が私道のままの場合は、私道共有者が維持管理をすることになり、将来にわたる負担を私道共有者が負うことになります。

② 開発許可基準や道路位置指定基準に沿った道路の開設には費用や時間がかかります。

③ 道路斜線制限により道路付近の建築物の高さが制限されます。

　これらの道路を開設するメリットとデメリットを検討するに当たり、分譲する土地の売却予定価格が重要です。道路を開設した場合であっても、道路を開設しない場合より売却価格が上回るのであれば道路を開設する際のコストというデメリットがなくなることになるからです。

　また、道路を開設せず分筆後の土地の形状が路地状敷地となる場合に、路地の延長の長さや建築物の規模に応じて建築基準法における2mの間口ではなく、条例により3mや4mと加重される場合があります（建基43③）ので、注意が必要です。

4 道路を開設する場合の基準

　前述したように道路を開設する場合は都市計画法に基づく開発行為により開設される道路（建基42①二）（以下、「開発道路」といいます。）及び開発行為によらずに開設される位置指定道路（建基42①五）の2種

類があります。

　開発道路は一般的に市区町村に帰属されますが、開発許可を受けた開発道路であっても市区町村に帰属されない道路もあり、その場合は私道となります。公道から開発道路に接続し、また公道に抜けるいわゆる通り抜け道路の場合は帰属されます。一方のみが公道に接続するいわゆる行き止まり道路の場合は、市区町村に帰属されず、私道となる場合もあります。開発道路の基準については都市計画法33条1項2号及び同条2項に基づく政省令によって規定されています。また、開発行為に関して条例や指導要綱が各市区町村において定められていますので、その内容の把握も必要になります。

　開発道路の一例を示します。路地状敷地と開発道路を開設する二つの方法が可能な例ですが、開発道路を開設する方が個々の土地の形状が良くなることが分かります。

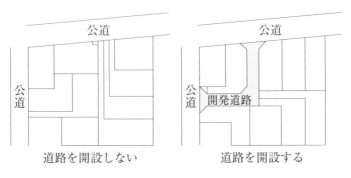

Case 2　広い土地の遺産分割において現物分割、例えば分譲（一部の土地を相続人らが取得し残りを売却）する際に「道路」配置をする場合②

　被相続人Aの相続人のB、C、Dの3人はAの遺産である本件土地を分割しようとしています。B、C、Dの3人が各々その土地の一部を取得するとともに、残った土地を売却して宅地分譲をすることにします。なお、Bは生前のAと同居し、かつ生計も同じにして生活していました。

　その場合にどのように区画を分割し、また道路を配置すればよいでしょうか。

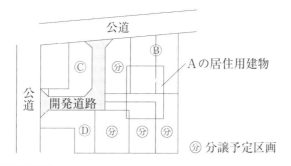

＜困難要因＞

▶相続人の間で取得分について争いがある場合は、適切に評価する必要があること

▶Bが被相続人Aと同居していたことから税務上有利になり、これを利用することにより節税できる場合があること

244 　　　ケース編　第1章　相続に関するケース

対処のポイント

　被相続人Aの相続人のB、C、Dがその土地の一部を現物分割
し、その残りを分譲するために売却する場合に、相続の際の分筆
登記の方法については二つの方法があります。また、道路を含め
た土地の評価をすることにより相続税の申告や遺産分割の公平を
図ることができます。

　Bが生前Aと同居していたことから、Bが多くの土地を相続す
ることで小規模宅地の特例、譲渡所得の3,000万円控除を使い節
税を図ることができます。

ケース解説

1　土地を分筆する方法

　土地を分割する際は分筆登記申請をすることになります。分筆登記
に当たっては、道路を含む全ての隣接土地との境界確認がなされてい
る必要があります。

　土地の現物分割の遺産分割協議に基づく分筆登記に当たっては、二
つの方法があります。まずは被相続人名義のまま遺産分割協議に基づ
き現物分割予定の土地に分割するため相続人から分筆登記を申請し、
その後、分筆された各自が取得する土地を各々が単独取得する内容の
相続登記を申請する方法です。もう一つの方法は、まず相続人全員の
法定相続分を登記するという法定相続登記をした上で、相続人全員か
ら分筆登記を申請し、分筆された各土地について各相続人の単独所有
とする登記をするという方法です。

　令和3年法律24号による民法改正により共有の規律が変更され、軽

ケース編　第1章　相続に関するケース　245

微変更行為については管理行為として過半数の同意により可能となりました。土地の分筆登記についても軽微変更に当たり、持分価格の過半数の相続人からの登記申請が可能となりました（令5・3・28民二533）。

　また、従前は共同相続登記後の単独取得のための相続登記は共同申請とされ、持分を喪失する共同相続人の実印及び印鑑証明書が必要でしたが、不動産登記法の改正により不要となり、また従前の所有権移転登記ではなく、所有権更正登記での申請が可能となったため登録免許税が軽減されることとなり（令5・3・28民二538）、その結果共同相続登記後の分筆登記の方法をとりやすくなりました。

　従前は、登録免許税の負担や二度相続登記をする手続の負担があったため、現物分割をする際の分筆登記の多くは被相続人名義で行われていました。その場合は被相続人名義の分筆登記申請に当たり、戸籍関係書類の確認や収集の負担を分筆登記申請の代理人の土地家屋調査士が負うことになり、相続関係が複雑な場合はかえって分筆登記に要する時間がかかる場合もありました。そのため改正法により共同相続登記後に行う単独相続登記の登録免許税の負担が軽減されたことから、共同相続登記後に分筆登記を申請する方法も相続関係や分筆登記が複雑な状況であれば検討してもよいと考えます。

　分筆登記に当たっては、道路境界を含む全ての隣接地の境界確認が必要になります。隣地との境界が不明確な場合には、登記官による筆界認定（〔41〕参照）を求めますが、境界に争いがある場合は筆界特定や筆界確定訴訟に依らざるを得ない場合もあります。

　隣地が共有の場合に境界確認は共有者の一人でよいか、共有者全員の確認が必要になるかが問題となります（Case 8参照）。

2　分筆後の土地の評価
（1）　不動産価格の評価方法
　民法906条では、「遺産の分割は、遺産に属する物又は権利の種類及

び性質、各相続人の年齢、職業、心身の状態及び生活の状況その他一切の事情を考慮してこれをする。」と規定されており、遺産分割協議により相続人全員が合意する場合は、どのような分割をするかは、相続人のうち成年被後見人や未成年者がいるなどの場合を除き、原則として当事者間の自由です。そのため、遺産総額が相続税の基礎控除額以下で相続税の申告が不要な場合には、分割後の土地についてどのような評価額になるか厳密な検討が不要な場合もあります。ただし、共同相続人の公平の見地から分筆後の土地の評価額を知りたい場合があります。

　さらに、相続税を申告する場合や遺産分割協議が難航し、遺産分割調停や遺産分割審判に移行する場合には、各自が取得する相続分が法定相続分に近接しているかどうかの検討をするために、分筆後の土地の評価額を知る必要があります。

　土地の評価額を知るためには不動産業者に依頼して査定書を作成してもらう方法があります。もっとも不動産会社が作成する査定書は、現地を見ておらず作成する場合や、土地の分筆後の売却を想定しない場合もあり、必ずしも正確なものばかりではありません。しかし、不動産会社が実際に土地を買い取る際には、分譲地の販売価格を想定した上で、土地の整地や給排水管の設置、道路の築造等の費用を検討し買取価格を決定しますので、その土地価格の査定はかなり正確といえます。

　遺産分割の際には、遺産分割時の価格を基準に分割するのが実務上の運用です。不動産価格は、固定資産税評価額、相続税路線価（以下、単に「路線価」といいます。）、公示価格、地価調査標準価格や取引事例等が判断資料となります。

　遺産分割調停の際の不動産の評価については共同相続人全員が価格の合意ができれば、その合意に従う運用です。紛争性が高く価格の合

ケース編　第1章　相続に関するケース　　247

意が得られない場合は、最終的には鑑定になり、裁判所選任の不動産鑑定士は鑑定費用が数十万円から100万円を超える場合もあります。遺産分割調停での合意ができなくても、不動産会社の査定の中間値で合意される場合も多く見られます。

　相続税評価は原則として財産評価基本通達によります。路線価地域で遺産分割により道路を開設する場合には、その道路には路線価が付されていないことになります。その際には、特定路線価設定の申出（評基通14-3）をすることにより新規開設道路に路線価が付され、これを基に土地価格が算出できます。ただし、特定路線価の設定がされるのは申出後1か月程度かかりますので、申出をする場合は、相続開始後10か月の納税期限に間に合うように前もってしておく必要があります。

　また、共同相続人の間で合意できれば、路線価が公示価格の8割とされているため、この路線価を0.8で割り戻した金額を土地価格として遺産分割をすることも十分合理性があるといえます。また、固定資産税評価額を基準に分割しても、各土地の価値の大小を見定める尺度として利用するのであれば差し支えないとして、遺産分割審判に対する抗告を棄却した東京高裁昭和49年9月13日決定（家月27・8・58）があります。

（2）　道路価格の評価について

　道路についてどのように評価をするかは必ずしも決まってはいません。私道が公衆用道路の地目の場合には固定資産税の賦課はされていないことが多いのですが、私道に価値がないとはいい切れません。

　相続税の課税における評価では、相続、遺贈又は贈与により取得した時における時価により評価するものとされます（相税22）。そして、相続時の時価とは、被相続人の死亡時における客観的交換価値をいい、「私道の用に供されている宅地については、それが第三者の通行の用

に供され、所有者が自己の意思によって自由に使用、収益又は処分をすることに制約が存在することにより、その客観的交換価値が低下する場合に、そのような制約のない宅地と比較して、相続税に係る財産の評価において減額されるべきものということができる」とされています（最判平29・2・28民集71・2・296）。不特定多数の者の通行の用に供するいわゆる通り抜け道路については評価しませんが、通り抜け道路ではない行き止まり道路は、路線価方式又は倍率方式により評価した宅地の評価額の30％で評価します（評基通24）。

　ここで前記最高裁判決は、「相続税に係る財産の評価において、私道の用に供されている宅地につき客観的交換価値が低下するものとして減額されるべき場合を、建築基準法等の法令によって建築制限や私道の変更等の制限などの制約が課されている場合に限定する理由はなく、そのような宅地の相続税に係る財産の評価における減額の要否及び程度は、私道としての利用に関する建築基準法等の法令上の制約の有無のみならず、当該宅地の位置関係、形状等や道路としての利用状況、これらを踏まえた道路以外の用途への転用の難易等に照らし、当該宅地の客観的交換価値に低下が認められるか否か、また、その低下がどの程度かを考慮して決定する必要があるというべきである。」と判示し、建築基準法等の法令により所有権に対する制限が課されていない場合にも、相続財産の評価が減価される余地があることを明示しました。

　現物分割のために道路を開設した場合の道路の評価について、新設道路が通り抜け道路の場合は、相続税評価が0ですし、開発行為に伴い市区町村に帰属させることになるため0でよいと考えられます。行き止まり道路の場合に市区町村に帰属せず私人の共有となる場合には、当事者が合意すれば評価額はないものとして遺産分割をしても問題はありません。しかし、評価額に争いがある場合、当該私道に接す

ケース編　第1章　相続に関するケース　　249

る土地所有者が私道持分を必要とする可能性を考えれば0評価とする
のは妥当ではないですが、とはいえ財産評価基本通達24の30％という
のは、私道面積によっては市場価格に比べ高すぎることになります。
『競売不動産評価マニュアル改訂版〔第3版〕』（別冊判例タイムズ30号、
2011）によりますと、道路の近傍土地価格の5％〜10％程度とするの
が妥当であると考えられます。

3　譲渡所得税と相続税について

（1）　譲渡所得税について

　本件土地の一部を売却する場合の譲渡所得税や相続税がかかる場合
には、遺産分割において税務について考慮しておかなければ思わぬト
ラブルになることがあります。

　譲渡所得税については、売買金額から当該不動産を取得した際の取
得費及び売却のために必要な経費を控除した所得に対して課税されま
す。

　遺産分割協議において、従前BがAと居住していた土地部分及び建
物を分譲とするため売却する場合、居住用不動産の譲渡所得の3,000
万円の特別控除が使える場合があります（租特35）。3,000万円の特別
控除を使うためには当該土地のみならず建物についても、Aと生前同
居していたBが取得する必要があります。ただ、この特例を受けられ
るかについては複数の要件がありますので、税理士などの専門家や税
務署に相談すべきと考えます。

（2）　相続税について

　相続税についても同居していた親族が相続することにより居住用の
小規模宅地の特例として330㎡までの一定の土地について80％の評価
減をすることが可能です（租特69の4）。この適用についても税理士な
どの専門家に相談すべきと考えます。

（3） 本ケースの検討

本ケースにおいて分譲予定地に従前の居住用建物が建築されていたことから、Bが取得する土地、従前の居住用建物のほかに分譲予定地もBが遺産分割協議により取得し、C及びDに対して必要があれば代償金を支払うことにより、譲渡所得税や相続税の税負担の軽減を図り相続人の間での公平を図ることができることになります。

＜参考となるQ＆A＞

〔41〕

Case 3　遺産分割協議の結果、相続人の共有とされた旗竿地について、共有者の一人から共有物分割請求された場合

　亡きAが所有していた本件土地は、遺産分割協議の結果、妻X1、子X2、及び子Yの3名が、3分の1ずつの持分で共有し、その旨の登記がされています。

　本件土地は、いわゆる旗竿地であり、西側の公道と接道していますが、その幅は2.86mにすぎません。他方、東側が現況道路ですが、これは元水路を埋め立てたもので、建築基準法上の道路とは認められていません。

　X1及びX2は、現物分割をすると、いずれかの土地は建築基準法上の接道要件を満たさない土地とならざるを得ないため、現物分割は不可能と主張しています。

　他方、Yは、現物分割を行うのが相当と主張しています。

　裁判所は、どのような結論を出すのでしょうか。

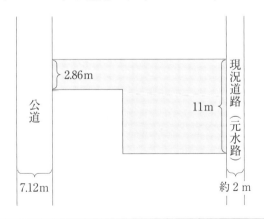

252 ケース編 第1章 相続に関するケース

＜困難要因＞

▶旗竿地（一部を接道のための私道（路地）として利用する旗竿状の土地）について、現物分割をすると、その結果生じた土地の一部又は全部が、建築基準法上の接道要件を満たさなくなってしまうこと

▶共有私道の安易な分割を認めてしまうと、私道としての利用が制限され、自己所有地への立入りが困難になるおそれがあること

┌─────── 対処のポイント ───────┐

現物分割後に、各共有者がそれぞれ建築基準法上の接道要件を満たすような土地を取得することができるか否かによって、現物分割の可否が変わります。

本ケースでは、東側は建築基準法上の道路と接道しておらず、西側の公道と接道している幅が2.86mにすぎないため、各共有者がそれぞれ建築基準法上の接道要件を満たすような土地を取得することができる現物分割の方法が存在せず、現物分割は不可能と判断される可能性が高いことになります。

そのため、賠償分割の方法が検討され、それも難しい場合は競売による代金分割が命ぜられることになります。

なお、現物分割が可能なケースでは、さらに、共有者の持分の経済的価格を基準にして、当事者間の衡平を期して、共有物の種類、従前の利用方法、分割後の管理・利用の便等を考慮して、具体的な現物分割の方法が検討されることになります。

└────────────────────────────┘

┌─────────┐
│ ケース解説 │
└─────────┘

1 共有物分割の原則

民法上、各共有者は、いつでも共有物の分割を請求することができ

ます（民256①本文）。

　各共有者が、共有物の分割について合意できない場合は、裁判所に分割を請求することができます（民258）。裁判による共有物の分割は、現物分割（民258②一）か、共有者に債務を負担させて他の共有者の持分の全部又は一部を取得させる方法（賠償分割）（民258②二）が原則とされます。この現物分割や賠償分割ができず、又は分割によってその価格を著しく減少させるおそれがあるときは、競売による代金分割が可能になります（民258③）。

　なお、賠償分割という分割類型は、令和３年法律24号による改正前民法には規定がなく、判例（最判平８・10・31民集50・９・2563）法理に基づく類型でしたが、改正民法では、現物分割と同列の選択肢として、賠償分割が規定されました（民258②一・二）。

　現物分割の方法は、共有者の持分の経済的価格を基準にして、当事者間の衡平を期して、共有物の種類、従前の利用方法等を考慮して、具体的に検討されることになります。最高裁大法廷昭和62年４月22日判決（判時1227・21）は、「当該共有物の性質・形状・位置又は分割後の管理・利用の便等を考慮すべき」と判示しています。

2　本ケースについて

　本ケースのような旗竿地の分割請求においては、建築基準法上の接道要件（建基43）（なお、東京都では東京都建築安全条例３条でより重い要件を課しています。）を満たすか否かがポイントとなります。

　すなわち、現物分割後に生じる各土地が、建築基準法上の接道義務を満たさない土地となると、その土地の使用価値、交換価値が著しく小さくなるからです。

　本ケースと同様の事案についての裁判例では、次のように判示されています。「西側の公道に接している幅は…約2.86mであり、この接

道部分は…本件土地のうちの幅約2.86m、奥行約14.45mの細長い形の路地状の部分であること…に照らせば、本件土地を現物分割しようとするときは、分割の結果生ずる各土地がいずれも建築基準法上の接道義務を充たすように分割を行うことは不可能であり、分割の結果生ずる土地のいずれかが、建築基準法上の接道義務を充たさない土地となるのは明らかである。そして、接道義務を充たさず建物の敷地として適法に利用できない袋地部分については、その使用価値、交換価値が著しく小さくなると認められる。ただでさえ、さほど広い面積といえない本件土地（地積212.89㎡）を分割してこれより小さな面積の土地に分筆することは、土地の有効利用可能性の観点から、全体としての使用価値、交換価値を減少させることになるというべきところ、このように建築基準法上、建物の建築が不可能な土地を作り出すことになるのでは、本件土地を現物分割することは、本件土地の全体としての価格を著しく損なうことになるというべきである。…以上によれば、本件土地について現物分割を行うことは、その価格を著しく損なうおそれがあるものであり…したがって、本件土地…については、原告ら主張のとおり、代金分割の方法によるほかないので、民法258条2項（注：現行民法258条3項）に基づいて競売を命じ、その売得金を原告ら及び被告の各持分に応じて各3分の1に分割することとする」（東京地判平3・7・16判時1419・75）。

　なお、同裁判例では、現物分割と代金分割のみの検討にとどまっていますが、上述のようにその後の前掲最高裁平成8年10月31日判決や改正民法により、現在では、代金分割の前に、賠償分割を検討する必要があります。特定の共有者が共有物を取得する相当な理由、共有者に債務（代償金）を負担する能力があること等の事情を考慮し、賠償分割の是非が検討されることとなります。

ケース編 第1章 相続に関するケース 255

3 共同所有型私道における共有物分割請求の可否

共同所有型私道については、分割による支障が大きいことから、共有物分割を制限する解釈論が存在し、裁判例においても、分割が認められなかったケースが存在します。

しかし、民法上はいつでも共有物の分割を請求することができるのが原則であり、共有者や持分の購入者からの分割請求を必ず拒めるという判例法理が確立されているわけではありません。

したがって、分割が認められるリスクがあることを十分に意識した上で、事前に分割禁止特約の登記や、通行地役権の登記などの対策を取ることが無難な対応といえます。

＜参考となるＱ＆Ａ＞

〔22〕、〔23〕、〔29〕

Case 4　所有する土地が路地状敷地であり、公道に接続している部分が１ｍに満たないため、隣接する土地の相続人に通路の確保を求める場合

　Aは本件土地とその土地上の居宅をBから購入し居住してきました。本件土地は路地状敷地となっており路地状通路で公道に通じていますが、路地状通路は幅員が１ｍに満たない状態です。Aは路地状通路とその北側の隣地甲の一部（本件係争地）も一体として通行してきており、前所有者のBも黙認していました。路地状通路の南側は擁壁があり、通行はできません。

　本件土地は過去に前所有者Bが本件土地と隣地甲とにそれぞれ居宅を新築する目的で分筆し、実際に本件土地と隣地甲に居宅を建築し、本件土地をAに、その後隣地甲をCにそれぞれ売却しました。

　Cの相続人Dは本件係争地に植木鉢等を置くなど通行の妨害をしているので、Aはこれを撤去させたいと考えており、将来的には２ｍの接道を確保してAの居宅の再建築を望んでいますが、可能でしょうか。

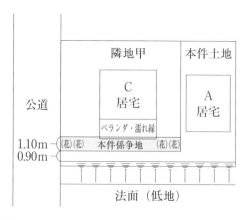

ケース編　第1章　相続に関するケース　　257

＜困難要因＞

▶路地状通路の幅が1mより短く通路だけでは通行に支障があること

▶公道に至る通路が存在すること

▶Aが2mの通路を確保し再建築を希望していること

対処のポイント

　前所有者Bと、Aの間には本件係争地について通行地役権に関する明示又は黙示の合意がなされていた可能性があります。明示又は黙示の合意が成立していた場合、Aは本件係争地を通行することができ、これを妨げる植木鉢等の撤去請求をすることができます。他方、BとAとの間で明示又は黙示の合意が成立していなかった場合には、Aは囲繞地通行権を主張することなります。

　囲繞地通行権が認められる場合は、必要性と他の土地にとっての損害が最も少ない方法を検討する必要があります。また建築基準法の2mの接道義務を満たすための囲繞地通行権が成立するかどうかは、建築基準法と民法の相隣規定の趣旨や目的も検討する必要があります。

ケース解説

1　Aの通行地役権に関する明示の合意が成立していたか

　本ケースでは、BはAに対して本件土地を売却するに際して、間口2mという建築基準法上の接道義務を満たしていないことから、本件土地を要役地、本件係争地を承役地とする明示の通行地役権を設定したと主張することが考えられます。

　しかし、Bは本件土地と隣地甲を分筆登記した際に、本件土地の路

地状通路を1mに満たないものとして分筆したということは、本件土地から公道への通路は当面路地状通路で足りると考えていたとみるべきといえますので、BとAとの間に本件係争地について明示の通行地役権設定の合意があったとみることは困難です。

2 Aの通行地役権に関する黙示の合意が成立していたか

　本ケースでは、Bは、Aが路地状通路と一体となった本件係争地を通行することを黙認していましたが、黙示による通行地役権の設定があったと認められるためには、単に通行の事実があり、通行地の所有者がこれを黙認していたというだけでは足りません（東京高判昭49・1・23東高時報25・1・7、東京地判平20・4・24判タ1279・219）。路地状通路に隣接した通路部分の所有者であるBが、当該通路にAのための通行地役権を設定し、その通行の利益を保護するという法律上の義務の負担が、客観的に合理的であると認められる「特別の事情」がある場合に、初めて黙示による通行地役権の設定が成立することになります。

　本ケースにおける「特別の事情」の判断に当たっては、Aが本件係争地に通行地役権を設定する必要性や、その使用状況などを総合的に考慮する必要があります。Aにとっては、路地状通路だけでは幅員が狭く通行は困難であるため、本件係争地に通行地役権を設定する必要性があったと判断することは妥当でしょう。しかし、Aによる通行がBによって黙認されていた点については、BがAの本件土地や隣地甲の日常的な利用関係を把握することが前提となりますが、仮にBが遠方に居住するなど、その把握ができなかったのであれば単なる好意的黙認にすぎないといえるため、「特別の事情」は認めることはできないと考えられます。

3　Ａが通行地役権を時効取得したか

本ケースでは、Ａが路地状通路と一体となった本件係争地について通行地役権を時効取得したと認められるためには、承役地たるべき他人の土地の上に通路を開設することを要し、その開設は要役地の所有者によってされることを要します（民283、最判昭30・12・26民集9・14・2097）。

本ケースで、Ａが本件係争地について自らが通路を開設したと認められる事実の立証が成功することで初めて通行地役権の時効取得が認められる可能性が生じますが、相当の年数が経過する以前に誰が通路を開設したかを立証することは困難を伴うケースが多いでしょう。

4　Ａが囲繞地通行権（公道に至るための他の土地の通行権）を取得したか

Ａに通行地役権が認められなかった場合でも、Ａには本件係争地について囲繞地通行権が認められる場合があります。本ケースのように公道に至るための通路が存在する場合であっても、土地の状況、位置、通路の形状などから、その通路のみでは公道との出入りに極めて大きな支障を来すことが明らかな場合には、本件土地を袋地と同視して、本件係争地に必要最小限度の範囲で囲繞地通行権を認めることができます（東京高判平11・12・22判時1715・23）。

そうすると、1ｍに満たない幅の通路しかない本ケースにおいてＡに囲繞地通行権が認められる可能性が高いでしょう。

5　Ａの囲繞地通行権が成立する範囲はどの範囲か

本ケースにおいて、本件係争地についてＡの囲繞地通行権が成立する場合に、その範囲はどの範囲かを検討する必要があります。

囲繞地通行権の及ぶ範囲については、民法211条で、通行の場所及び

方法は、同法210条の規定による通行権を有する者のために必要であり、かつ他の土地のために損害が最も少ないものを選ばなければならないとされています。本ケースに類似する判例としては、前掲東京高裁平成11年12月22日判決がありますが、同判決の事例では、路地状の土地の幅が0.9mであるものの、南側が擁壁になっており、実質的に通路部分として利用できるのが0.5mしかなく、日常生活において通行使用するには狭きに失すると判示しています。その上で、路地状通路の長さ約9mの距離を日常生活において荷物を抱えるなどして通行するなら、少なくとも幅約1mの通路を確保する必要があると必要性についての判断をしています。

　次に他の土地のために損害が最も少ないものについては、本件係争地のうち、本件通路に接する0.5mの範囲に囲繞地通行権を成立させたとしても、本件隣地上の建物のベランダの支柱や濡れ縁を撤去する必要はなく、植木鉢等を若干移動させる程度で済むから、他の土地のために損害が最も少ない方法ということができると判示しました。

　本ケースにおいても具体的な状況によりますが、路地状通路が1mに満たない場合は、Aに1mに満たすまでの範囲の囲繞地通行権が成立する可能性が高いといえるでしょう。

　これに対してAの建築基準法の2mの接道義務を確保するために2mの範囲での囲繞地通行権が成立しているという主張については、前掲東京高裁平成11年12月22日判決では、「建築基準法43条1項本文は、主として避難又は通行の安全を期して接道要件を定め、建築物の敷地につき公法上の規制を課しているのに対し、民法210条は、相隣接する土地の利用の調整を目的として、特定の土地がその利用に関する往来通行につき必要不可欠な公道に至る通路を欠く場合に、囲繞地の所有者に対して袋地の所有者が囲繞地を通行することを一定の範囲で受忍すべき義務を課し、これによって、袋地の効用を全うさせようとする

ものである。このように、右の各規定は、その趣旨、目的等を異にしているから、単に特定の土地が接道要件を満たさないとの一事をもって、同土地の所有者のため、隣接する他の土地につき接道要件を満たすべき内容の囲繞地通行権が当然に認められると解することはできない（最高裁昭和37年3月15日第一小法廷判決・民集16巻3号556頁参照）」と判示しました。

　本ケースにおいても、Aが2mの接道義務を満たすための囲繞地通行権の成立が認められると考えるのは困難でしょう（最判平11・7・13判時1687・75）。

262　ケース編　第1章　相続に関するケース

Case 5　被相続人の相続財産と思われた土地が里道の可能性があるといわれている場合

　Aは、先日亡くなった被相続人Bの唯一の法定相続人です。

　亡Bには、遺産として、自宅建物と、宅地と、これに隣接する約1aの面積の畑が遺されています。

　Aは、Bが亡くなった後間もなく亡Bの自宅に住み始め、自宅敷地に隣接する畑を家庭菜園として利用し始めました。

　Aが亡B宅で暮らし始めてしばらくしてから、相続手続のために遺産土地の公図を取得したところ、畑は一筆の土地ではなく、甲土地と乙土地の二筆に分かれており、甲土地と乙土地を半分に分けるように中心に幅員が1.5mほどの地番のない土地（以下、「本件里道」といいます。）が介在していることが分かりました。なお、甲土地・乙土地が所在する地域は、国土調査が完了しています。

　しかし、甲土地と乙土地の現況は、一面の畑となっており、その中心が道路として使用されていた跡はありません。

　亡Bの近所に住んでいた人の話によると、甲土地と乙土地は、亡Bが亡くなる直前まで40年間近くにわたり地続きで一体の畑として耕作していたとのことです。ただし、今から80年ほど前には、甲土地・乙土地の辺りに農道が通っていたという記憶もあるそうです。

　Aは、自身が亡Bから相続する土地の中心に、自身の所有に係わらない土地が介在するままでは困るため、本件里道をなんとかして自身の所有にしたいと考えていますが、方法はありますか。

ケース編　第1章　相続に関するケース　263

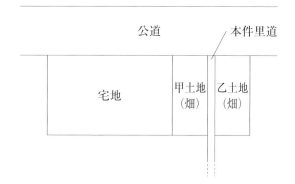

<困難要因>

▶里道には地番が付されていないことが多く、公図や不動産全部事項証明書から管理者を調べることができないこと

▶仮に本件里道が機能のある法定外公共物として市町村に譲与されていた場合、公共物である本件里道をAが取得する余地があるか

▶仮に本件里道が機能のない法定公共物として財務省に引き継がれていた場合、公共物である本件里道をAが取得する余地があるか

▶里道は公共物であるところ、公共物は原則として時効取得することができないこと

▶Aの占有期間では、短期取得時効の占有期間に満たないこと

対処のポイント

本ケースでは、本件里道が、市町村管理のものか、財務省管理のものかを調べる必要があります。

まずは、公図、自身の権利に係る不動産登記簿謄本、固定資産税納税通知書などを持って、市町村の窓口へ相談に行き、本件里道が市町村の管理のものかを調べるところからスタートです。

本件里道が市町村の管理下にある場合ですが、現在は、各市町村において、里道や水路などの法定外公共物の維持管理・境界確定・払下げについての条例を定めているところがほとんどです。条件によっては、市町村にお金を納めて里道を取得することが可能です。

本件里道が財務省の管理下にある場合も、財務省の公式ウェブサイトにおいて、「旧法定外公共物」（旧里道・旧水路）の境界確定・購入手続の相談窓口や書式を、各財務局ごとに載せています。

ただし、いずれの場合であっても、条件を満たさなければ里道を取得することができません。

その場合、本件里道を取得するためには、本件里道の時効取得の可否を検討する必要があります。

里道は公共物である以上、原則として時効取得が認められませんが、一定の条件下において、公共物の時効取得を認めた裁判例もあります。

本件里道も、時効取得が可能かどうか、従前の利用状況等の事情に照らして検討する余地があります。

ケース解説

1 「里道」とは

「里道」とは、道路法の適用を受けない公共物たる道路のことを指し、公図上、赤色に着色されて表示されることから、赤線・赤道とも呼ばれています。里道には地番が付されていません。なお、国土調査や土地区画整理などが行われた地域では赤色の着色がありません。

ケース編 第1章 相続に関するケース　　265

　明治初期の地租改正において、国内の道路は「国道」、「県道」、「里道」に分類されました。その後、大正9年の旧道路法（大正8年4月10日法律58号）の施行により、「里道」のうち、重要なものは旧道路法の適用のある「市町村道」とされ、そうでないものは旧道路法の適用のない公共用財産、すなわち「法定外公共物」とされました。昭和27年に現在の道路法が施行されましたが、同法においても、里道は、道路法の適用外とされ、国の所轄下とされてきました。

　そして、財貨的管理（用途廃止、売り払い、境界確定等）は法定受託事務として都道府県が行い、維持管理（修繕、改良等）は自治事務として市町村が役割を担っていました。

　しかし、「地方分権の推進を図るための関係法律の整備等に関する法律」（地方分権一括法）が平成12年4月1日に施行され、平成17年3月31日（経過措置としての譲与期間）までの間に、旧建設省所轄の法定外公共物（里道や水路）が、市町村からの申請により、市町村へ無償で譲与されることになりました。

　その結果、平成17年4月1日（期間延長の場合には、譲与契約締結日の翌日）以降は、

①　平成17年3月31日までに市町村に譲与されなかった法定外公共物は、一括で用途廃止し、国が直接管理する

②　市町村に譲与された法定外公共物にあっては、財産管理が市町村の自治事務となるので、市町村が適切と判断する方法により管理を実施する

ということになりました。

2　本件里道の管理者の調べ方

　各市町村は、里道や水路などの法定外公共物の維持管理・境界確定・払下げなどについて条例を定めているところが多く、条件によっては、

市町村にお金を納めて里道を取得することが可能です。

　もし、本件里道が、通路としての機能を有している場合は、平成17年３月31日までに市町村が国から譲与を受けている可能性が高く、本件里道の財産管理・機能管理は市町村が行っているものと考えられます。

　一方、本件里道が、「地方分権の推進を図るための関係法律の整備等に関する法律」が施行された平成12年頃から経過措置の譲与期間が終了する平成17年頃までの間に、既に通路としての機能を廃していた場合は、市町村が国から譲与を受けていない可能性もあり、その場合は、本件里道の財産管理・機能管理は財務省が行っているものと考えられます。

　本件里道は、亡Ｂの近所に住んでいた人の話が正しければ、40年以上前から通路としての機能を失っていたものと考えられます。

　その場合、市町村が国から譲与を受けておらず、財務省（各地の財務局やその出張所）が管理を所管している可能性が高いかもしれません。

3　本件里道の払下げを受けるためには

　本件里道の管理者が市町村の場合であっても、財務省の場合であっても、必要書類を揃えて提出することが必要であることには変わりありません。

　手続の具体的な方法については、〔54〕を参照してください。

4　里道（公共用財産）を時効取得することができるか

　市町村又は財務省から本件里道の払下げを受けることができない場合、又は払下げ、売渡しを受けるための金銭を用意することが難しい場合、本件里道を時効取得することの可否が問題となります。

ケース編　第1章　相続に関するケース　267

　この点、公共用財産については、原則として取得時効の対象とはならないとされています。

　大審院の判例においては、公共用財産は、明示の公用廃止がない限り取得時効の対象とはならないとされ、取得時効を否定されてきました（大判大8・2・24民録25・336は公道について、大判昭4・12・11民集8・914は公用下水溝について、それぞれ取得時効を否定）。

　しかし、その後、最高裁判決においては、明示の公用廃止がなくとも、公共用財産としての使命を果たしていないものや、長年の間公の目的に供されることなく放置され、公共用財産としての形態や機能を喪失したものについて、公共用財産についての時効取得の成立を認める判例が出てきました。

　具体的には、都市計画において公園とされる予定公物について、「現実に外見上児童公園の形態を具備させたわけではなく」、「現に公共用財産としてその使命をはたしているものではなく、依然としてこれにつき被上告人らの先代の耕作占有状態が継続されてきた」ことを理由として、公共用財産の時効取得を認めたものがあります（最判昭44・5・22民集23・6・993）。

　また、同じく最高裁判決において、公図上の水路につき、「長年の間事実上公の目的に供用されることなく放置され、公共用財産としての形態、機能を全く喪失し、その物のうえに他人の平穏かつ公然の占有が継続したが、そのため実際上公の目的が害されるようなこともなく、もはやその物を公共用財産として維持すべき理由がなくなった場合」に公共用財産の時効取得の成立を認めたものがあります（最判昭51・12・24民集30・11・1104）。

　上記の最高裁判決の考え方によると、本件里道は40年以上にわたり通路として使用された実績がないことから、既に通路としての機能を廃しているといえ、公共用財産として維持すべき理由はなく、時効取得の成立の余地があるといえます。

5 AはBの占有を相続するか、又はAが相続によって独自の占有を開始したとみる余地はあるか

公共用財産である本件里道が時効取得の対象になるかどうかという問題とは別に、Aが時効取得の要件（所有の意思、占有期間など）を満たすかが問題となります。

この点、Aは亡Bから不動産を相続して、本件里道部分を含め土地の占有を開始してから間もないため、10年間の短期取得時効の占有さえありません。

そこで、Aは、本件里道を時効取得するために、亡Bからの占有の承継を主張するという方法があります。

ここで、亡Bの占有が自主占有であったかどうかを確認する方法ですが、Bが亡くなっているため、Bが宅地、甲土地及び乙土地を取得した経緯や、甲土地と乙土地を地続きの一体の畑として耕作を開始した経緯などを調べる必要があります。

もし、Bが生前に市町村等に対して本件里道の払下げを申請していた場合は、その時期や態様によっては、Bの自主占有が否定される可能性もあります。

かかる場合において、Aが本件里道を時効取得するためには、Aが相続を契機として新たに自主占有として目的物の占有を開始し、相続人による「独自の占有」が開始されたと認められる余地があれば（最判平8・11・12民集50・2591）、時効期間の経過をもって時効取得が認められる余地があります。

＜参考となるQ＆A＞
〔54〕

ケース編　第2章　売買に関するケース　　269

第2章　売買に関するケース

Case 6　通行のための管理費を支払っていたものの、持分のない私道を含む土地の売却が検討されている場合

　Aは、甲土地上に自宅建物を有し、20年間にわたって居住してきました。

　甲土地の隣には、Bが所有する本件土地があります。Aが公道に出るためには、本件土地と反対側に位置する甲土地の一部である通路を通行するか、又はBが所有する本件土地を通行するしかありません。ただし、甲土地の通路は幅員が1.2mしかなく、車での通行はできません。

　Aは、20年前から、Bに対し、毎年3万円の管理料を支払い、本件土地の端に位置する幅員3mの私道部分（以下、「本件私道」といいます。）を徒歩又は車で通行してきましたが、AとBは契約書や合意書を取り交わしておらず、本件私道の通行については、地役権設定登記も賃借権設定登記もされていません。

　しかし、最近になり、Bが本件土地をCに売却しようとしていることが判明しました。

　Aは、本件土地全体を購入するつもりはなく、Bも、本件私道部分だけをAに譲渡するつもりはありませんが、Aは、Cへの売却後も本件私道を通行できるのでしょうか。

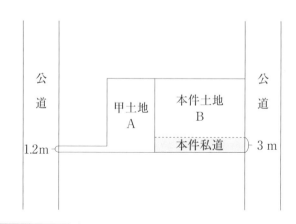

<困難要因>

▶本件私道についてAに通行地役権（民280）が認められるとしても、Aは地役権設定登記をしていないことから、Cに対して地役権を対抗できない可能性があること

▶通行地役権が認められなかったとしても、Aに賃貸借契約に基づき本件私道を使用（通行）する権利が認められるとして、Aは賃借権設定登記をしていないことから、Cに対して賃借権を対抗できるかが問題となること

▶Aが本件土地のCに対して通行地役権も賃借権も対抗できない場合、本件土地を囲繞地とする囲繞地通行権（民210）が認められるかが問題となるが、甲土地にも細いながらも通路があり、公道に出る方法が一応あることから、囲繞地通行権が必ず認められるかは分からないこと

▶甲土地のために囲繞地通行権が発生しない場合、Aは、Cとの間で通行地役権設定の合意が成立するか、通行地役権そのものを時効取得するか、慣習上の通行権が認められない限り、本件私道を通行することができないこと

ケース編 第2章 売買に関するケース 271

┌─ 対処のポイント ─┐

　もし、ＣがＡに対し、Ａが本件私道を通行することを黙認する
か、又は、Ａが本件土地を通行するための権利設定に応じるなら
ば、問題はありません。

　しかし、本件土地の買受予定者であるＣが、Ａが本件私道を通
行することに協力するかは分かりません。

　そこで、Ａとしては、自身が本件私道を通行する権利をＣに対
抗する方法を考えなければなりません。

　Ａは、Ｂに対し、毎年「管理料」名目でお金を支払っているも
のの、契約書の取り交わしはなく、口約束です。そのため、Ａ・
Ｂ間で設定した、Ａが本件私道を通行する権利の性質が何である
かを検討する必要があります。

┌─ ケース解説 ─┐

1　通行権とその検討

（1）　通行地役権（民280）

　通行地役権は要役地に従属する権利（民281）であるところ、原則と
して当事者間の合意によって設定されます。中には、当事者間の合意
がなくとも、地役権が時効取得される場合もあります。

　もし、本ケースのＡ・Ｂ間で設定された権利が通行地役権（民280）で
ある場合、その通行権は物権です。

　ただし、通行地役権は物権であるとはいえ、登記をしなければ、原
則としてＣのような第三者に対抗することはできません（民177）。

　この点、最高裁は、通行地役権の承役地（本ケースでの本件土地）
が譲渡された場合において、譲渡の時に、右承役地が要役地の所有者

によって継続的に通路として使用されていることがその位置、形状、構造等の物理的状況から客観的に明らかであり、かつ、譲受人がそのことを認識していたか又は認識することが可能であったときは、その譲受人は、特段の事情がない限り、地役権設定登記の欠缺を主張するについて正当な利益を有する「第三者」（民177）には当たらないと判断しました（最判平10・2・13民集52・1・65）。

よって、本ケースにおいても、本件私道が、その形状、構造等から客観的に通路として使用されていることが明らかであり、Cがこれを認識することが可能であったときは、Aは地役権設定登記なくして地役権をCに対抗することができることになります。

（2） 賃貸借契約に基づく使用権（通行権）

Aの本件私道を通行する権利が物権ではなく、約定に基づき設定された債権的な通行権である場合は、これを権利として登記しない限り（民605）、本件私道についての賃貸人としての地位はBからCには承継されません（民605の2①）。

その場合は、AがCに対して本件私道を通行させるよう求めることは難しいと思われます。

（3） 囲繞地通行権（民210）

もし、通行地役権も、賃貸借契約に基づく通行権も認められない場合であっても、甲土地の所有者であるAに囲繞地通行権が認められる余地があります。

甲土地には狭い通路はありますが、それでもなお、甲土地が公道に通じない袋地であると解釈される余地があれば、当事者間の権利設定行為がなくとも、AはBやCに対して民法210条の囲繞地通行権に基づき本件私道を通行させてくれるよう権利主張が可能です。この場合は、AがBに支払っている管理料は、囲繞地通行のための償金（民212）であると解釈されることになるでしょう。

ケース編 第2章 売買に関するケース 273

2 Aに囲繞地通行権が認められるか

囲繞地通行権（民210①）が発生するためには、「他の土地に囲まれて公道に通じない土地の所有者」であることが必要です。

Aは、甲土地の通路を徒歩で通行すれば、公道に出ることは可能です。しかし、甲土地の通路は幅員が狭く、自動車での通行ができません。Aが自動車で公道に出るためには、どうしても本件私道を通行する必要があります。

かかる場合に、Aは本件私道につき囲繞地通行権を主張することができるかが問題となります。

この点、東京地裁昭和58年4月25日判決（判時1097・55）は、「一般に、囲にょう地通行権は袋地の効用を全うさせるために認められているのであるから、たとえ一応通行可能な経路が公路に通じている場合であっても、その経路によっては当該土地の用法に従った利用の必要を充たすに足りないときは、なおその土地を袋地と解すべきである」と判示しています。なお、本裁判例においては、本件現私道を自動車で通行することが、同事件の原告及びその家族にとって喫緊の必要事とは認められないとして、囲繞地通行権の成立が否定されています。

また、「自動車による通行を前提とする210条通行権の成否及びその具体的内容は、他の土地について自動車による通行を認める必要性、周辺の土地の状況、自動車による通行を前提とする210条通行権が認められることにより他の土地の所有者が被る不利益等の諸事情を総合考慮して判断すべきである」（最判平18・3・16民集60・3・735）とされています。

本ケースにおいては、Aが、本件土地をCが購入する前から自動車で本件私道を通行しており、本件私道を自動車で通行しないと仕事や買い物など生活に大きな支障が生じたり、Cが本件私道をAに通行させても何ら不都合がないなどの事情がある場合は、Aが自動車で本件

私道を通行する権利も、囲繞地通行権として認められる可能性があります。

ところで、公道に至る方法さえあれば、その土地は「袋地」ではなく、隣接する囲繞地に対する通行権が発生する余地はないということではありません。公道に至る私道の幅員や状態、公道そのものの性質によっては、囲繞地に対する通行権が発生することがあります。

例えば、「公道」とは、「たんに公簿上公道となっているというのでは足りず相当程度の幅員をもって自由安全容易に通行できる通路を意味すると解するのを相当とする」（東京高判昭48・3・6判時702・63）とされています。

また、公道に至る私道があるとしても、その公道に至る道があまりに迂遠に迂回させる道であったりと、極端に便利を欠くときは、囲繞地通行権が認められる場合があるとされています（大判大3・8・10新聞967・31）。

本ケースでは、もし、甲土地の通路の状態が、安全に通行できるものではない、又は、甲土地から出ることのできる公道の幅員が極端に狭く、自動車での安全な通行が期待できないような公道であれば、Aは、本件私道につき囲繞地通行権が認められる余地が大いにあると考えられます。

3　もし、Cから、本件私道の通行を妨害されるおそれがあるときはどうすればよいか

かかる場合、Aが地役権に基づく妨害排除又は妨害予防請求権を行使することが考えられます。

この点、東京高裁平成10年10月15日判決（判時1661・96）は、「地役権は、その目的を達するのに必要であって、かつ、承役地所有者にもっとも負担の少ない範囲においてその権利を行使すべきことはその機能

からして当然である」とし、承役地に車両などが一時的に置かれるなどするだけでは当然には妨害排除請求は認められないものの、これが「通行の具体的な支障になる場合」には、「その妨害の排除を求めることができる」と判断しています。

ただし、通行地役権は、「（民法）第3章第1節（所有権の限界）の規定（公の秩序に関するものに限る。）に違反しないものでなければならない」（民280ただし書）との制約があります。

そのため、通行地役権者による承役地の使用の態様が、通行地役権の範囲を超える場合は、通行地役権者による妨害排除請求権の行使は公序良俗違反で許されない（大阪高判昭62・3・18判タ660・132）とされています。

本ケースでは、本件私道の通行が、Cによる本件土地の利用にどれほどの制約や支障となるか、Cにとって最も負担の少ない方法でAが本件土地を通行しているか、などの事情を総合的に考慮して、妨害予防又は妨害排除請求権の行使の可否が分かれるものと思われます。

＜参考となるQ＆A＞
〔5〕、〔43〕

Case 7 宅地を売却しようとしたところ、私道部分のみ所有権移転登記がされていないことが判明した場合

　Bは、5年前、被相続人Aから本件土地と自宅建物を相続しました。敷地は旗竿地です。Bは、通路部分(以下、「本件私道」といいます。)もAから相続したと考えていたところ、本件私道はD名義であることが判明しました。

　本件土地は20年前にAがDから購入したところ、本件土地の所有権移転登記はなされたものの、本件私道の所有権移転登記はなされていませんでした。なお、Aの自宅建物は、AがDから本件土地を購入した後にAが建てたものです。

　Bは、Cに本件土地と自宅建物を売却したいと考えていますが、できるのでしょうか。なお、Cは、本件土地を購入後、建物の増改築又は新築を予定しており、本件土地が再建築不可物件であれば本件土地を購入しないと言っています。

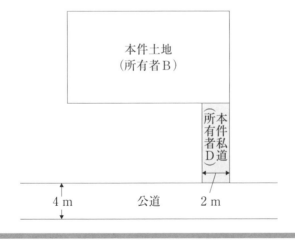

ケース編　第2章　売買に関するケース　　277

＜困難要因＞

▶本件土地上に建物を建築する際の接道義務の要となる本件私道が、第三者の所有であること

▶Dから本件私道の所有権移転登記を受けるか、本件私道について敷地設定の同意を得ない限り、接道義務を満たさないこと

▶CはDが過去になした本件私道についての敷地設定の同意の効力をDに対抗できないこと

対処のポイント

　Cが本件土地上に建物を建築するためには、接道義務として、原則として次の基準を満たす必要があります（建基43参照）。

① 　建築物の敷地が2ｍ以上道路に接していること。

② 　その道路の幅員が4ｍ以上あること。

　本件私道は、2ｍ以上道路に接しており、その接している道路の幅員も4ｍ以上の要件を満たしていますが、問題は、D名義の本件私道部分が本件土地上の「建築物の敷地」（建基43①柱書）として認められるかどうかです。

　もし、Bが本件私道の所有権をDから取得することができれば、この問題は解決しますが、そのためには、Dから任意に登記手続に協力してもらうか、Dからの協力が見込めない場合は、本件私道が20年前の売買契約の対象になっていたという主張や、時効取得の主張により、Dに対し所有権移転登記手続請求の権利を行使する必要があります。

　なお、Bが上記のいずれの方法によっても本件私道の所有権を取得することができない場合であっても、「敷地設定」と呼ばれる他人名義の土地を自分の建物の「敷地」としてみなす方法によって、本件土地上の建物の再建築を可能にする余地があります。

278 | ケース編 | 第2章　売買に関するケース

ケース解説

1　Ｄから本件私道の所有権移転登記を受けられるか

　もし、本件私道が20年前のＡ・Ｄ間の売買契約において売買の対象とされていたものの、所有権移転登記だけがなされないままであったという場合は、ＢからＤに対し、売買契約に基づく（買主の包括承継人としての）所有権移転登記手続請求権を行使することが考えられます。

　ただし、売買契約に基づく所有権移転登記手続請求権は債権であるため、10年間の消滅時効にかかります。

　そこで、かかる場合、ＢからＤに対し、物権的請求権として、所有権に基づく所有権移転登記手続請求権を行使することが考えられます。そのためには、20年前のＡ・Ｄ間の売買契約書や、本件私道部分をＤからＡに譲渡する旨の覚書などの書証のほか、Ｄが本件私道の利用状況を知り得る状況にありながら使用料を求めたり、異議を述べたりすることがなかったなどの事実の積み重ねが必要になると思われます。

　また、本件私道の所有権移転登記が未了である以上、本件私道に対するＡの権利をＢが単独で承継したことを明らかにするため、Ｂ以外に共同相続人がいる場合は、それらの者から前記権利をＢが単独で相続した旨の陳述書を提供してもらったり、共同相続人間で遺産分割協議書を作成する必要があるものと考えられます。

2　本件私道を時効取得することが可能か

　もし、本件私道がＡ・Ｄ間の売買の対象であったと認められない場合であっても、Ａ又はＢにおいて、本件私道の所有権を時効取得できる可能性があります。

ケース編　第2章　売買に関するケース　　279

　本ケースにおいては、Aは本件土地を購入してから亡くなるまで15年間にわたり本件私道を占有していたものと思われ、その占有を承継したBにもさらに5年間の占有が認められるところ、Aが自主占有の意思を持って本件私道を使用していた場合は、時効取得が認められる可能性もあるといえます。

　なお、本件私道は、通行用に使用されてきたところ、時効取得の要件たる所有の意思（排他的な支配をする意思）があったといえるかが問題になるものと思われます。本ケースにおいては、本件私道が本件土地の所有者又はその家族によって専ら使用されてきたと考えられるため、所有の意思があったと認められる余地はあります。もし、本ケースとは異なり、A又はB若しくはその家族以外の者も本件私道を通行する場合は、必ずしも所有の意思があったとは認められない可能性もあり、その場合は、所有権ではなく通行地役権の時効取得や、黙示の通行地役権の設定が認められるにとどまる可能性もあります。

　もしも、BがAにとって唯一の相続人ではない場合、判例上は、数人の共同相続人の共有に属する相続財産たる不動産につきそのうちの一人による単独の自主占有が認められるためには、その者に単独の所有権があると信ぜられるべき合理的な事由があることを要するものとされています（最判昭54・4・17裁判集民126・625）。

　また、Bが知らないだけで、実はAがDに本件私道の使用料を支払っていたなどの事情がある場合も、Aに自主占有の意思は認められにくく、Bの占有期間だけでは本件私道の時効取得の要件を満たしません。

　なお、本ケースにおいては、Bは、本件私道の所有権そのものではなく、地役権を時効取得する余地もあるものと考えられます。その場合、Bは、本件私道の地役権があることを理由に、本件私道に後述の「敷地設定」をすることによって、本件土地上の建築物について接道

義務の要件を満たすことができるようにも思われます。

　しかし、敷地設定は、土地を第三者の建物の敷地利用のために供するとの性質であるところ、土地の処分行為に当たるものと考えられます（民206参照）。そのため、仮にBが本件私道につき地役権を時効取得したとしても、Bに所有権がない以上は、Dの同意なく本件私道に敷地設定をすることはできないと考えられます。

3　敷地設定によって接道義務の要件を満たす方法

　Bが本件私道の所有権を取得することができず、本件私道部分を建物の「敷地」（建基令1一）として扱うことができない場合は、本件土地は再建築不可物件となります。

　しかし、自己所有の土地だけでは接道義務を満たさない場合であっても、他人名義の土地も建築物の敷地の一部として建築確認申請することによって建物建築の許可を得る「敷地設定」という手続があります。

　本ケースにおいて、Bは、本件私道の所有権を取得することができなくても、Dから「敷地設定」の同意を取り付けることができる余地はあります。その場合は、後にトラブルにならないよう、敷地設定の同意の効力をCからDにも対抗できるよう、BとDの間で、金額、期間、その他条件につき、書面の取り交わしをしておくとよいでしょう。

　ところで、この「敷地設定」のためには、建築基準法上は、必ずしも敷地設定される土地の地権者からの同意は要件とはされていません。しかし、敷地設定される土地の地権者にしてみれば、他人の建築物の敷地として自身の所有物である土地が供されるわけですから、地権者の同意なく敷地設定をすることは違法であるといえます。

　なお、地権者からの同意がないまま敷地設定を申請すると、後になってから、建築確認やローンの融資実行を取り消されたり、不動産侵奪罪で刑事訴追を受ける可能性もあります。

ケース編 第2章 売買に関するケース 281

4 DのAに対する敷地設定の同意の効力を、特定承継人である CからDに対抗できるか

もし、BがDから敷地設定の同意を得ることができない場合であっても、本ケースにおいては、AはDから本件土地を購入した後に本件土地上に建物を建築しているため、Dは、Aの生前に、Aの建物の建築確認申請のために本件私道の敷地設定の同意をしていた可能性があります。

その場合、Aが生前にDから敷地設定の同意を得ていたとして、その効力が、Aの包括承継人であるB、ひいてはBからの特定承継人であるCに及ぶかが問題となります。

この問題を検討するためには、敷地設定の同意の法的性質を吟味する必要があります。

そして、敷地設定は、自身の土地を第三者の建物の敷地として供するという性質のものであるところ、地役権の設定という物権的性質であるか、使用貸借や賃貸借契約のような債権的性質であるか、解釈が分かれる余地があります。

この点、敷地設定の同意に対価を伴わない場合は、使用貸借契約と類似の関係であるようにも思われますが、対価を伴う場合は、それが賃貸借契約のような債権的な性質のものであるか、建物が建っている（又はこれから建てられる）土地（要役地）のために別の者の名義の土地（承役地）を提供するという意味において地役権に近い物権的性質を有するのか、必ずしも明らかではありません。この場合は、対価の金額や、敷地設定をするまでの交渉状況、土地の利用状況などから、当事者の合理的な意思解釈によって決するほかないものと思われます。

ただし、敷地設定は、建築確認申請のためになされるものであるところ、建築確認申請が出される工事の内容や規模によっては、設定を

受ける側の地権者が同意しかねる場合や、金額の変更が必要になる事態も考えられます。そのため、敷地設定の性質が、債権的か物権的であるかはさておき、本来的には、建築確認申請がなされるその都度、敷地設定を受ける側の地権者の同意を取り付けることが望ましいものであると考えます。

＜参考となるＱ＆Ａ＞
　〔5〕、〔43〕、〔51〕

Case 8　宅地の売却をしようとして宅地と接する私道部分の境界確認をする際に一部の私道共有者が所在不明の場合

　Aは本件土地を売却しようとしています。本件土地は、本件私道を含む隣地と接しています。本件私道は位置指定道路であり、本件私道はB、C、Dの3人の共有ですが、共有者の一人であるBの所在が不明です。

　本件土地と本件私道との間の境界には境界標がありますが、不動産登記法14条1項の地図が管轄法務局に備えられておらず、公図しかなく、昭和50年頃の地積測量図のみが管轄法務局に備えられています。本件私道には側溝があり、本件土地と区画されています。

　Aが本件土地を売却しようとする場合にBの境界確認なしで売却できるでしょうか。

＜困難要因＞
　▶私道の共有者の一人が所在不明であること

284　　　ケース編　第2章　売買に関するケース

対処のポイント

　私道所有者の一人であるBが所在不明の場合に、Aが本件土地を売却しようとする際に、本件土地の境界の明示義務を果たすことができるかどうかが問題となります。

　その際には、他の私道所有者との境界確認ができるのか、法務局に備えられた地積測量図の内容や現地の境界標の有無、位置等により、Bの境界確認がなく、境界の裁判をしなくても売却できる場合があります。

ケース解説

1　隣接地所有者の境界確認の必要性

（1）境界明示義務の対象

不動産取引において、一般的に境界の明示義務が課されています。

　本ケースでは、Aが買主から境界の明示義務を免除されない限り、境界の明示義務を負い、隣接地私道所有者による境界の確認をしなければならないのが原則です。

　そして[41]で述べたように、土地の売買に伴う境界確認の対象は筆界と所有権界の両方だと考えられます。

　では、本件私道が共有の場合に境界確認は共有者の一人でよいか、共有者全員の確認が必要になるかが問題となります。本件私道の共有者の一部が所在不明の場合にどのような手段を採ることにより境界の明示義務を果たすことができるか検討します。

（2）共有地の筆界確認の法的性質

筆界確認が隣接地共有者の一人に対してでよいかどうかは共有地の筆界確認の法的性質から考えます。保存行為説と変更行為説があり、

保存行為説を採るなら共有地の筆界確認は共有者一人の確認で足りることになり、変更行為説を採るなら共有者全員の確認が必要となります。

・昭和35年12月27日民事三発1187号民事局第三課長心得回答

　　「接続地が共有である土地の地積訂正の申告書に共有者が連署し又はその承諾書を添付する場合には、共有者全員の連署又は承諾書の添付を要する。」

・昭和52年12月7日民三5936号民事局第三課長回答

　　「旧土地台帳附属地図に記載された土地の境界の表示に誤りがあるときは、所有者その他の利害関係人は、その誤りを証するに足りる資料を添えてその訂正の申出をすることができる。関係資料、他の利害関係人の証言、物証などから当該境界の表示が明らかに誤りであることを登記官が確認できる場合には、必ずしも利害関係人全員の同意書の添付を要しない。」

・最高裁昭和46年12月9日判決（民集25・9・1457）

　　「隣接する土地の一方または双方が共有に属する場合の境界確定の訴えは、固有必要的共同訴訟と解すべきである」

　これらの通知や判例から、共有地に対する境界確認は原則として共有者全員の確認を要しますが、他の資料から当該境界の表示を登記官が確認できる場合には、必ずしも共有者全員の同意書の添付を要しないことになります。

　後述する令和4年4月14日法務省民二536号依命通知（以下、「536号通知」といいます。）において、隣接土地について、共有登記名義人又は未登記相続人（以下、「共有登記名義人等」といいます。）の一部の者が、外部的に認識可能な状況で占有している場合において（例えば、被相続人とその相続人の一部の者が隣接土地に建築された建物に同居していたが、被相続人の死亡後も当該相続人が引き続き居住している

場合など）は、当該占有している者の筆界確認情報の提供等で足りる
ものとしています。また、隣接土地に共有登記名義人等である占有者
が存在せず、合理的な方法で探索をしてもなお隣接土地の共有登記名
義人等の一部の者の所在等が知れない場合は、当該探索の結果、所在
等を把握することができた者の筆界確認情報の提供等で足りるものと
しています。

　本ケースにおいて、境界確認の対象となる土地は私道であるため、
共有登記名義人等の占有者は存在しませんが、探索の結果、所在等を
把握することができた共有登記名義人等の筆界確認情報の提供等が可
能な者のみの筆界確認情報の提供で足りることになります。本ケース
の場合は、Bが所在不明でも、CとDの筆界確認情報を取得できれば、
筆界の確認はできることになります。

2　所在不明の私道共有者との筆界の確認

　ここでBのみならずC及びDの私道共有者の誰からも筆界確認情報
を取得できない場合に、登記官による筆界の認定ができないかという
と必ずしもそうではありません。次に、筆界確認情報なしで登記官に
よる筆界認定が可能かどうかを検討することになります。登記官によ
る筆界認定は土地の分筆登記や地積更正登記といったいわゆる筆界関
係登記の際に行われます。

　いわゆる所有者不明土地問題が社会問題化し、令和2年法律12号に
よる土地基本法改正により土地の適切な利用及び管理が所有者の責務
とされたこと（土地基6）等を背景に、隣人関係の希薄化等により筆界
確認書の取得が困難な状況や基本三角点等（不登則10③・77①八）が記載
された地図や地積測量図の整備が進んでいる状況を踏まえ、筆界確認
登記申請に当たって必要とされる筆界確認情報を合理的な範囲に限定
するため令和4年4月14日法務省民二535号（以下、「535号通知」とい

います。）及び536号通知が発出されました。

　上記535号通知において、「現地復元性を有する登記所備付地図又は地積測量図等の図面が存在する場合には、原則として筆界確認情報の提供等を求めないものとする」とし、「筆界確認情報の提供等を求める必要がある場合であっても、求める筆界確認情報は、登記官が筆界の調査及び認定をするために必要な最小限の範囲のものに限るものとする」とされています。

　すなわち、世界測地系の座標値がある不動産登記法14条1項の地図（不動産登記法14条4項の公図とは異なります。）や平成17年3月7日以降に作成された地積測量図、筆界特定図面及び筆界確定訴訟においては、確定した判決書の図面等については、理論上図面に図示された筆界を現地に復元することが可能（＝現地復元性がある）であり、その場合には、筆界確認情報の提供は不要とされました。

　本ケースでは、本件土地には不動産登記法14条1項の地図が法務局に備えられておらず、公図しかなく、また昭和50年頃の地積測量図しかないため現地復元性のある地積測量図が管轄法務局に備えられておらず、原則として筆界確認情報なしでは筆界が明確とはいうことはできません。

　上記536号通知によれば、その場合でも隣接土地との境界に筆界を表すと思われる何らかの構造物等が存在し、公図と現況測量図を重ね合わせることにより両者に十分な整合性を認めることができ、筆界と認められる場面も存在し得ると述べています。

　本ケースの場合、現地の境界標や本件私道の側溝の構造物等の位置と公図や地積測量図を重ね合わせるなどにより土地家屋調査士が相互の位置関係を検証した結果、登記官が筆界認定をできる場合はあり得ます。ただ、常にそのような認定ができるわけではないので、そのような場合は筆界特定や筆界確定訴訟等により初めて筆界が確認できる場合があります。

3 所在不明の私道共有者との所有権界の確認

536号通知に基づく登記官による筆界認定は、筆界の確認の場面の話であり、所有権界についてのものではありません。もっともこの通知は所有者不明土地問題が不動産取引の阻害要因となっていることを背景として発出されていること、土地基本法改正により土地の適切な利用及び管理が所有者の責務とされていることから、その通知の趣旨を筆界の認定のみならず、売買における売主及び仲介業者の所有権界の明示義務の範囲についても及ぼす必要性は高いと考えます。

また、所有権界と筆界が不一致となる場面は、隣接地所有者が土地の一部を時効取得する場合や分筆登記をしないで土地の一部の譲渡がされた場合と考えられます。

不動産の時効取得は、時効完成前に当該不動産を譲り受けて所有権移転登記を了した者に対しては、登記なしに対抗することができますが、時効完成後に当該不動産を譲り受けて所有権移転登記を了した者に対しては、対抗することができないとされています（最判昭33・8・28民集12・12・1936）。

そして、土地の一部の時効取得により所有権界と筆界の相違する土地について、それを取得した第三者である買主は、それが時効完成後においては民法177条の対抗要件によって原則として保護されます。これが保護されないのは買主が背信的悪意の場合であり、当該不動産の譲渡を受けた時に、隣接地所有者が多年にわたり当該不動産を占有している事実を認識しており、その登記の欠缺を主張することが信義に反するものと認められる場合です（最判平18・1・17民集60・1・27）。

そのため、私見ですが、隣接する私道共有者の一部が所在不明等の場合であっても、地積更正登記申請により筆界の認定がされ、筆界に対して越境物などの占有状況に特段問題がなく、筆界と所有権界が異なると思われる事情がなければ、筆界のみならず所有権界の境界につ

いての明示義務を売主及び仲介業者は果たしたといえると考えられます。

　本ケースにおける隣接土地である私道共有者の一部が所在不明の場合に他の共有者が筆界確認情報を提出すれば、登記官による筆界認定は可能になります。また、そうでなくても筆界認定が可能な場合は存在します。そして、筆界認定がされれば側溝が設置された私道の一部が分筆登記や位置指定道路の変更なくして譲渡されることは通常想定できず、所有権界について筆界と異なる状況は想定できません。

　そのため、本件土地を売却するに際して本件土地の地積更正登記が完了すれば、筆界の確認のみならず所有権界の明示義務を売主及び仲介業者は果たしたとして売買しても差し支えないと考えられます。

＜参考となるQ＆A＞
　〔41〕

Case 9　三つに分筆した土地をそれぞれ譲渡し、それぞれの土地が公道に接続するよう2m幅で分筆した通路上の土地について通行権等を付す場合

　Aは、甲土地を下図のとおり分筆し、乙土地、丙土地、丁土地については、それぞれ2m幅員で公道に接続するようにしました。その後、Aは、乙土地（私道乙）及び戊土地をBに、丙土地（私道丙）及び己土地をCに、丁土地（私道丁）及び庚土地をDに、それぞれ分譲しました。戊土地、己土地、庚土地の上にはそれぞれ建物が建築されました。
　Dは、乙土地や丙土地を通行したいと考えていますが、通行できますか。また、自動車の通行は可能でしょうか。

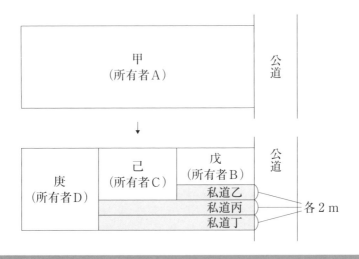

＜困難要因＞
　▶公道に至る通路が存在するものの、幅員が2mしかなく車両の通行ができないこと

ケース編　第2章　売買に関するケース　　291

対処のポイント

　B・C・Dの間では、通行地役権に関する黙示の合意が認められる可能性があります。

　自動車通行の可否は、要役地と承役地たる道路との位置関係、当該道路の幅員その他の形状、利用者の利用態様、地域環境等の客観的な状況を基に、地役権を設定している当事者の合理的意思を推測して判断されています。

ケース解説

1　Dの通行地役権に関する黙示の合意が成立していたか

　明確な約束がなくても、私道の利用状況、長期間の通行の継続、所有者の黙認ないし通行認容の態度、対価の有無、私道開設の経緯、道路の位置関係、建築基準法上の扱いなども考慮し、黙示の通行地役権が認められる場合があります（〔1〕参照）。

　東京高裁昭和32年6月17日判決（下民8・6・1101）は、「各所有者は互いにそれらの所有地のため甲乙丙丁戊の私道敷中自己の所有に属しない地域に通行地役権を有するとともに右私道敷中自己の所有に属する部分の上には他の所有者のため地役権を負担するものというべきである。」とし、分譲者が分譲地取得者のために私道を開設しその私道敷を分割して各分譲地買受人に分属させた場合、譲受人間に互いに通行地役権設定契約が成立しているとしました。

　以上からすれば、本ケースにおいても、譲受人であるB・C・D間に互いに黙示の通行地役権が認められる可能性があります。

2 自動車通行の可否

　通行権が承役地に及ぶ具体的な範囲や自動車通行の可否は、要役地と承役地たる通路との位置関係、当該通路の幅員その他の形状、利用者の利用態様、地域環境等の客観的な状況を基に、地役権を設定している当事者の合理的意思を推測して判断されています（〔2〕参照）。

　この点、幅員2mでは、徒歩では通行することができても、自動車では通行できないものと思われます。

　そこで、例えば、B・C・Dいずれも駐車場を設置し、自動車を利用しているということでしたら、当事者の合理的意思を推測すれば、譲受人間に互いに自動車による通行地役権が認められると解してよいと思われます。

　また、例えば、Dが自動車で公道に出るには乙土地や丙土地を通行する必要があることのほかに、BやCが自動車通行に対し苦情を述べることなく私道の舗装工事等に同意した場合も、当事者の合理的意思を推測すれば、自動車による通行地役権が認められると解してよいと思われます（東京地判平27・4・10判タ1421・229参照）。

　以上のように、要役地側の当事者のみならず、承役地側の当事者の合理的意思を推測することが重要です。

　なお、東京高裁昭和59年4月24日判決（判タ531・158）は、囲繞地通行権の事例において「公路に通ずる通路が存在する場合であっても、その通路の形状、幅員等からしてそれが社会通念上その土地の利用にとって不十分なものである場合には、なお民法210条以下の規定による囲繞地通行権が発生するものと解すべきところ、本件…土地の従前の利用状況等…に加えて、…本件…土地のみでは被控訴人らは公道に出るのに36m余の距離を幅員わずか2mの通路によって通行しなければならないこととなり、自動車による通行等に種々の支障を生ずることが認められること、また…控訴人自身その所有する…土地から公道に

ケース編　第2章　売買に関するケース　293

出るのに…幅員2mの土地のみを通路とするのでは、自動車の通行等
に支障があるものと考え、昭和52年6月に被控訴人らを相手に被控訴
人ら所有の本件…土地を通路として使用させることを求める等の調停
の申立てをした事実があることが認められることなどを併せ考える
と、…公道に通ずる通路としては、本件…土地のみでは、なお不十分
なものといわざるを得ず、したがって、被控訴人らは、現在において
もなお控訴人所有の本件土地上に囲繞地通行権を有しているものとい
うべき」としています。

Case10　購入した土地の接道状況についての仲介業者又は売主の説明が不十分であった場合

　買主Ｘは、仲介業者Ｙ１の仲介により、所有者Ｙ２から本件土地（建物）を購入しました。次のような場合、ＸはＹ１、Ｙ２にどのような責任が問えますか。

① 　本件土地は、公道に幅1.23ｍで接しているにすぎなかったが、重要事項説明書の「敷地と道路の関係」欄に記載がなく、Ｙ１の宅地建物取引主任者Ａも説明しなかった。Ｙ２もＹ１がＸに説明していると考え、自ら説明はしなかった。

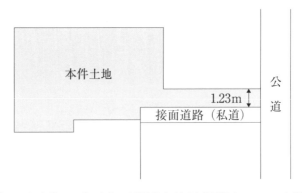

② 　本件土地建物の重要事項説明書補足説明書には、区建築指導課によれば、「通路協定申請図写しに記載された『通路のみ接する敷地についての建築条件』の各条項に適合する措置を講じることにより建築基準法43条２項の適用が許容されて本件土地に建築する建物の建築確認を得ることが可能であるが、詳細は区建築指導課に問い合わせされたい」との記載があったところ、本件土地建物の接面道路（私道）の所有者の通路協定が成立していなかった。

ケース編 第2章 売買に関するケース 295

＜困難要因＞

▶接道義務や私道の負担は宅地建物の売買において重要事項説明事項とされているが、接道ができず、建築基準法上の特例許可を得られない宅地建物の価値は著しく価値が落ちてしまうこと

▶接道に関するルールは複雑であり、調査不足・過誤により、誤りが生じやすくトラブルにもなりやすいこと

対処のポイント

　仲介業者は、敷地と道路の関係は物件にとって致命傷となるリスクが内在することを認識し、接道規制や私道の負担に係る調査を深掘りして行う必要があります。売主も買主側も仲介業者任せにすべきではなく、重要事項説明書記載部分を理解する必要があります。

ケース解説

1　宅地建物取引業者の重要事項説明義務

　宅建業法35条は、宅建業者は、宅地・建物の売買、交換又は賃貸の契約が成立するまでの間に、取引主任者をして、物件の内容や取引の内容に関する一定の重要事項を記載した書面を交付して説明をしなければならないことを規定しています（重要事項説明義務）。

（1）　敷地と道路の関係（接道義務）

　建築基準法43条1項に定められている都市計画区域内において、建築物の敷地は、道路に2m以上接しなければならないとする接道義務に関する事項が重要事項説明事項として規定されています（宅建業35①二、宅建業令3①二）。

　宅地の売買においては、契約の目的物である土地が接道要件を満た

さない場合には、その土地上に適法に建物を建築することや、既存建物の建替えができず買主の契約目的を達成することができません。道路に接道していない土地には建物を建てることができないように、建築基準法等の規制のため現在の建物と同規模の建物を新たに建築することができないものは「再建築不可の物件」と呼ばれます。また、他に転売するときにも取引価格の減価要因となります。このように土地の接道状況は、買主が契約を締結するかの判断に影響を及ぼす事項であることから法定重要事項説明事項とされています（岡本正治＝宇仁美咲『三訂版［逐条解説］宅地建物取引業法』520頁（大成出版、2020））。

（2）　私道負担

宅建業法35条1項3号は、当該契約が建物の貸借の契約以外のものであるときは、私道に関する負担に関する事項を重要事項説明事項として規定しています。

私道負担には、①売買の目的物である宅地の一部が第三者のため通行に供されている場合と、②公道に通じるには第三者の所有地を通行する必要がある宅地を売買の目的物とする場合があります。①の場合には私道負担の対象面積、幅員、位置、条件、所有形態、当事者の特定、車両通行の可否、上下水道・ガス等の施設の整備・管理に係る同意の要否等の内容をいいます。②の場合には、第三者の所有地を通行するための条件（負担金、通行条件等）、上下水道、ガス等の施設の整備・管理に係る同意の要否等の内容をいいます（岡本＝宇仁・前掲567頁）。

2　責任追及の法的根拠

（1）　仲介業者の責任

仲介業者である宅建業者と買主との間に委託関係がある場合には、不動産の媒介契約は準委任契約（民656）の性質を有するため、宅建業者は買主に対し、民法656条、同法644条により、仲介契約の本旨に従

い、善管注意義務を負います。そして、宅建業者の重要事項説明義務
は、準委任契約上の善管注意義務の内容として位置付けられます。こ
の場合の重要事項説明義務違反は、仲介契約に基づく債務不履行責任
を生じさせます（不法行為による構成も可能です。）。

これに対し、買主と宅建業者との間に委託関係がない場合には契約
上の責任は問えません。この点、判例は、宅建業者は、仲介契約を締
結していない第三者に対し、直接の委託関係はなくとも、宅建業者の
介入に信頼して取引するに至った第三者に対して、信義誠実を旨とし、
権利の真偽につき格別に注意する等の業務上の一般的注意義務がある
としています（最判昭36・5・26民集15・5・1440）。買主は、この一般的
な義務違反に基づき、委託関係のない宅建業者に対し、不法行為に基
づく責任を追及することになります。

（2）　売主の責任

売主が宅建業者である場合には、宅建業法上の重要事項説明義務を
負い、その違反によって損害が生じた場合には、民事上の責任が発生
すると解されており、多くの裁判例においても同様の趣旨が明示され、
その法的な根拠は売買契約に付随する信義則上の注意義務に求められ
ています（中川博文「大阪民事実務研究　不動産売買における説明義務・情報提
供義務について（2・完）」判例タイムズ1396号61・62頁(2014)）。

売主が宅建業者ではない場合であっても、売主の説明義務・情報提供
義務が認められますが、それは宅建業法に基づくものではなく売買契
約に付随する信義則上の注意義務と位置付けられます(中川・前掲62頁)。

（3）　その他

目的物である土地が公道に通じているかのような現況であったが通
路部分に第三者所有の土地などが存在し、公道に出られない土地（袋
地、無道路地）であることを買主が知らなかった場合に、要素の錯誤
として売買契約が無効とされた裁判例があります（東京地判平2・6・14
判時1375・79）。

3 協定通路について

建築基準法43条2項2号では接道義務を満たさない敷地での建物の建築について、「その敷地の周囲に広い空地を有する建築物で〔中略〕交通上、安全上、防火上及び衛生上支障がないと認めて建築審査会の同意を得たもの」を特定行政庁が特例許可できる規定が設けられています（平成30年建築基準法改正前は「43条但書許可」と呼ばれていたものです。）。同許可（以下、「法43条2項2号許可」といいます。）は同法42条2項（みなし道路）や、同法42条1項5号（位置指定道路）の代替的機能、無接道敷地への救済機能を担っているのが自治体の実務とされます。後述の福岡市の「協定道路（私道）取扱要領」では、法43条2項2号許可の適用要件として、一定の通路用地であることとしており、建築基準法42条1項に掲げる道路に有効に接続できないこと、又は位置指定道路を築造できないことについてやむを得ない事由があることが挙げられています。

建築基準法施行規則10条の3第4項に許可基準が定められ、さらに特定行政庁ごとに各基準を具体化した許可の運用基準を定めています。福岡市の「建築物の敷地と道路との関係の建築許可運用基準」（以下、「許可運用基準」といいます。）4の（3）を参照すると、敷地が一定の要件を満たす通路に接続し、当該通路が道路に接続すること、当該状況が将来も担保され、土地及び建築物の所有者の同意、協定を要することを許可の要件として定めています。同市の「協定道路（私道）取扱要領」では、「協定道路」を「法第42条に該当しない私道で、原則として関係者全員で私道協定書を締結し、特定行政庁に届出を行い受理された道路状の空地であり、特定行政庁が法第43条第2項2号許可を行うことが可能とした通路」と定義付け、関係者として「私道である現況の通路及び通路からの後退部分に係る土地所有者」と「建築物の所有者」を挙げ、関係者全員が原則として、私道について許可運用

ケース編 第2章 売買に関するケース　　299

基準の適用基準を満足させるものとして、協定事項について合意し協定書（後掲「通路協定書の例」参照）を締結して届け出ることを求めています。なお、協定事項には、最終的に位置指定道路や42条1項1号道路となるように努めることが盛り込まれています。接道義務を定めた法の趣旨に従い、通路の適切な幅員などの性能を将来にわたって維持していくためには、42条2項道路のような法的な担保がないことから、通路の拡幅、維持・管理・通行の権利等について関係権利者全員によるルールを策定して、その効果を発揮していくために協定の締結を求める運用がなされているところです。

4　本ケースについて

　ケース①は、公道に接する幅が2mに満たず、建築基準法上、当該土地上に適法に建物を建築することができず、委託関係にない仲介業者Y1には、建築が可能であるとの誤った説明をしたことを理由に重要事項説明義務違反に基づく不法行為責任を、売主Y2には仲介業者に売却を依頼し、地積測量図や公図の写し等を交付したとしても売主としての付随義務としての説明義務違反を理由に債務不履行責任又は不法行為に基づく損害賠償責任を求めることができます(東京地判平6・7・25判時1533・64)。さらに、民法に基づき売買契約における契約不適合責任としての追完請求、代金減額請求、損害賠償請求及び解除権の行使が可能と考えられます。

　ケース②は、同一の事例を扱った裁判例において、本件土地の接面道路については、本件土地を建築物の敷地とするために道路となる敷地所有者全員の承諾に基づく通路協定が成立していなくとも、建築基準法43条1項ただし書（現行法42条2項2号）の適用を受けるために本件建築条件を具備することにより、本件土地を建築物の敷地とすることが可能であり、道路となる敷地の所有者全員の承諾に基づく通路

協定が成立していなかったとしても、そのことが「隠れたる瑕疵」には当たらないとして瑕疵担保責任を認めませんでした。また、買主が契約締結に先立ち、売買契約書、重要事項説明書補足説明書などの写しの交付を受け、事前に内容を検討していることから、仲介業者にも説明義務違反を根拠とした損害賠償請求を認めませんでした（東京地判平9・12・25判タ988・200）。許可基準が各自治体により異なることもありますが、前記3の福岡市の取扱要領によると、現況の通路部分に係る土地所有者は必ず、私道協定書の協定者となることと定められていますから、仮に承諾が困難な事情を仲介業者Y1や売主Y2が把握していれば説明義務の対象になるものと考えられます。

ケース編　第２章　売買に関するケース　301

<通路協定書の例>

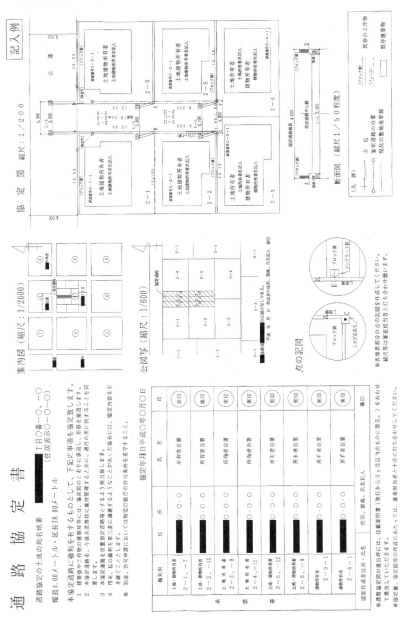

第3章 利用・維持・管理に関するケース

Case 11　昔、集落で作った農道を市に寄付したが、最近、地主が農道の所有者と称し、道路横に杭を打ち、鉄鎖で通行できないように妨害している場合

　本件農道は、元々人が歩いて通れるほどの幅しかなかったのですが、約30年前に、集落が、自動車が通行できるよう幅を拡張するために所有者Aから土地を買い上げ、拡張工事を行いました。このとき、本件農道は、集落から市に寄付しましたが、Aから集落への所有権移転登記も、集落から市への所有権移転登記もしていません。

　最近になってから、Aが、本件農道について、自分が所有者であると主張し、道路の両横に杭を打って、鉄鎖をつなげ、自動車が通行できないように妨害しています。

　本件農道の先には、集落の住民であるBの耕作する本件農地があります。本件農地に至る道は他にもありますが、自動車が通行できる道は、本件農道以外にありません。Bは、農作業のために自動車を使用することが不可欠であることから、自動車で通行することを希望していますが、どうすればよいでしょうか。

| ケース編 | 第3章 利用・維持・管理に関するケース　　303

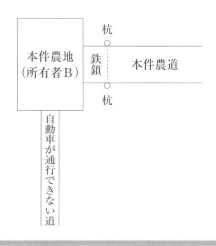

<困難要因>

▶本件農道について所有権移転登記がされていないこと

▶本件農地に至る通路が本件農道以外にも存在すること

▶Bが自動車での通行を希望していること

対処のポイント

　Aが本件農道の所有者であると主張している点について、まずは約30年前に集落がAから土地を買い上げた当時の記録等を検討して、土地を買い上げたことを証する領収書などの資料等が残っていないかどうかを確認します。集落がAから買い取ったことを根拠付ける資料が残っている場合、Aに所有権があるとの主張には理由がありません。この場合、本件農道の所有者であり道路管理者である市が、Aに対して妨害行為の中止等を命ずる監督処分等を行うことが考えられますが、市が自主的に処分等を行わない場合には、Bは、本件農道について、他の市民の有する利益ない

し自由を侵害しない程度において自己の生活上必須の行動を自由に行うことのできる、いわゆる通行の自由権を有していると考えられるため、妨害者であるAに対して通行の自由権に基づき妨害排除請求を行うことができます。一方、約30年前の売買の資料等が残っておらず、Aが所有権を持っているという主張を排除できない場合であっても、Bは囲繞地通行権や通行地役権の時効取得を主張できる可能性があります。いずれの場合であっても、Bは、Aの行為によって損害を被った場合には、損害賠償を請求することができます（民709）。

ケース解説

1　通行の自由権に基づく妨害排除請求

　本件農道は、市に寄付されているため、通行を妨害しているAに対しては、本来所有者である市において対応すべきと考えられます。しかし、本ケースでは、市への所有権移転登記がされておらず、道路認定されているかどうかも判然としません（道路8①②）。道路認定されている場合、市は、本件農道の管理者として、道路の通行を妨害するAに対して、妨害行為の中止等をAに命ずる監督処分を行うことが考えられます（道路16・43・71①）。ただ、市が自主的にこのような処分を行わない場合、道路占有使用権のない一般通行人には道路管理者である市に対して公法上の管理者の発動を求める法的権限はないとする裁判例もあり（名古屋地判昭48・6・29判時721・28）、Bが市に対して管理者としての権限発動を求めることは難しそうです。

　そこで、B自ら、妨害者であるAに対して何らかの請求ができないかを検討します。

| ケース編 | 第3章　利用・維持・管理に関するケース　　305

　道路法上の認定を受けた村道に関する最高裁判例によれば、沿道住民は他の住民の有する利益ないし自由を侵害しない程度において、自己の生活上必須の行動を自由に行い得べき使用の自由権（民710参照）を有するとされています（最判昭39・1・16判時362・26）。この判例は、村道の通行の自由権は公法関係から由来するものであるものの、村民が日常生活上諸般の権利を行使するについて欠くことのできない要具であることに着目し、これに対して民法上の保護を与うべきは当然の筋合いであると述べています。本件農道の場合、道路法上の認定を受けているかどうかについて明らかではありませんが、仮に本件農道が道路認定を受けていないとしても、日常生活上の権利を行使するについて欠くことができないといえる事情がある場合には、上記判例の射程が及ぶものと考えられます。

　そして、住民の道路使用の自由権が侵害された場合には、不法行為となり、妨害が継続するときは、その排除を求める権利を有すると解されます。

　本ケースでは、Aは、道路の両横に杭を打って、鉄鎖をつなげ、通行できないように妨害しているとのことであるため、Bは、通行の自由権を根拠に、Aに対し、通行の妨害行為をやめるよう求めることができます（民210）。

2　通行地役権の時効取得

　約30年前にAから集落に売買したときの資料等が残っておらず、Aが所有者であるという主張を排斥できない場合、Bとしてはどのような主張ができるでしょうか。まず、Bとしては、これまで本件農道を農作業のために使用してきたことから、Aに対して通行地役権の時効取得を主張することが考えられます（民283）。地役権取得の要件は、継続的に行使され、かつ、外形上認識することができるもので、他人の

土地を自己のためにする意思を持って20年以上平穏・公然に通行してきたか、あるいは10年以上平穏・公然に通行し、かつ自己に通行地役権があると信じ、そう信ずることに過失がないことです（民283）。通行地役権の取得時効に関する「継続」の要件を満たすためには、要役地所有者による通路の開設を要するとされています（最判昭30・12・26判時69・8）。

　本ケースでは、Bが所属する集落が本件農道を開設しており、Bはその構成員の一人であるため、「開設」の要件を満たすと考えられます。そして、Bは本件農道を30年以上にわたり通行していることから、そのことが外形的に明らかであり、客観的にAも認識していたといえる事情がある場合には、Bは地役権の時効取得を主張できます。

3　囲繞地通行権

　通行地役権の時効取得が認められない場合でも、Bが自動車で本件農地に行くためには、妨害されている本件農道を通る以外の方法がないため、Bとしては、囲繞地通行権を主張することが考えられます（民210〜212）。もっとも、自動車以外の方法であれば本件農地に行ける手段はあることから、本件農道について自動車の通行を前提とする囲繞地通行権が認められるのかどうかが問題となります。

　自動車の通行を前提とする囲繞地通行権の成否については、他の土地について自動車による通行を認める必要性、周辺の土地の状況、自動車による通行を前提とする囲繞地通行権が認められることにより他の土地の所有者が被る不利益等の諸事情を総合考慮して判断すべきであると考えられます（最判平18・3・16判時1966・53）。

　本ケースにおいては、Bが農作業のために本件農道に自動車を通行させる必要性、本件農道以外に自動車が通行できる道路がないこと、自動車による通行を前提とする囲繞地通行権が認められることによっ

ケース編 第3章 利用・維持・管理に関するケース 307

てAが被る不利益の内容及び程度等の事情を総合考慮し、Bに囲繞地通行権が認められるかどうかが判断されます。Bに囲繞地通行権が認められる場合、Bは、Aに対して、囲繞地通行権を主張し、妨害行為をやめるよう求めることができます（民210）。

4　損害賠償請求・保全命令の申立て

Aの妨害行為により、Bが農作業をすることができず、損害を被った場合には、Aに対して、損害賠償請求することが可能です（民709）。

また、Aの妨害行為により、本案訴訟の確定を待っていては回復不可能な被害を被ることが確実であり、早急に妨害行為の排除及び妨害の予防を求める必要がある場合には、通行妨害禁止仮処分命令の申立てを行うことが考えられます（民保13①）。

＜参考となるQ＆A＞
〔1〕、〔5〕、〔8〕、〔20〕

Case 12　隣接地の一部を通行使用して、その地下に排水管を設置していたところ、隣接地を新たに取得した者から排水管の撤去を求められた場合

　Aは、本件土地の所有者です。20年以上前に、元々一筆の土地であった乙土地が、本件土地と甲土地とに分筆され、それぞれAとBに分譲されました。Aは、甲土地の一部にコンクリートを敷設して通行使用するとともに、その地下に排水管を設置し、下水道の設置利用のために使用してきました。本件土地は甲土地の一部を通行使用しなければ、公道に出ることができません。また、本件土地の排水管は、甲土地の地下を通らなければ、公道下の本管に接続することが困難です。

　最近になって、甲土地が売却され、Cが所有権を取得しました。

　Cは、甲土地を取得するに際し、Bから、甲土地の一部についてAが通行しており、その地下に本件土地のための排水管が設置されていることの説明を受けていました。

　Aは、Cから、甲土地の一部に設置されている排水管の撤去を求められましたが、どうすればよいでしょうか。

| ケース編 | 第3章　利用・維持・管理に関するケース | 309 |

<困難要因>

▶本件土地は、隣地である甲土地の一部を通行使用しなければ公道に出られない立地であり、本件土地の排水管は、甲土地の地下を通らなければ、公道下の本管に接続できないこと

▶分譲時、AとBとの間で、排水管設置に関してどのような合意があったのか明確でないこと

▶分譲時の経緯を知らないCが甲土地の所有者になったこと

▶Aは通行と排水管設置の地役権について登記を備えていないこと

対処のポイント

　まずは、排水管の設置に関して隣地の所有者との間で合意が存在するかどうかを確認します。このほか、Aは、20年以上排水管設置のために隣地を使用してきたことから、地役権の時効取得を主張することが考えられます。合意が確認できない場合や、時効取得の要件を満たさない場合であっても、相隣関係に関する令和3年の民法改正により、電気・水道等の各種ライフラインを引き込むことができない土地の所有者は、他の土地等にその引込みのための設備の設置等をすることができる権利が明文化されました（民213の2）。これに基づき、Aは、Cに対して、排水管の設備の設置等を主張することができます。

ケース解説

1　隣地使用の合意があるか

　自己の所有地が公道に埋設されている公共の下水管に直接接しておらず、他人が所有する隣地を使用せざるを得ない場合、隣地所有者が

その所有地に排水管設備を設置することを承諾してくれれば問題はありません。しかし、本ケースでは、AとBとの間で、排水管の設置に関して、どのような合意があったのかが明らかではないため、黙示の承諾があったかどうかが問題になります。土地の分譲に際して、通行地役権及び下水道設備の設置利用の地役権の設定に関する黙示の承諾があったかどうかは、長期間かつ日常的に本件通路や排水管を使用してきたこと、本件通路や排水管を利用する必要性等の諸事情を検討し、判断することになります（東京地判平16・4・26判タ1186・134）。

2 Cは登記の欠缺を主張する正当な利益を有する第三者か

A・B間で、黙示の地役権設定契約が認められるとしても、Aは地役権の設定を登記していないため、Aが、後から隣地の所有権を取得したCに対して登記なくして対抗できないとすれば、Cに対して地役権の存在を主張することができません。そこで、Cが地役権についての登記の欠缺を主張するについて正当な利益を有する第三者に当たるかどうかが問題となります。

承役地が譲渡された場合において、譲渡のときに、承役地が要役地の所有者によって継続的に通路として使用されていることがその位置、形状、構造等の物理的状況から客観的に明らかであり、かつ、譲受人がそのことを認識していたか又は認識することが可能であったときは、譲受人は、通行地役権が設定されていたことを知らなかったとしても、特段の事情がない限り、地役権設定登記の欠缺を主張するについて正当な利益を有する第三者には当たらないとする最高裁判例があります（最判平10・2・13民集52・1・65）。この最高裁判例の考え方に照らせば、本ケースにおいては、Cは甲土地を取得するに当たり、甲土地の一部が通行に使用されている状況を認識していたと認められること、甲土地が下水道設備の設置利用に用いられていることが客観的

ケース編 第3章 利用・維持・管理に関するケース 311

に明らかであり利用状況を認識し得たことから、Cは通行及び下水道
設備の設置利用のための地役権について、登記の欠缺を主張するにつ
いて正当な利益を有する第三者に当たらないと考えられます（参考：前
記東京地判平16・4・26）。

3 地役権の時効取得

　地役権は、設定契約によってだけではなく、時効取得によっても取
得することができます。本ケースでは、Aは長年にわたって隣地を通
行と排水管設置のために利用していることから、地役権の時効取得を
主張することが考えられます。地役権は、継続的に行使され、かつ、
外形上認識することができるもので、他人の土地を自己のためにする
意思を持って20年以上平穏・公然に通行してきた場合か、あるいは10
年以上平穏・公然に通行し、かつ自己に通行地役権があると信じ、そ
う信ずることに過失がない場合に、取得することができます（民283）。
通行地役権の取得時効に関する「継続」の要件を満たすためには、要
役地所有者による通路の開設を要するとされています（最判昭30・12・
26判時69・8）が、分譲者が開設した通路について時効取得を認めた裁
判例があります（福岡地判昭45・12・24判タ260・294、名古屋地判昭57・8・
25判タ486・120）。

　本ケースにおいては、Aが甲土地の一部を長年通行と排水管設置の
ために使用し、そのことが外形的に明らかであり客観的にB若しくは
Cも認識していたと考えられること等から、Aは地役権の時効取得を
主張できると考えられます。

4 ライフライン設備設置権発生の要件

　本ケースにおいて、仮に、Aが地役権設定合意又は時効取得による
地役権の主張ができないとしても、相隣関係に関して令和3年に民法

が改正され、電気・水道等の各種ライフラインを引き込むことができない土地の所有者は、他の土地等にその引込みのための設備の設置等をすることができる権利が明文化されました（民213の２）。Aはかかる規定に基づき、Cに対して、甲土地に排水管を設置する権利があることを主張することが考えられます。

　もっとも、ライフラインの引込みは、他人の所有権に対する制限もあることから、民法213条の２の規定に基づく設置権が発生する場面及び行使できる範囲・方法には、以下のとおり制約があります。

　ライフライン設備設置権が発生するのは、他の土地に設備を設置し、又は他人が所有する設備を使用しなければ電気、ガス又は水道水の供給その他これらに類する継続的給付を受けることができないときであるとされています。

　また、設備の設置は、継続的給付を受けるために必要な範囲内でなければならず、設備の設置又は使用の場所及び方法は、他の土地又は他人が所有する設備のために損害が最も少ないものである必要があります。

　よって、その目的のために隣地使用をせずに済む方法が他にある場合や、より負担の程度の少ない隣地使用によっても目的が実現できる場合は、ライフライン設備設置権が認められない場合もあります。

＜参考となるQ＆A＞
　〔4〕、〔5〕、〔6〕、〔18〕

Case 13　道路位置指定の廃止（取消し）を求める場合

　私（X）は、道路位置指定を受けている所有地の一部（甲地）を道路として使う必要がなくなったので、位置指定の廃止をしたいのですが、市（区）役所から関係権利者の承諾を得るように言われました。承諾が必要な関係権利者とはどのような立場の人でしょうか。甲地に隣接する土地は直接公道に接しており、特に道路位置指定を取り消しても不都合はなさそうです。

　また、市（区）役所による位置指定の廃止手続を経ないで道路を事実上廃止した場合には、どのように扱われますか。

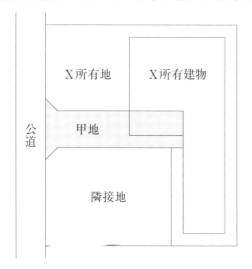

＜困難要因＞
　▶道路位置指定の廃止の手続については法令に定められておらず、手続が地方自治体によりまちまちであること

314　ケース編　第3章　利用・維持・管理に関するケース

対処のポイント

　本来、私道の変更又は廃止は、原則自由であるところ、道路位置指定を受けた私道の廃止によって第三者の建築物が一方的に違反状態となる不合理な事態が生じないようにすることが建築基準法45条の趣旨であり、同指定の取消しやその際に求められる関係権利者の承諾においても接道義務違反が生じないかどうかが判断のポイントになります。

ケース解説

1　道路位置指定の廃止について

（1）　法令の定め

　建築基準法45条1項が、私道の変更又は廃止によってその道路の接する敷地が接道義務を満たさなくなる場合に、特定行政庁において、建築基準法45条2項の規定により当該変更又は廃止に係る事実上の行為の制限又は禁止をすることができることを定めています。建築基準法45条のほかには、同法、同法施行令、同法施行規則などの国の法令において、私道の変更又は廃止の制限又は禁止について定めた規定や、道路の位置の指定の取消しに際し、承諾を要する者の範囲を定めた規定はありません（指定を受ける際の定めは建築基準法施行規則9条等にあります。）。

　この規定の趣旨を受けて、特定行政庁の規則では、私道の変更又は廃止に関して事前の届出、承認等の手続を要求している例が多くあります（逐条解説建築基準法編集委員会編『逐条解説建築基準法〔改訂版〕（下）』55頁（ぎょうせい、2024））。また、国の建築基準法道路関係規定運用指針に係る技術的助言では、特定行政庁が指定道路の全部又は一部につい

ケース編 第3章 利用・維持・管理に関するケース 315

て指定の取消しを行うことは可能であり、その場合の手続は原則とし
て、指定の手続に準ずること、条例に規定を設けることにより、私道
の変更又は廃止を行う者から特定行政庁に対しあらかじめその旨を届
出させることができることが説明されています（国土交通省「建築基準法
道路関係規定運用指針」平成19年6月（平成21年1月改定）11・21頁）。

　このような各自治体の規定により道路位置指定の廃止は行政処分と
解されているとされ、その理由について位置指定という行政処分が存
在する以上、それを変更又は撤回する行為も行政処分によると見るの
が自然なことであると述べられています（碓井光明『都市行政法精義II』
（信山社、2014））。なお、当該道路位置指定の取消処分は、指定に際し
て申請者が存在するものの、あくまで道路に対して行われる対物処分
であり、処分により義務を課し、又は権利を制限する直接の相手方で
ある特定の名あて人は存在しないため（国土交通省「建築基準法道路関係
規定運用指針の解説」平成19年7月（平成21年1月改定）12頁）、行政手続法2
条4号の不利益処分に該当しません。

（2）　承諾の範囲

　地方自治体の運用として、例えば横浜市建築基準法施行細則10条の
2第4号では、（道路の）廃止の申請者に、「廃止道路敷に対し所有権
その他の権利を有する者」の廃止に係る承諾書を申請書に添付するよ
うに求めています。

　このような承諾の要否について争われた裁判例があります。廃止申
請をした道路位置指定を受けた当該私道の敷地及びこれに沿接する土
地等に関して権利を有する者の承諾を市の規則で求められ、その承諾
の要否が争われた裁判例では、指定取消申請を拒否することが、道路
位置指定の取消しが制約されていた権利の回復が図られるところ、そ
の回復の制限をすることになるから法律の留保（根拠）が必要である
のに国の法令や地方自治体の条例にその根拠がなく、区長が地方自治

法15条１項に基づき定めた規則である区建築基準法施行細則又は内部準則にすぎない取扱基準によって新たな制約はできないこと、建築基準法45条１項の趣旨から「接道義務に違反することとなる敷地及びその土地上の建築物の権利者の承諾がないときには、上記申請を拒むことができるものの、その取消しにより、接道義務に違反することとなる敷地がない場合において、当該道路の敷地である土地やその土地上の建築物又は工作物の権利者や、当該道路に接する敷地及びその土地上の建築物又は工作物の権利者の承諾がないことを理由として上記申請を拒むことはできない」と判示しました（東京地判平28・6・17判タ1431・177、他に東京地判平19・6・29（平19（行ウ）220）参照）。

　他にも市の規則で廃止する道路に面した土地・建物の所有者及びその他の権利者の道路位置指定廃止に係る承諾書を求め、その要否について争われた事案で、建築基準法45条１項の趣旨から「特定行政庁において当該私道につき所有者等の申請に基づき当該私道を廃止し又は変更することができるのはこれによって接道要件を充たさないこととなる建築物の敷地が存在しない場合に限られるとともに、右に述べる建築物の敷地が存在しない以上当該私道の所有者の申請に応じ、当該私道を廃止し、変更する義務があるというべき」と判示されました（岡山地判平11・12・21（平11（行ウ）12））。また、この裁判例は、廃止申請をした私道を通行する者の承諾について「特定行政庁は、右の第三者の通行を目的とする権利の存否につき認定判断する権能を有しないのであるから、当該私道が周辺住民にとって唯一の生活道路であるといった特別の事情があり、かつ、この事実が確定判決等の存在によって明白であるといえる場合は格別、そうでない限り、当該私道の廃止・変更につき右の第三者の承諾が存在しないことを理由に、当該私道の変更若しくは廃止を禁止し、又は制限することは許されない」と判示しました。当該私道の通行をめぐる私人間における通行権その他の権利

ケース編　第3章　利用・維持・管理に関するケース　317

の保護は、当然には建築基準法の法目的の実現に当たる特定行政庁において掌理すべき事務に含まれず、その権利の保護は、本来所有者等と第三者間の訴訟手続等によって図られるべきことを理由としています。

（3）　指定道路の事実上の閉鎖行為

私道の変更又は廃止は、原則として自由ですが、当該私道によって建築基準法43条の接道義務を果たしている第三者の建築物の敷地がある場合は、当該私道の変更又は廃止によってその第三者の建築物が一方的に違反状態となり、不合理が生じます。このため、建築基準法45条において、私道の変更又は廃止によってその道路に接する敷地が建築基準法43条の接道義務に抵触することとなる場合は、特定行政庁は建築基準法9条に基づく一般の違反是正命令に準じた手続で私道の変更又は廃止を禁止し、又は制限できることとされています。そうすると、道路位置指定を受けた私道を閉鎖しても建築基準法43条違反が生じない場合は前記特定行政庁の処分は要件を欠くことになります。

前掲運用指針11頁では、「指定の取消しが可能となる場合としては、指定道路の全部が1号道路となった場合等、指定の意義が実質的に失われている場合が該当」し、「道路が成立する前提である道の築造が指定後に行われない場合等、現に指定の基準に適合している道がない場合も該当する」こと、指定の取消しは申請によらずとも可能であると述べられています。

道路位置指定がなされた後、その指定道路である道が壊され、それ以来長期間、マンション敷地などに利用されてきたが、指定取消申請をしたところ関係権利者の承諾がないことを理由になされた指定取消拒否処分の取消しを求めて争われた裁判例では、建築基準法42条1項5号の定義に該当する「道」が消滅し、「道」が壊されて無くなった時点において道路位置指定をする必要性が消滅し、接道義務を満たさな

い土地が発生するなどのトラブルが一切生じていない場合には建築基準法42条により定義される道路には該当しないとして、関係権利者の承諾は不要とし、道路位置指定取消処分の申請を認めて取り消すべきは当然であると判示しました（東京高判平28・11・3判時2325・21）。

2　本ケースについて

　道路位置指定の廃止（取消し）申請をする際に求められる関係権利者の承諾としては、建築基準法43条の接道義務違反が生じない場合には原則不要と考えてよいと思われます。仮に接道義務違反が生じる場合には、特定行政庁も違反状態を是認することはできないので、仮に接道義務違反となる関係権利者の承諾があっても取消しは認められないと考えられます。

　また、道路位置指定の意義が実質的に失われ、接道義務違反が生じない場合には、事実行為によって廃止が可能となる場合もあり得ますが、地方自治体の条例、規則の廃止申請手続が定められていれば、手続自体は必要となるので、各自治体のルールを確認する必要があります。

Case 14　里道の付替えを計画する場合

　Xは、自治会での既存道路の変更の話を受け、道路（里道）に隣接する所有地の一部を提供し、新しい道路を築造することにしました。新しく築造する道路（私道）は、市に寄付し、旧道（里道）は払下げを受ける方法（付替え）で進めることになりました。そうしたところ、払下げの土地価格を自治会では出せないということになり、Xが買い取りました。自治会に使用料の請求又は買取りを請求できますか。

　また、市が付替えを認めない場合にどうしたらよいでしょうか。

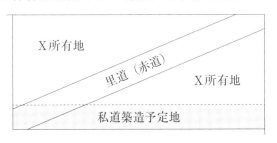

＜困難要因＞
　▶里道は公共物であり管理者が市町村等であることから、払下げや付替えには種々法律上の制約があり、また裁量行為でもあるため、各市町村等の取扱いも一様ではないこと

対処のポイント

　所有地の敷地内に里道がある場合など付替えをすることによって土地の有効活用を図ることができることもあります。里道の払下げ・付替えの手続には法定外公共物の性質上制約が課されていることを理解した上で計画を立てる必要があります。

320　　ケース編　第3章　利用・維持・管理に関するケース

ケース解説

1　里道の払下げ

　里道とは、道路法上の道路ではなく（道路法上の認定手続がされないため認定外道路と呼ばれます。）、公物管理のために法律の規定が適用も準用もされない公共用物であり法定外公共物の一つです。市町村によっては、里道の管理のための条例を制定しています（堺市法定外公共物管理条例、京都市里道管理条例等）。

　私人が民有地に介在する里道等の法定外公共用財産の払下げを受けようとしても、公共用財産のままでは払下げを受けることができません（自治238の4①）。払下げを受けるためには、市町村が用途廃止（公用廃止を伴うもの）の手続によって普通財産として管理換えを行うことが前提となり、その後に払下げ（自治238の5①）を申請することになります。普通財産の払下げは私法上の売買契約に当たります。

　当該法定外公共物の用途を廃止するか否か、廃止するとしても私人に払い下げるか否かは、財産管理者である市町村長の裁量に属します。したがって、条例に特段の定めが置かれていない限り、私人に用途廃止請求権や払下請求権ないしはこれらの申請権が法令上存在するわけではありません。用途廃止申請や払下申請は、専ら職権発動を促すにとどまるものといえます（寶金敏明『里道・水路・海浜～長狭物の所有と管理～〔5訂版〕』406頁（ぎょうせい、2019））。

　また、市町村の普通財産である土地の売却に関する契約方法は、原則一般競争入札により、地方自治法施行令167条の2に該当する場合に随意契約が可能となります。単体の土地として利用できない土地を「一宅地をなさない土地」（例えば、面積が著しく狭小、接道しておらず建築困難といった土地）といい、このような土地については同条1項2号等により随意契約が可能となります。その他、市町村が土地を

ケース編 第3章 利用・維持・管理に関するケース 321

売却する際には、地域環境の改善、土地の有効活用などといった要素
も含めて売払いの適否を判断することとなります。

2 付替えとは

「付替え」とは、里道などの法定外公共物の用途に代わるべき代替
施設をつくり、土地とつくった代替施設を市町村に寄付し、従前の法
定外公共物の敷地の譲与を受ける手続のことをいいます。

各市町村では、財産の交換、譲与、無償貸付等に関する条例を設け、
普通財産を譲与し、又は時価よりも低い価額で譲渡することができる
場合を具体的に定め、「公用又は公共用に供する公有財産の用途に代
わるべき他の財産の寄附を受けたためその用途を廃止した場合におい
て、当該用途の廃止によって生じた普通財産を寄附を受けた財産の価
額に相当する金額の範囲内において当該寄附者又はその相続人その他
の包括承継人に譲渡するとき」としている例が多くあります（福岡市財
産の交換、譲与、無償貸付等に関する条例4四参照）。さらに、その手続につ
いては、各市町村で定めた事務要領によって実施しています。

3 本ケースについて

前記のとおり、里道の払下げ又は付替えは、Xと市との間の売買契
約等の私法上の契約によるものであり、自治会は契約当事者ではあり
ません。また、里道の付替えのためにXが市町村に寄付した土地は、
市が代替施設として管理することになるので、Xが使用料を請求した
り、利用を制限するような立場ではなくなります。付替えの手続の前
に、自治会との間で、付替えに要する費用の負担割合を協議して決め
ておくべきです。

また、市が付替えを認めない場合はどうでしょうか。裁判例として、
市が里道の付替手続に合理的な理由なく応じないこと等の措置が違法

322　ケース編　第3章　利用・維持・管理に関するケース

であるとして、市が里道の付替義務を負うことの確認を求めたのに対し、市の付替義務がないとした事例があります（大阪地判令2・6・3判自479・99）。裁判所は、付替えの前提となる用途廃止につき、用途廃止が行政の内部手続にすぎないこと、管理条例その他法令に用途廃止について申請権を付与した規定がないことから市に用途廃止を義務付けることはできないとし、さらに里道の売渡し及び代替地の買受義務の存否について、用途廃止されていない行政財産の譲与ができないこと（自治238の4①）、同項に反する行為が無効であること（自治238の4⑥）から売渡しの申込みの意思表示ができないこと、里道の公共性及び前記地方自治法238条の4第1項が売渡しを原則禁止していることから、売渡しに応じなければならない性質のものではなく、売渡し又は買受けを義務付ける法令上の規定がないことを付替義務を否定した理由としています。

　この裁判例で述べているようにXが市に対して里道の付替えを義務付けることはできないことから、Xは、自治会と協議し、Xが里道の代替地として所有地を私道として提供する場合には、自治会が買い取るのか、又は通行地役権等の通行権を設定するのか決める必要があります。通行地役権の内容（目的、存続期間、対価等）は明確にしておく必要があります。また、Xが市から里道の払下げを受けるために市から求められる利害関係者として自治会の同意等もあらかじめ得ておくべきです。あいまいなまま私道の提供を継続すれば、無償での通行地役権が認められるなどXのみ不利益を被るリスクがあります。

ケース編　第3章　利用・維持・管理に関するケース　　323

Case 15　私道の所有者が私道上の土地利用に関して所有権を行使する場合及び権利行使が制限される場合

　私（X）が所有する私道（甲地）にYやYの関係者が車を停めたり、配達の車が停まったりして迷惑を被っており、私道（甲地）の入り口に門扉を設置するなどして車両の通行を制限したいのですが可能でしょうか。私の所有する甲地とYの所有する乙地が私道として利用されていますが、甲地の通行が囲繞地通行権に基づくものである場合と甲地と乙地が建築基準法上の位置指定道路である場合とで何か違いはありますか。私道（甲地）の入り口に照明付き看板が設置されたのですが撤去を求めることはできますか。

　最近、Yやその関係者が甲地と乙地を駐車場のように利用し、甲地にはみ出して自動車を何台も駐車しています。道路交通法に基づいた対処はできないのでしょうか。

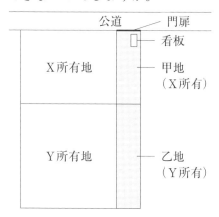

＜困難要因＞
　▶私道の所有権の行使には、当該私道に対する通行権を尊重する必要があること

324 ケース編 第3章 利用・維持・管理に関するケース

▶私道の管理であっても建築基準法や道路交通法等の公法が適用されること

対処のポイント

　私道の所有権又は管理権を行使するに当たっては、各通行権の性質及び内容、建築基準法、道路交通法等の公法規制を踏まえて、所有権が一定の制限を受けていることを理解して行う必要があります。

ケース解説

1 私道の所有権行使と通行権等

　私道は所有権の対象であり、私道所有者は自由に私道の廃止をしたり、その利用を制限したり禁止したりすることは権利の濫用にならない限り可能です。この場合の私道を通行する他人の通行利用関係は、単なる事実上の通行にすぎません。

　これに対し、私道に、他人の囲繞地通行権、通行地役権、債権契約に基づく通行権などの通行権が設定されている場合には、それらの通行権は法律上の権利であり、通行の目的を阻害するような通行制限をすることはできません。また、建築基準法上の道路である私道については、同法の規制の範囲で私道所有権の行使が制限されます。

2 囲繞地通行権に対する制限

　袋地所有者は、囲繞地通行権が認められる通路部分にブロック塀、門等の工作物及び樹木がある場合には、これらの撤去を請求することができます（東京地判平2・4・24判時1366・60）。また、既存通路について、私道所有者が通路を縮減することは相当な理由がない限り認めるべきではないとされ（岡本詔治『私道通行権入門』78頁（信山社、1995））、従

ケース編　第3章　利用・維持・管理に関するケース　　325

来から車両通行の事実があった場合には、袋地所有者側に将来におい
ても車両通行の必要性がある限り、原則として通行地の所有者は車両
通行を阻止できません（福岡高判昭47・2・28判時663・71、高松高判平元・
12・13判時1366・58）。

　しかしながら、囲繞地通行権の成立が認められる場合であっても、
同権利が「社会経済上の見地から袋地の効用を全うさせるために、法
律上当然に成立が認められている公益的要素の強い通行権であること
と説明されているが、相隣接する土地相互の利用を調節する目的のも
のであるから、その範囲を超えなければ、その行使が無制限と解する
必要はない」、囲繞地「の利用と袋地の利用とを相関的に比較衡量して、
無制限な通行を認めると、囲繞地あるいは袋地の利用上危険が発生す
るおそれがある場合には、合理的な範囲内で囲繞地通行権の行使を制
限することは可能」とされています（安藤一郎『私道の法律問題〔第7版〕』
599頁（三省堂、2023））。

　裁判例では、元々自動車通行の事実があったが、その後、自動車を
所有する者が多くなって通行量が増大し、通路が狭いため歩行者（幼
児・高齢者）に危険が生ずるなどの理由から、通路の入り口に杭を設
置して自動車の乗り入れを居住者含め禁止した事案で、当該杭の撤去
請求を棄却した事例があります（福岡高判昭58・12・22判タ520・145）。な
お、自動車による通行を前提とする囲繞地通行権の成否及び具体的内
容に係る判例の基準は最高裁平成18年3月16日判決（民集60・3・735）
で示されているところです。

　以上を踏まえ、本ケースをみると、元々自動車の通行の事実があっ
たため、門扉を設置するなどして自動車の通行を全面的に制限するこ
とは原則できません。もっとも、自動車の通行状況に質的な変更が生
じ、通路の利用者に危険が生じるような場合には制限が可能になる場
合があります。なお、通路に駐車する行為は、配達のために短時間、
すぐに移動できるような状態であれば、これを制限することはできな

いと考えられますが、駐車場代わりに通路を使用するという場合であれば、通行の目的の範囲を超えるもので制限が可能です。

このほか通行権者が通路を開設することができることから（民211②）、通行に必要な設備を設置すること及び通行権を対外的に表示することも通行権の範囲に含まれると考えられています。もっとも、私道の土地所有権との権衡上、その設備の大きさ、位置、表示方法、外観などに一定の制約を受けます。裁判例では、通行権者が設置した電光表示板を、通行部分のための照明設備ではなく営業を表示する一種の看板であり、通行権の存在を表示するための物件としては過大であり、表示手段の限界を逸脱しているとした事例があります（東京地判昭60・6・24判タ614・76）。本ケースにおける照明付き看板が、通路を通行するために必要かつ相当な照明で、通路の表示としても必要かつ相当かどうか検討することになります。

3　私道が建築基準法上の道路である場合

私道が建築基準法上の道路である場合は、同法による道路内建築制限（建基44）及び私道の変更・廃止の制限（建基45）等の規制が及びます。これらの規制と私道所有者の所有権、管理権との関係について、私道所有者は、同法の規制に反しない限りで私道の通行を規制できます（安藤・前掲599頁）。幅員4ｍの私道の中央に杭を埋め、自動車の通行を制限し、人と自転車のみの通行を認めるような事例については、私道の管理権は個人が有しているから建築基準法が私道に期待している効用を損なわない限りなし得る（荒秀編『新建築基準法50講』149頁（有斐閣、1994））と述べる見解、「建築基準法上の私道の種類に応じ、社会通念に照らして、当該道路の従前の使用形態、制限行為の目的・態様、それによる交通制限の態様、右私道に接道する敷地保有者等（一般第三者）の生活、敷地利用関係、他の通行手段、当該地域の地理的状況、道路使用状況等に基づき、交通制限の必要性、相当性を具体的に判断する必要

ケース編 第3章 利用・維持・管理に関するケース 327

がある」との一般論を述べる見解があります（坂本倫城「建築基準法と民
法の相隣関係」判例タイムズ767号28頁(1991)）。

近時の裁判例では、「位置指定道路は私道ではあるが、その所有者以
外の第三者を含む一般公衆の通行を許容する性質を有しているもので
あるから、公衆の通行・立ち入りを全面的に禁止したり阻害したりす
ることはできない。しかし、あくまで私道であるから、その所有者は、
当該道路に対する維持・管理権を有し、前記の位置指定道路の趣旨等、
法令の規定に反しない限り、当該道路の保全と関係権利者の居住の安
寧のため、当該道路の利用を自治的に定めることができ、当該道路を
利用する一般公衆もその定めによる利用制限に服するものというべ
き」と述べ、「本件私道も、位置指定道路であり、かつ現状も道路とし
て整備、利用されているものであるから、一般公衆の通行を禁止する
ような取り決めをその所有者がしても、これに基づき直ちに通行を排
除することはできない」が、他の公道に接続し、6世帯が入居可能な
アパートの利用者の自動車通行、駐停車を制限することを認めた事例
があります（東京地判平23・6・29判タ1359・244）。

本ケースの場合、私道上に建築物そのものを建築するわけではあり
ませんが、建築物に附属する門、塀は、建築物に含まれる（建基2一）
ことから、建築物に附属する門扉を設置したのであれば建築基準法44
条違反になり是正措置命令、行政代執行という手続がとられる可能性
があります。なお、それ以外の物件について私道上に設置されたとし
ても同条には抵触せず、私道の変更、廃止に該当するかどうかの問題
となります。

4　道路交通法

道路交通法は、道路の危険防止、交通の安全と円滑、道路交通によ
る障害の防止を図ることを目的としています。そして、同法の適用を
受ける道路とは、道路法上の道路、道路運送法に定める自動車道、そ

の他に「一般交通の用に供するその他の場所」(道路2①) です。具体的には、事実上道路の体裁をなして交通の用に供されているいわゆる私道、道路の体裁はなしていない広場、大学の構内の道路、公園内の通路であっても、それが一般交通の用に供され解放され、しかも一般通行の用に客観的にも使用されている場所のことをいいます (道路交通執務研究会編『執務資料 道路交通法解説〔19訂版〕』7頁 (東京法令出版、2024))。裁判例では、「南北約3.7m、東西約28.5mの路地であって、南北の両側には2階建の文化住宅が建っており、同住宅所有者が所有する私有地であること、文化住宅1階 (北側6戸、南側8戸) の出入口は本件路地に面しており、路地の東側は行き止まりになっているが、西側は幅員約4.2mの府道に通じていること、路地の出入口においては、特に人及び車両の通行を禁止又は制限する等の措置は採られておらず、現に人、自転車、自動二輪車等が自由に通行していること」から、道路交通法2条1号の「一般交通の用に供するその他の場所」に該当するとしたものがあります (大阪高判昭62・10・27判時1263・49)。

　そして、私道が道路交通法上の「道路」に該当する場合には、同法の諸々の規制、徐行義務 (道交42)、駐車した場合に3.5m以上のスペースがない場所での駐車禁止 (道交45②)、道路交通法76条の禁止行為 (3項：交通の妨害となるような方法で物件をみだりに道路に置いてはならない。) 等に抵触すると警察が対応することとなり、罰則規定を適用するほか危険防止・交通妨害を排除するための「必要な措置」を講じることができます。

　本ケースについては、当該私道が道路交通法の「道路」に該当するのであれば、前記道路交通法45条・76条等のほか自動車の保管場所の確保等に関する法律11条の道路上の場所を自動車の保管場所として使用してはならないとの規定違反となり、警察の取締りの対象となる可能性があります。

Case 16　共同所有型私道の補修や売却を行いたいが、親族でない所有者が音信不通で所在不明になっている場合

　Aは、父の死亡により、自宅及び自宅前の私道を相続しました。自宅前の私道は、隣地の住宅の所有者であるB及びCと共有しています。

① 　私道は舗装されたアスファルト道として利用されていますが、老朽化により、一部が陥没し、通行に支障が生じています。危険な状態であるため整備をしたいと考えていますが、私道の共有者の一人であるBとは30年以上交流がなく、連絡先が分かりません。

② 　父から相続した自宅は、父の死亡後、空き家となっています。Aは遠方に住んでおり、日常的な管理が難しく、固定資産税等の税金の負担もあるため、自宅前の私道とともに自宅を売却することにしました。私道の売却に当たっては、共有者全員の境界確認が必要だと聞いたことがありますが、私道の共有者の一人であるBとは30年以上交流がなく、連絡先が分かりません。

③ 　自宅前の私道は、道幅が狭く、緊急車両が通行することができないため、自治体から狭あい道路の拡幅による買収の打診がありました。共有者全員で売却をしなければならないようですが、私道の共有者の一人であるBとは30年以上交流がなく、連絡先が分かりません。

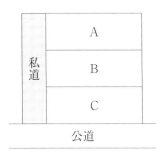

330 　ケース編　第3章　利用・維持・管理に関するケース

＜困難要因＞
　▶共有者が所在不明のため、共有者の意思表示を確認できないこと
　▶共有者が親族以外であること

対処のポイント

　ケース①について、共有道路の補修工事は、保存行為として各共有者が単独で行うことができることがポイントです。

　ケース②について、所有者不明土地対策として、令和4年10月から法務省が登記の際の運用見直しをしていますので、場合によっては、共有者全員による筆界確認書がなくても手続が可能となる場合があります。

　ケース③について、共有物分割や取得時効援用により、AがBの土地の所有権を取得して売却をするといった方法が有益であると考えられます。

ケース解説

1　ケース①について

　舗装されたアスファルト道に生じた陥没部分の穴を塞ぎ、アスファルトで再舗装して現状を維持する補修工事は、共有物の現状を維持する行為ですので、保存行為に当たります。共有物の保存行為は、各共有者が単独で行うことができます（民252⑤）。そのため、Aは単独で補修工事を行うこともできますし、A及びCの共有者2人で補修工事を行うこともできます。

　仮に、この私道が砂利道で、これをアスファルト舗装する場合は、共有物に変更を加えることになりますので、保存行為でなく、管理行為に当たります。令和3年改正前民法においては、共有物に変更を加

ケース編　第3章　利用・維持・管理に関するケース　　331

える行為は、その変更の程度にかかわらず、共有者全員の同意が必要であるとされていました。しかし、改正民法では、軽微な変更（形状又は効用の著しい変更を伴わないもの）であれば、各共有者の持分の価格の過半数で決定することができることになりました（民252①）。一般的には、砂利道をアスファルト舗装する行為は、軽微な変更に当たると考えられています。そのため、本ケースでは、A及びCの持分がそれぞれ3分の1ずつであれば、Bの同意がなくともアスファルト舗装の工事を行うことができます。もしアスファルト舗装の工事について、Cが賛否を明らかにしない場合やBの持分がA及びCの持分の合計を超えている場合は、Aは、裁判所の決定を得て、アスファルト舗装の工事をすることができる場合もあります（民252②）。

　なお、このような補修工事にかかる費用については、私道の共有者がそれぞれの持分に応じて支払う義務を負います（民253①）。

2　ケース②について

　（1）　土地取引の際には、土地を測量した上で、登記簿上の地積を修正する「地積更正の登記」や、土地を分割する「分筆の登記」が行われることが多いです。このような登記手続をするためには、従来、共有者全員が作成する筆界確認書が必要でした。しかし、共有者の一部が不明又は連絡が取れないケースでは、筆界確認書を作成することができず、土地の取引を進めることができないという問題が起きていました。そこで、令和4年10月に法務省民事局は「所有者不明土地対策のための筆界認定に関する表示登記の運用見直し」を行い、一部の共有者が不明又は連絡が取れないといった場合でも、ある一定の条件の下では、共有者全員による筆界確認書がなくても登記申請をすることができるようになっています。

　「所有者不明土地対策のための筆界認定に関する表示登記の運用見

直し」のポイントは以下の３点です。

① 登記官の調査によって筆界が明確と認められる場合（精度の高い地図がある場合等）には、筆界確認情報の提供を求めない。

② 共有者全員ではなく、共有者のうち現に占有する者のみで足りるとするなど、筆界確認情報を求める範囲を必要最小限にする。

③ 筆界確認の重要性は従来と変わらないから、申請人の負担を軽減しつつも、登記官の必要な調査により筆界認定の適正性は十分確保する。

本ケースにおいても、精度の高い地図さえあれば、境界確認にＢが立ち会うことができなくても、Ａ及びＣのみで、土地の取引に必要な境界確認をすることはできると考えられます。もっとも、この精度の高い地図というのは、現地復元性がある（仮に筆界の位置が分からなくなっても、図面やその他の資料から筆界を復元することができる）ことを指し、具体的には、以下のような資料が存在していることが必要です。そのため、筆界確認書が不要な場合というのは限定的なケースとなります。

① 測量成果が記録されている14条１項地図があること。

② 平成17年３月７日以降に作成された地積測量図があること。

③ 筆界特定図面があること。

④ 現地復元性のある情報が記録された筆界確定訴訟の判決書の図面があること。

（２） また、土地所有者の所在が不明である場合、家庭裁判所が選任した不在者財産管理人により、土地等の管理及び保存行為を行ってもらう不在者財産管理制度を利用することも考えられます（民25・28・103）。不在者財産管理人が、Ｂの代理人として、筆界確認の立会いを行い、筆界確認書を作成する段になったら、権限外行為許可の申立てを行って、家庭裁判所の許可を得れば、筆界確認書を作成することも

ケース編　第3章　利用・維持・管理に関するケース　333

可能になります。この点、東日本大震災の震災復興事業に係る関係各家庭裁判所（青森・盛岡・仙台・福島・水戸）は、土地の筆界確認行為は保存行為にすぎず、家庭裁判所の許可は不要であるとの見解を示していますので、筆界確認行為が保存行為であると家庭裁判所が認めれば、権限外行為許可がなくとも不在者財産管理人が筆界確認行為を行うことができる可能性があります。

3　ケース③について

A及びCとして、自治体による買収に応じようと考えているのであれば、以下のような方法が考えられます。

（1）　不在者財産管理制度を利用する

前述のとおり、不在者財産管理制度を利用することが考えられます。自治体による買収に応じたいということですから、処分行為となりますので、不在者財産管理人に家庭裁判所へ権限外行為許可の申立てを行ってもらい、家庭裁判所からの許可が得られれば、Bの所在が不明であっても、Bに代わって不在者財産管理人が買収に同意することにより、A、B及びCの全員で私道を売却することができると考えられます。

（2）　共有物分割請求訴訟によって取得する

A及びCが、Bに対して、共有物分割請求訴訟を提起することも考えられます。この方法による場合は、裁判所は、共有物分割の方法として、現物分割（民258②一）、価格賠償（民258②二）、競売分割（民258③）のいずれかの結論を出すことが規定されています。

なお、本ケースとは異なり、共有者同士の関係が共同相続人である場合は、遺産分割調停や所在不明の共同相続人の失踪宣告申立てが適する場合もあります。もっとも、遺産分割調停は、被相続人の遺産全てが話合いの対象となり、その分解決までに時間がかかることもあり

ますので、話合いの対象を絞るために、共有物分割請求訴訟を選択することも考えられます。

（3）　時効取得をする

　Bとは30年以上連絡が取れておらず、私道の実質的な管理をAがしてきたのであれば、AからBに対して、取得時効援用の意思表示をして、AがBの共有持分を取得するという方法です。

　取得時効援用の意思表示は、Bの住所が判明している場合は、Bの住所宛に内容証明郵便等の記録が残る方法で書面による意思表示をすれば足ります。しかし、本ケースではBの住所は不明ですので、職務上請求により、戸籍や住民票を調査して、Bの住民票上の住所を調査する必要があります（Bが既に死亡して相続が開始している場合は、Bの相談人全員の住所を調査する必要があります。）。住所が判明したら、B（又はBの相続人）に対して訴訟提起し、判決を取得した上で、Bの共有持分を全てAに移転する登記手続を行うことになります。もっとも、時効取得の要件として必要な「占有」は排他的なものでなければなりませんので、AがBに代わって、自宅前の私道を自らの管理地として長年継続的に管理してきたことが認められるような事情が必要となることには留意が必要です。

　取得時効の援用により共有持分を取得するAは、その時効により取得された土地等の財産の価額（時価）が経済的利益となり、その時効により取得した日の属する年分（時効を援用したとき）の一時所得として、所得税が課税されますので、この点にも注意が必要です。

＜参考となるQ＆A＞
　〔24〕、〔25〕、〔26〕、〔29〕、〔32〕、〔34〕

ケース編 第3章 利用・維持・管理に関するケース　　335

Case 17　私道の固定資産税が非課税となる場合

　複数人が通路として使用している土地部分に固定資産税が賦課されることになりました。以下のような場合、通路として利用されている当該土地は非課税となる「公共の用に供する道路」に該当するのでしょうか。
① 　当該土地が位置指定道路に指定されている場合
② 　当該土地が複数の住戸や駐車場画地に接しているが、利用者が当該土地に隣接する住宅等の居住（利用）者及びその訪問者に限られる場合
③ 　不特定多数人の通行に供されているが、建物の敷地として利用されている場合
　また、課税処分を争いたい場合は、どのようにすればよいでしょうか。

（①　当該土地が位置指定道路に指定されている場合）

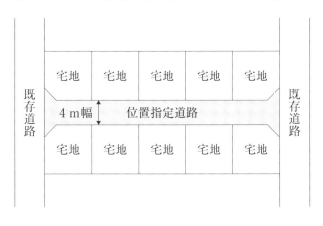

（②　当該土地が複数の住戸や駐車場画地に接しているが、利用者が当該土地に隣接する住宅等の居住（利用）者及びその訪問者に限られる場合）

（③　不特定多数人の通行に供されているが、建物の敷地として利用されている場合）

| ケース編 | 第3章　利用・維持・管理に関するケース　　337

<困難要因>

▶固定資産税が非課税となる「公共の用に供する道路」に該当する
か否かは実際の道路としての使用状況が重要であるが、実際上、
課税庁が正確に私人の管理する私道の使用状況を把握することは
困難であること

対処のポイント

　開放性、公共性、準道路性といった「公共の用に供する道路」
に該当する要素を理解し、自らの管理する私道の状況を踏まえ、
課税がされるべきではない土地に課税されていると判断できる場
合には、審査請求を申し立てるべきです。

ケース解説

1　「公共の用に供する道路」とは

（1）　地方税法の定め

　地方税法348条2項5号は「公共の用に供する道路、運河用地及び水
道用地」に固定資産税を課すことができないと定めています。

　固定資産税が、固定資産の資産価値に着目し、その所有という事実
に担税力を認めて課する一種の財産税であることから、地方税法348
条2項本文各号の規定内容に鑑みると、同条2項本文は、公用又は公
共の用等に供する固定資産について、その性格及び用途に鑑み、当該
公用又は公共の用等に供する固定資産の確保という政策目的のため
に、例外的に当該固定資産を非課税とする趣旨のものと解されていま
す。地方税法348条2項5号は、公共用の道路等は広く不特定多数の
人に開放されており、公共性が高いことから、非課税とするものです。

（2）　行政解釈について（固定資産税務研究会編『固定資産税逐条解説』
　　85～86頁（地方財務協会、2010）参照）

　「公共の用に供する道路」の解釈を示した通達及び行政実例は次の
とおりです。公共の用に供する道路とは、所有者において何らの制約
を設けず、広く不特定多数人の利用に供するものをいいます（昭26・7・
13地財委税1140参照）。その解釈について、原則として、道路法の適用を
受ける道路をいうものですが、林道、農道、作業道等であっても、所
有者において何らの制約を設けず、広く不特定多数人の利用に供し、
道路法にいう道路に準ずるものと認められるものについては、公共の
用に供する道路に包含され（行政実例：昭26・9・14地財委税1456）、また、
特定人が特定の用に供する目的で設けた道路であっても、当該道路の
現況が、一般的な利用について何らの制約を設けず、開放されている
状態にあり、かつ、当該道路への連絡状況、周囲の土地の状況等から
みて客観的に広く不特定多数人の用に供するものについては公共の用
に供する道路に該当します（行政実例：昭26・9・14地財委税1456、昭42・
4・5自治固34）。

　例えば、一般的利用に関して何らの制約を設けていない私道で、一
の公道から他の公道に連絡しているようなものについては通常公共の
用に供する道路に該当するものと解されますが、当該私道が袋小路で
ある場合及び当該私道が一の公道から同一の公道に連絡しているよう
な場合においては、当該私道に沿接する宅地の居住者その他の利用者
が極めて多数にのぼる等の事情により、その現実の利用の実態が広く
不特定多数人の利用に供されていると認められるものを除き、公共の
用に供する道路に該当しないものと解されます（行政実例：昭42・4・5
自治固34）。また、一筆の宅地内に十数個の家屋がある場合に表道路か
らその家屋に通ずる路地が設けてある場合、この路地は、たまたまこ
こに出入りする人々によって利用されているとしても、私人が公道に

ケース編　第3章　利用・維持・管理に関するケース　　339

出るために設けたものであり、広く一般公衆の利用に供されるもので
はないので、公共の用に供する道路には該当しないとされています（行
政実例：昭27・1・21地財委税76）。

　なお、各地方公共団体の中には、前記通達等に依拠しながら非課税
の取扱いについて取扱要領等（例：大阪市「「公共の用に供する道路」に係る
事務処理要領」参照）を定めているところがあります。

　（3）　裁判例

　福岡高裁平成26年12月1日判決（判自396・23）は、「『公共の用に供す
る道路』とは、原則として道路法が適用される道路を意味し、所有者
において何らの制約も設けず（開放性）、広く不特定多数人の利用に供
されている（公共性）ものをいうが、道路法による道路でなくても、
それに準ずる土地であって、何らの制約なく一般公衆の利用に供され
ているものを別異に解する理由はないから、『道路法にいう道路に準
ずるもの』と認められるもの（準道路性）を含むと解すべきである。」
とし、「道路法が適用される『道路』については、道路を構成する敷地
等については、所有権の移転並びに抵当権の設定及び移転を除き、『私
権を行使することができない』とされており（同法4条本文）、建築基
準法において、原則として建築物を道路内又は道路に突き出して建築
してはならないとされている（同法42条1項1号、44条1項）。この道
路内建築制限は、道路が、交通、防火、避難の確保という機能に加え
て、道路の上空を開放空間として確保することにより、日照、採光、
通風等の環境を確保し、都市機能の維持向上を図る機能をも有してお
り、仮に、道路内に建築物を建築することが認められるとすれば、道
路の上記機能が果たせなくなるということに基づく。このように、道
路には、様々な制限が定められていることに照らすと、ある土地が『道
路法にいう道路に準ずるもの』と認められるかどうかを判断するに当
たっては、当該土地について、私権の行使（所有者としての使用収益）

が制限されているか、また、上記のような道路の機能が確保されているか、という点をも斟酌するのが相当」であると判示しました。

2 本ケースについて

　前記行政実例や裁判例の解釈のとおり、私道が「準道路性」の要件を満たしているか、その道路の現況が、私権の行使が制限されているか、道路の機能（交通、防火、避難、上空の開放等）を有しているか、個々に判断していく必要があります。

　ケース①については、道路位置指定（建基42①五）があっても、現況が「広く不特定多数人の交通の用に供されている道」でなければ、非課税財産には該当しません。東京地裁平成27年1月29日判決（平25（行ウ）769）では、通路内に設けられたたたきや相応の高さのコンクリートの外壁を有する植え込み、道路部分を区切る形で張られた鎖様のロープにより奥に侵入できないようになっていたなど使用の実態を認定し、位置指定道路であっても公共の用に供する道路には該当しないと判示しました。

　ケース②については、通路に複数の住宅や駐車場の画地が接していても、現に当該通路を使用する実態がなければ、広く不特定多数人の利用に供されている（公共性）とはいえません。

　ケース③については、建築基準法上の建物の敷地とされている場合には、事実上不特定多数人の通行に供しているものの、いつでも自由にそれを取りやめて、同建物の敷地として法令の範囲内で増改築を行い、又は物品置き場として利用するなど自由に使用、収益できることから、何らの制約なく一般公衆の利用に供されているとはいえません（前掲福岡高判平26・12・1）。

| ケース編 | 第3章　利用・維持・管理に関するケース　　341

3　争訟の方法について

（1）　審査請求

本ケースでは、固定資産税の賦課処分に対する不服申立てを行います。行政庁の処分について不服がある場合の救済手続については、一般法として行政不服審査法が制定されており、地方税法に関する不服申立てについても、原則として同法に定めるところによることとされています。しかし、地方税の賦課徴収又は還付に関する処分は大量かつ反復して行われること等のため、その性格に応じ、行政不服審査法の特例を、地方税法総則において規定しています。

納税通知書の交付を受けた日の翌日から起算して3か月以内に、地方公共団体の長宛てに審査請求をすることができます（行審4一・18①・54、地税19の2）。なお、審査請求に対する裁決は、総務省の行政不服審査裁決・答申検索データベースで類似する事案の裁決を検索することができます。

（2）　訴　訟

地方税の賦課徴収又は還付に関する処分は、大量かつ専門的・技術的性格を有するものであることに鑑み、地方税法19条各号に規定する処分の取消しの訴えは、原則、その処分について審査請求に対する裁決を経た後でなければ提起することはできません（地税19の12、行訴8②）。

よって、審査請求に対する不服がある者は、その決定があったことを知った日から6か月以内に、当該処分をした地方公共団体を被告として処分の取消しの訴えを提起しなければなりません。

Case 18　私道の固定資産評価に不服がある場合

　私の所有する土地は、行き止まりの通路状の敷地としてその周囲を戸建て住宅にコの字型に取り囲まれ、その住宅の住民らにより私道として利用されています。当該私道は、宅地と同様に評価されて固定資産税を課税されています。市に問合せをしたところ、当該私道を通行しているのは私道に接する建物の居住者に限られるから「公共の用に供する道路」に該当せず非課税にはならないとの回答でした。私道のために利用が制限されるのに宅地と同様の評価がされるのは納得できません。適正な評価に是正を求めたいのですが、どのようにすべきでしょうか。

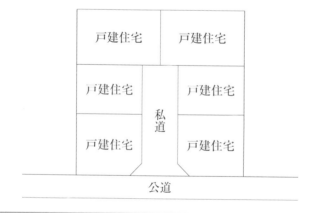

＜困難要因＞
▶私道の固定資産評価基準による評価は複雑であり、一般の人が理解することは極めて困難であること
▶同基準には私道の評価について特段の定めが定められていないため、市町村において対応がまちまちになり、適正な評価がされないまま課税されているリスクがあること

| ケース編 | 第3章　利用・維持・管理に関するケース　343

対処のポイント

　固定資産評価基準及び各市町村の固定資産（土地）評価事務取扱要領にある私道の評価方法を理解し、適正な評価がされているかを確認し、登録価格の不服を争うための争訟制度（登録価格の審査の申出及び取消訴訟）を活用します。

ケース解説

1　固定資産評価における私道の取扱い

（1）　固定資産評価基準

　固定資産の評価は、市町村の固定資産評価員が行い、市町村長がこの評価に基づいて固定資産の価格等を決定するものです。この価格とは、「適正な時価」です（地税341五）。ただし、評価の全国的統一及び市町村間の均衡を確保する必要があり、総務大臣は、固定資産の評価の基準並びに評価の実施の方法及び手続を定めることとされ、固定資産評価基準（以下、「評価基準」といいます。）を定めています（地税388①）。この評価基準を基に固定資産の価格を決定しなければなりません（地税403①）。

（2）　固定資産評価基準上の私道の取扱い

　前提として、私道が「公共の用に供する道路」（地税348②五）に該当する場合には非課税となり、評価の対象とならないので、これに該当しない私道が対象となります。本ケースのような利用者が限定された行き止まり道路の場合には、不特定多数の人に供されていると認定されるのは困難であり非課税にはならないのが原則だと考えられます。なお、市町村等によっては、行き止まり道路であっても不特定多数の人の利用に供されているとして非課税扱いとするところもあります。

評価基準は、私道の評価方法について特段の定めを置いていません。各筆の宅地の評点数は、路線価を基礎とし、「画地計算法」を適用して付設するものとしますが、市町村長は、宅地の状況に応じ、必要があるときは、「画地計算法」の付表等について、「所要の補正」をして、これを適用するものとする旨定められています（評価基準1章3節二(一)4）。私道の評価については、「所要の補正」により対応するか（新潟市「固定資産（土地）評価事務取扱要領」参照）、又は地目を雑種地として宅地との比準割合を設定する方法（北九州市「固定資産（土地）評価事務取扱要領」、千葉市「土地評価事務取扱要領（令和6年度)」参照）をとっていることが多いです。

（3）　取扱要領が評価基準に違反するとした裁判例

東京地裁平成13年1月31日判決（平10（行ウ）93・平10（行ウ）219）は、「評価基準は、私道の評価方法について特段の規定をおいていないが、各筆の宅地の評点数は、路線価を基礎とし、『画地計算法』を適用して付設するものとするが、市町村長は、宅地の状況に応じ、必要があるときは、『画地計算法』の付表等について、所要の補正をして、これを適用するものとする旨定めており（第3節二4）、右の『所要の補正』の一つとして、私道に関する補正を行うことを想定している。」と述べ、A市の「取扱要領は、道路位置指定を受けた土地で公衆用道路として認定できないものは建物の敷地と同一画地の宅地として認定する旨規定し」、また、「『私道の評価の取扱い』と題する節において、私道の評価について四つの適用区分を設け、非課税とするかどうかについて基準を設定している」が、「他に、私道の評価に当たり画地計算において補正をすべきことを定めた規定は存在しない」内容であった、これに対し「一般に、通路としての外観を有し、実際にも複数の者が通路として使用し、専ら通路の役割を果たしている私道は、公衆用道路として非課税とされないものであっても、宅地に比較して価値の劣るもの

ケース編 第3章 利用・維持・管理に関するケース 345

であることに照らすと、右の取扱要領を例外なく一律に適用すると、評価基準が要求している『宅地の状況に応じ』の考慮を欠くものとなる可能性があるから、その適用に当たっては、右の考慮に基づいた適切な例外的取扱をしてはじめて評価基準に適合する場合もあるというべきである」とし、他の地方公共団体における取扱要領において、所要の補正を行うこととしているものがあること、相続税等における土地等の評価を行うために定められた財産評価基本通達において、私道の用に供されている宅地の価格は、路線価方式等により計算した価額の100分の60に相当する価額によって評価することとされていることを挙げ、道路位置指定を受けた土地について私道の補正をしない取扱要領による評価によって登録された価格が評価基準に違反するとしました。

2 争訟の方法

（1） 固定資産評価審査委員会に対する審査の申出

固定資産税の納税者は、固定資産課税台帳に登録された価格について、不服がある場合には、固定資産評価審査委員会に審査の申出ができます（地税432①）。そして、市町村長が決定し、固定資産課税台帳に登録した固定資産の価格について不服がある納税者は、市町村長による上記価格の決定に対して、直接取消訴訟を提起することはできず、必ず固定資産評価審査委員会に対する審査の申出を経なければなりません。登録価格に係る不服を固定資産税の賦課処分に対する不服申立てとしてすることもできません。

他方、登録価格以外についての不服を理由として固定資産評価審査委員会に対する審査の申出をすることはできませんし、審査決定の取消訴訟において、登録価格以外の固定資産税の賦課に係る違法事由が当該審査決定の取消原因となるものではありません。

審査の申出をすることができる期間は、固定資産課税台帳に価格等を登録した旨の公示の日から納税通知書の交付を受けた日後3か月です（地税432①）。

また、基準年方式との関係で、土地及び建物について、第2年度又は第3年度において、基準年度又は第2年度の価格が据え置かれてこれが当該年度における登録価格とみなされる場合においては、所定の特別の事情により新たな比準価格を決定すべき旨を主張する場合を除き、当該登録価格について審査の申出をすることはできません（地税432①ただし書）。

（2） 審査決定に対する取消訴訟

固定資産評価審査委員会の決定に不服があるときは、審査決定の取消しの訴えのみによって争うことができます。納税者は、審査決定固有の瑕疵だけではなく、登録価格自体の違法を理由とすることができます（地税434①②「裁決主義」）。なお、訴訟の被告は、当該固定資産評価審査委員会の所属する市町村となりますが（行訴11①）、当該固定資産評価審査委員会が被告を代表します（地税434の2）。出訴期間は審査決定のあったことを知ってから6か月以内です（地税434、行訴14①）。

（3） 登録価格の適否の判断の仕組み

前記審査の申出、審査決定の取消訴訟のいずれの手続においても、登録価格が違法になるかどうかの判断枠組みは判例（最判平25・7・12民集67・6・1255参照）により確立しています。

前記判例が示す土地の基準年度に係る賦課期日における登録価格の決定が違法になるかどうかの判断枠組みは、次のとおりです。

① 当該土地に適用される評価基準の定める評価方法に従って決定される価格を上回るとき。

② ①を上回るものではないが、その評価方法が適正な時価を算定する方法として一般的な合理性を有するものではなく、又はその評価

ケース編 第3章 利用・維持・管理に関するケース 347

方法によっては適正な時価を適切に算定することのできない特別の事情が存する場合であって、同期日における当該土地の客観的な交換価値としての適正な時価を上回るとき。

上記判断枠組みを踏まえ、私道の登録価格に不服のある納税者は、①当該登録価格が、当該固定資産に適用される評価基準の定める評価方法に従って決定される価格を上回ること、②上記評価方法が適正な時価を算定する方法として一般的な合理性を有しないものであること、③上記評価方法によっては適正な時価を適切に算定することのできない特別の事情が存することを主張、立証すべきです（定塚誠編著『裁判実務シリーズ7　行政関係訴訟の実務』208頁（商事法務、2015））。具体的には、各市町村の評価事務取扱要領に従って計算した価格を上回っていること、同要領に定める私道の評価方法に合理性がないこと（定めていなければそれ自体不合理であること）、当該私道には、取扱要領に定める評価方法を適用するのでは、適正な時価を適切に算定することができないことを基礎付ける具体的な事情があることを主張していくことになると思われます。

私道の相続・処分・管理をめぐる
困難要因と実務対応
－Q&Aとケース解説－

令和7年4月1日　初版発行

共編　藤　井　　　篤
　　　平　野　正　也

発行者　河　合　誠　一　郎

発　行　所　新日本法規出版株式会社

本　　　社
総轄本部　（460-8455）　名古屋市中区栄1－23－20

東京本社　（162-8407）　東京都新宿区市谷砂土原町2－6

支社・営業所　札幌・仙台・関東・東京・名古屋・大阪・高松
　　　　　　　広島・福岡

ホームページ　https://www.sn-hoki.co.jp/

【お問い合わせ窓口】
新日本法規出版コンタクトセンター
　📞 0120-089-339（通話料無料）
　●受付時間／9：00～16：30（土日・祝日を除く）

※本書の無断転載・複製は、著作権法上の例外を除き禁じられています。
※落丁・乱丁本はお取替えします。　　　　ISBN978-4-7882-9481-3
5100356　私道相続　　　　　　　　ⓒ藤井篤 他 2025 Printed in Japan